MAGIE VAUDOU

DU MÊME AUTEUR
CHEZ POCKET

APPARITIONS
DÉMENCES
LE DÉMON DES MORTS
LE DJINN
HEL
LE JOUR J DU JUGEMENT
LA MAISON DE CHAIR
LE MAÎTRE DU MENSONGE
MANITOU
LE MIROIR DE SATAN
LA NUIT DES SALAMANDRES
L'OMBRE DU MANITOU
LE PORTRAIT DU MAL
LES PUITS DE L'ENFER
RITUEL DE CHAIR
SANG IMPUR
TENGU
TRANSE DE MORT
LE TRÔNE DE SATAN
LA VENGEANCE DU MANITOU
LES VISAGES DU CAUCHEMAR
WALHALLA

La trilogie des Guerriers de la Nuit

1. LES GUERRIERS DE LA NUIT
2. LES RIVAGES DE LA NUIT
3. LE FLÉAU DE LA NUIT

COLLECTION TERREUR
dirigée par Patrice Duvic

GRAHAM MASTERTON

MAGIE VAUDOU

POCKET

Titre original : *ROOK*

Traduit de l'anglais par
François Truchaud

Si vous souhaitez recevoir régulièrement
notre zine **« Rendez-vous ailleurs »**, écrivez-nous à :

« Rendez-vous ailleurs »
Service promo Pocket
12, avenue d'Italie
75627 PARIS Cedex 13

PRESSECO
PAPIER RECYCLÉ
NATURE PROTÉGÉE

ISBN 2-266-08722-3

COLLÈGE DE WEST GROVE
CLASSE SPÉCIALE II

Greg Lake	Amanda Zaparelli	Sue-Robin Caufield	Seymour Williams
Sherma Feldstein	table inoccupée	Russell Gloach	Sharon X
Beattie McCordic	Ray Vito	Elvin Clay	John Ng
Mark Foley	Ricky Herman	Muffy Brown	Tee Jay Jones
David Littwin	Ritta Munoz	Titus Greenspan III	Jane Firman

Jim Rook
Anglais et
cours de soutien

1

Il entendit les cris et le vacarme dans le couloir une seconde avant que Muffy entre en trombe dans la classe et s'écrie :

— Ils se battent ! Monsieur Rook ! Ils vont s'entretuer !

Jim lâcha son crayon feutre et repoussa sa chaise. Il se dirigea rapidement vers la porte et Muffy s'agrippa à sa manche.

— Vous devez les arrêter, monsieur Rook ! Ils sont devenus fous !

Il se précipita dans le couloir, passa devant les casiers et courut vers les toilettes des garçons. Vingt ou trente élèves étaient massés à l'entrée. Ils criaient, frappaient du poing les portes des casiers et scandaient :

— *Tee Jay ! Tee Jay !*

— Laissez-moi passer ! hurla Jim, et il se fraya un passage pour entrer.

Tout au fond des toilettes, deux garçons âgés de dix-sept ans, deux Noirs, se battaient. L'un d'eux, très grand et bien bâti, avait acculé l'autre contre les lavabos, et il lui cognait la tête contre les miroirs. Tous deux saignaient du nez, et du sang avait aspergé les murs, y dessinant de véritables graffitis. Jim saisit le plus costaud par le col de son T-shirt et le fit se retourner de force.

Le visage du garçon ressemblait à un masque : couvert de sueur, maculé de sang, les yeux exorbités. Il était tellement surexcité qu'il bégayait.

— Lâche-moi, mec... Je vais... Lâche-moi, mec, je vais le tuer... Il m'a manqué de respect... Ne me tou...

— *Tee Jay !* hurla Jim.

Tee Jay tenta de se dégager, mais Jim tordit le col de son T-shirt et serra encore plus fort, à tel point qu'il l'étranglait presque. Jim le poussa contre la cloison et le regarda avec toute la férocité qu'il pouvait trouver en lui.

— Tee Jay, bon Dieu, mais qu'est-ce qui t'a pris ?

— Il m'a traité... il m'a *traité*... je vais le tuer pour ça... je vais tuer cet enculé... essayez pas de m'en empêcher... parce que vous pouvez pas... vous *pouvez pas,* vous entendez ?

Jim continua de plaquer Tee Jay contre le mur. Il se tourna vers l'autre garçon, Elvin. Celui-ci s'appuyait sur un lavabo. Du sang lui coulait de la bouche et du nez.

— Ça va, Elvin ? Elvin, tu m'entends ? Rien de cassé ?

Elvin toussa et hocha la tête. Jim pointa le doigt vers un garçon aux cheveux blonds qui se tenait à l'entrée des toilettes.

— Jason ! Toi et Philip, conduisez Elvin à l'infirmerie ! Tous les autres, fichez le camp immédiatement ! Le spectacle est terminé !

Il se tourna vers Tee Jay. Celui-ci continuait de frissonner violemment sous l'effet de l'adrénaline et ne quittait pas Jim des yeux une seule seconde. Il reniflait, traînait les pieds et secouait la tête. C'était à peine si Jim le reconnaissait. Habituellement, il était calme, parfaitement équilibré, et drôle, également. C'était le plus grand de la classe, un beau garçon à part quelques cicatrices d'acné sur ses joues, et un joueur de basket sensationnel. Il n'était pas particulièrement intelligent, parce que aucun des élèves dans la classe de Jim n'était particulièrement intelligent. Mais il se montrait toujours disposé à apprendre... et n'avait jamais été obsédé par le « manque de respect ». Jusqu'à maintenant, en tout cas.

— Bon, on se calme, d'accord ? fit Jim.

Tee Jay tenta de se dégager à nouveau, et la couture de son T-shirt se déchira.

— Je ne laisserai jamais cet enculé... jamais...

— Tee Jay, bordel de merde ! Tu m'écoutes ! Je pourrais te faire embarquer par les flics !

Tee Jay se calma. D'une ultime secousse, il essaya de se dégager puis détourna la tête et fixa d'un air buté la porte des toilettes.

— Tee Jay ? dit Jim. Allons, Tee Jay ?

Lorsque celui-ci le regarda à nouveau, ses yeux étaient remplis de larmes.

— Excusez-moi, dit-il. C'était juste ce qu'Elvin m'a dit. Je pouvais pas...

— Et qu'a dit Elvin ? demanda Jim d'un ton sévère. J'aimerais bien savoir ce qu'il a dit pour t'inciter à te jeter sur lui de cette façon !

— Rien. Il a rien dit du tout.

— Alors tu t'es mis à le tabasser juste comme ça ?

Tee Jay essuya du dos de la main le sang qui coulait sur son nez.

— Écoutez, j'ai dit que j'étais désolé, d'accord ?

— Tu trouves que ça suffit ? *Moi,* je trouve que ça ne suffit pas. Je trouve que ça craint un max ! J'ai suffisamment de mal à vous défendre, les gars, sans que vous vous conduisiez comme des chiens enragés. Je vais devoir te traîner dans le bureau du Dr Ehrlichman lorsqu'il reviendra cet après-midi, et le Dr Ehrlichman devra décider si nous te permettons de rester ici, ou bien si nous te demandons de partir.

— C'était une *bagarre,* rien de plus.

— On ne résout aucun problème en se battant, Tee Jay. Je pensais que tu avais suffisamment de cervelle pour le savoir !

— Si j'avais ne serait-ce qu'un brin de cervelle, je serais pas en Spéciale II, pas vrai ?

Jim lâcha son T-shirt et s'écarta.

— Bon, tu es libre de t'en aller, déclara-t-il. Si tu penses que c'est dégradant d'être en Spéciale II, alors tu prends tes affaires dans ton casier et tu rentres chez toi. Je ne veux pas avoir dans ma classe quelqu'un qui pense qu'on règle ses différends à coups de poing. Et je ne veux personne dans ma classe qui ne soit pas fier de s'y trouver.

Il attendit et observa Tee Jay, lequel reniflait. Puis il frappa violemment du poing la porte des toilettes.

— Bordel de Dieu, Tee Jay ! Réfléchis un peu à ce que tu risques ! Elvin t'a insulté ? Et alors ? Ne me dis pas que tu es susceptible à ce point ! Tu veux t'asseoir à une table avec les filles ?

— Personne me parle comme ça ! l'avertit Tee Jay.

— Oh, vraiment ? Alors que se passe-t-il, bon sang ? Tu as fait plus de progrès ce semestre que n'importe qui d'autre dans la classe. Lorsque tu es arrivé ici, tu ne savais même pas qui était Shakespeare. C'était à peine si tu savais lire. Tu étais incapable de faire une addition. Et merde, tu croyais que le prénom du président Washington était Denzel [1]. Pense au chemin que tu as parcouru. Et maintenant tu es prêt à gâcher tout ce que tu as accompli, d'un simple claquement de doigts. Et pour quelle raison ? Par *orgueil* ? Et tu penses que tu as droit au respect ?

Immédiatement, Tee Jay explosa à nouveau.

— Et voilà ! Vous faites *toujours* ça ! Vous rabaissez les gens ! Vous les faites passer pour des imbéciles quand ils ne le sont pas ! Vous vous baladez dans votre salle de classe en faisant semblant d'être copain avec nous, mais, pendant tout ce temps, vous riez intérieurement. Vous *riez* !

— Je ne ris pas en ce moment, Tee Jay. Va te nettoyer le visage. Ensuite présente-toi pour le cours.

Tee Jay s'approcha lentement et regarda Jim dans les yeux.

— Je pourrais vous démolir, mec.

— C'est la première fois que cette idée te vient à l'esprit ? lui demanda Jim.

Il tint bon. Il avait oublié le nombre de fois où un adolescent rebelle s'était campé devant lui et l'avait

1. Allusion à Denzel Washington, acteur de cinéma noir (*N.D.T.*).

averti, « *je pourrais vous démolir, mec* », ou quelque chose d'approchant. En sept années de cours de soutien, il avait été poignardé une fois (avec un tournevis, à l'épaule) et avait eu deux dents cassées. Mais, étant donné qu'il avait fait la classe à plus de deux mille cinq cents garçons et filles dyslexiques, perturbés et turbulents, il estimait qu'il s'en était probablement tiré à bon compte. Son prédécesseur avait eu le poumon perforé par une balle de pistolet.

Il y eut un moment de tension extrême... d'autant plus intense que Tee Jay ne l'avait encore jamais défié de cette façon, et que son comportement était tout à fait inattendu.

Puis Tee Jay grommela « Et merde ! » et secoua la tête comme s'il s'en foutait complètement. Il sortit lentement des toilettes, les mains dans les poches.

Jim le regarda s'éloigner, puis il parcourut du regard les miroirs éclaboussés de sang. Derrière les boucles et les arabesques rouge foncé, il se voyait. Un homme âgé de trente-quatre ans, mince, les cheveux bruns, avec des yeux de la couleur des cristaux de roche, vert brumeux, et une barbe du soir (même s'il n'était que neuf heures vingt du matin). Ses traits étaient anguleux, avec un aspect légèrement hagard, comme s'il dormait mal et s'alimentait insuffisamment. Il portait une chemise en jean à manches courtes et une cravate rouge et verte ornée de palmiers et de danseuses en paréos. Ses bras étaient maigres, et sa montre-bracelet semblait trop grosse pour lui.

Parfois il se regardait dans une glace et se demandait vraiment ce qu'il faisait, à tenter d'enseigner ce qui était impossible à enseigner, particulièrement en ce qui concernait la violence, comme aujourd'hui. Vous pouviez travailler pendant des mois avec un élève comme Tee Jay — des mois de progrès insignifiants, de sueur, de balbutiements et de stylos-bille serrés avec force — et puis tout cela pouvait voler en éclats en un instant, pour la plus stupide des raisons, et vous vous retrouviez avec le crâne de piaf démerdard, roulant les mécaniques et débinant tout le monde, qu'on vous avait amené au début.

Le respect, pensa-t-il. *Ne me faites pas rire.*

Alors qu'il s'apprêtait à sortir des toilettes, il lui sembla voir un homme très grand passer devant l'entrée. Ce fut seulement une vision fugitive, comme une ombre passant sur un mur, parce que l'homme remontait le couloir très rapidement et très doucement, bien que le sol fût recouvert de dalles thermoplastiques encaustiquées, qui produisaient habituellement un martèlement sec (talons aiguilles) ou des couinements torturés (sneakers).

Jim sortit des toilettes et scruta le couloir dans sa direction. L'homme se détachait en silhouette sur les fenêtres éclairées tout au fond par le soleil. Il était encore plus grand qu'il avait semblé à première vue, et portait un costume noir trop ample avec un pantalon flottant et un chapeau noir à large bord au fond aplati, comme ces chapeaux des prédicateurs de jadis, le genre de chapeau que portait Elmer Gantry [1].

— Hé, je peux vous aider ? appela-t-il.

Mais l'homme ne fit pas attention à lui.

— Excusez-moi, monsieur, puis-je vous aider ? répéta-t-il.

L'homme continua de l'ignorer, puis tourna le coin au fond du couloir et disparut.

Jim se mit à courir au petit trot pour le rattraper. Alors qu'il tournait le coin, cependant, il faillit entrer en collision avec Susan Randall, le professeur de géographie, les bras chargés de livres. Elle laissa échapper la plupart de ses livres en une cascade désordonnée et tumultueuse.

— Qu'est-ce qui vous prend, à foncer comme un taureau dans un magasin de porcelaine ? lui lança-t-elle d'une voix perçante.

— Je suis vraiment désolé, Susan, dit-il.

Ce qui rendait leur collision plus gênante encore, c'est que Susan lui plaisait, énormément même, bien qu'elle le regardât toujours avec méfiance. De petite

1. Personnage du roman de Sinclair Lewis, incarné par Burt Lancaster dans le film de Richard Brooks, *Elmer Gantry, le charlatan (N.D.T.).*

taille, elle avait des cheveux châtains coupés court, des lèvres pulpeuses et des formes qui lui auraient permis de décrocher un petit rôle dans *Alerte à Malibu.* Aujourd'hui, elle portait le chandail jaune à torsades qu'il préférait. Même les garçons poussaient des sifflements admiratifs lorsqu'ils la voyaient.

Il s'agenouilla et l'aida à ramasser ses livres, tout à fait conscient de la façon dont sa jupe couleur mastic s'était relevée tandis qu'elle s'accroupissait près de lui. Il regarda par-dessus son épaule, mais le couloir était désert à présent. Aucun signe de l'homme au chapeau à la Elmer Gantry.

— Est-ce que, *euh,* vous avez vu quelqu'un, juste avant notre rencontre brutale ? demanda-t-il.

— Si j'ai *vu* quelqu'un ? Qui ça ?

Seigneur, ce parfum. Il avait pris la peine de se renseigner : « Je reviens », un parfum plutôt coûteux pour une femme touchant un salaire de professeur.

— Il y avait un type très grand avec un costume noir et un chapeau à large bord. Vous l'avez forcément croisé.

— Je n'ai vu aucun type très grand avec un costume noir et un chapeau à large bord. Je n'ai vu personne.

— C'est impossible !

— Désolée, Jim, mais je ne l'ai pas vu. À présent, cela ne vous dérange pas que j'aille faire mon cours ? J'ai déjà dix minutes de retard. Ils vont tout casser.

Il la retint par le bras et la regarda en fronçant les sourcils.

— Vous n'avez vraiment vu personne ? Vous en êtes sûre ?

— Non, Jim, je n'ai vraiment vu personne, et j'en suis sûre. Vous permettez ?

— Oui, bien sûr, dit-il, déconcerté.

Il l'observa tandis qu'elle se dirigeait vers sa classe dans un martèlement de talons.

— Au fait, lui lança-t-il. C'est un éléphant.

Elle s'arrêta net.

— Quoi ? Quel éléphant ? Je vous répète que je n'ai vu personne !

— Vous savez... dans un magasin de porcelaine. Ce n'est pas un taureau, mais un éléphant !

Elle éclata de rire, et Jim sourit. Mais quand elle fut partie, il ne put s'empêcher de scruter le couloir désert, et de se demander comment l'homme au chapeau à la Elmer Gantry avait fait pour disparaître de la sorte. Sans raison apparente, il faisait maintenant très froid dans le couloir, et il flottait une odeur étrange qui n'était pas celle de « Je reviens ». Cela ressemblait plutôt à de l'encens.

Il eut un frisson involontaire, puis alla demander au concierge de nettoyer le sang dans les toilettes.

Lorsqu'il regagna la classe de Spéciale II, Tee Jay et Elvin étaient assis à leur place, la mine renfrognée et le visage tuméfié. La lèvre d'Elvin était fendue et l'œil gauche de Tee Jay commençait à se fermer. Les autres élèves échangeaient des murmures et gazouillaient de curiosité et d'agitation, tel un bruissement d'étourneaux sur le toit d'une maison. Quand Jim entra dans la classe, ils se levèrent, mais continuèrent de parler à voix basse. Jim les ignora. Sans dire un mot, il alla jusqu'à la fenêtre et l'ouvrit bruyamment. Puis il revint vers son bureau, s'assit, se renversa sur sa chaise et joignit les mains derrière la tête.

Il resta ainsi un long moment, à les regarder. Il ne disait toujours rien.

Petit à petit, ils commencèrent à se calmer. Son silence les mettait mal à l'aise. Habituellement, il entrait en trombe dans la salle et se mettait à parler tout de suite — prenant des poses, déclamant, gesticulant, chauffant ses élèves comme un acteur chauffe son public. Mais ce matin il demeurait silencieux, assis dans la position qu'ils adoptaient toujours, chaise inclinée en arrière, mains jointes derrière la tête, paupières mi-closes dans un effort délibéré pour avoir l'air indifférent et totalement détendu.

Au bout de deux ou trois minutes, ce fut le silence complet. Mark Foley eut un petit rire, et son copain

Ricky Herman émit un reniflement adénoïdien, mais tous les autres élèves étaient silencieux.

Jim se leva et fit le tour de son bureau. Il regarda Tee Jay, puis Elvin, puis chacun des jeunes gens tour à tour, scrutant leurs visages lentement et délibérément. Ils étaient dix-neuf en tout, depuis Titus Greenspan III au premier rang, avec ses lunettes aux verres épais et ses taches de rousseur, jusqu'à Sue-Robin Caufield au fond de la classe, avec ses montagnes de cheveux blonds et son T-shirt cerise moulant. Il y avait John Ng, originaire du Sud Viêt-nam — poli, timide et tout juste capable de comprendre ce qu'on lui disait. Beattie McCordic avec ses cheveux coupés ras, son tatouage et ses idées résolument féministes, sans parler de son anomie, une incapacité chronique à se rappeler comment on nomme des objets. Elle était incapable de dire « un marteau ». Elle était incapable de se rappeler ce nom. Elle était obligée de dire « ce morceau de métal sur un bâton que l'on utilise pour enfoncer des clous ».

Il y avait David Littwin, lequel était filiforme, très grand et presque beau, si l'on exceptait ses oreilles décollées, mais il bégayait tellement que chacune de ses phrases semblait durer une éternité, et ses camarades se mettaient à émettre des ronflements bruyants et à regarder leurs montres. Rita Munoz, yeux et cheveux noirs, avec des lèvres aussi écarlates qu'une fleur tropicale. Rita contestait tout ce que ses professeurs lui disaient, uniquement pour dissimuler le fait qu'elle ne savait absolument pas de quoi ils parlaient.

Tous les élèves de la classe de Jim étaient des élèves qui ne pouvaient aller nulle part ailleurs. Trop lents d'esprit, trop agressifs, trop orgueilleux, trop stupides, trop immatures. Ou bien ils avaient des difficultés chroniques pour apprendre. Certains d'entre eux, il en avait la certitude, avaient des QI très élevés. Mais un QI élevé ne signifie rien si vous n'êtes pas capable de l'utiliser, ou si vous ne voulez pas l'utiliser, ou encore si vous voulez l'utiliser uniquement pour des activités qui sont hors de propos ou antisociales.

Jim s'approcha de la table de Tee Jay et s'y appuya.

— Ce matin, déclara-t-il, j'aimerais que nous parlions du respect. Est-ce que l'un d'entre vous a une opinion sur le respect ?

Le bras de Beattie McCordic se leva vivement.

— Très bien, Beattie. Parle-nous du respect.

— Le respect c'est quand une personne donne à une autre personne son propre espace. Vous savez, une femme est assise dans l'un de ces endroits où on vous sert ces boissons mélangées, et un homme l'aborde et se met à la baratiner pour qu'elle couche avec lui, d'accord ? Et elle dit non. Alors il arrête de la baratiner. C'est ça, le respect.

— Ma foi, c'est une bonne définition du respect. Quelqu'un d'autre ?

John Ng leva la main.

— Le respect, c'est dire une prière pour ses ancêtres.

— C'est bien, oui. Reconnaître la dette que vous avez envers vos pères et vos grands-pères.

— Et envers vos mères et vos grands-mères, intervint Beattie.

— Oui, Beattie. Est-ce que nous pourrions nous mettre d'accord sur le fait que, chaque fois que nous disons « hommes », nous voulons dire également « femmes », et l'inverse ?

Ricky Herman lança :

— Le respect, c'est quand on mange pas sa bouffe avec son couteau.

— Ouais, et quand on dit pas « merde » devant sa mamie, ajouta Mark Foley.

— Et quand on rote pas et quand on se gratte pas le cul en public, surenchérit Ricky.

— Exact. Et quand on pète pas à table. C'est ce que mon vieux dit : « Tu viens de péter ? » C'est ce qu'il dit, et je réponds : « J'espère bien. Parce que si c'est l'odeur du dîner, alors je mange pas ! »

Jim regarda Tee Jay... il le regarda au fond des yeux.

— Et toi, Tee Jay ? Parle-nous donc du respect.

Tee Jay baissa la tête et traîna les pieds.

— Allons, Tee Jay. Je croyais que tu étais le spécialiste dans cette classe.

Il esquissa un sourire, attendit que Tee Jay dise quelque chose, mais comme celui-ci demeurait silencieux, il se détourna et regagna son bureau. Beattie avait eu raison, à sa façon. Le respect, c'est quand on donne à une autre personne son propre espace, et Tee Jay avait besoin du sien.

Il continua sur une voie différente.

— Il y avait un auteur français au XVIIIe siècle qui s'appelait Voltaire. Et il a dit : « On doit le respect aux vivants, mais aux morts on doit seulement la vérité. » Ma foi, je ne suis pas du tout d'accord avec ça. Parce que les morts... ils ont fait tout ce qu'ils étaient à même de faire. Nous pouvons respecter les efforts qu'ils ont accomplis, mais cela ne sert à rien de critiquer ce qu'ils n'ont pas réussi à faire, parce qu'ils n'ont pas la possibilité de s'excuser, ni de rectifier leurs erreurs.

« Mais les vivants... ils ont la possibilité de rectifier leurs erreurs, et c'est pourquoi nous leur devons la vérité, plutôt que le respect. Si l'un de vos amis se conduit de façon mesquine, ou très mal, si l'un de vos amis se met à dire du mal de ses parents, ou frappe des gosses plus jeunes que lui et leur vole l'argent de leur déjeuner, ou fume du crack, et que vous lui dites : "Tu es un imbécile. Tu es ridicule. Tu gâches ta vie", alors là, c'est la vérité. Et il ne mérite pas le respect tant qu'il n'a pas changé sa conduite, parce que le respect, ça se mérite.

Tee Jay tourna lentement la tête et regarda dans la direction d'Elvin. Il y avait de la malveillance pure dans ses yeux.

— Tee Jay, l'avertit Jim, et Tee Jay se retourna. Tee Jay, je veux que tu ouvres ton livre à la page 37 et que tu lises le second paragraphe.

Tee Jay ouvrit son livre d'anglais et demeura silencieux un moment.

— Eh bien ? demanda Jim.

— Je l'ai lu. En entier.

— Je voulais dire à haute voix. À haute voix, afin que nous puissions tous entendre.

Tee Jay lut le paragraphe d'une voix hésitante. Il suivait lentement les mots du bout de l'index. À présent son œil gauche était complètement fermé, et il était obligé de pencher sa tête d'un côté.

— L'époque... exige... que l'Amérique apprenne... à mieux in... intiter...

— Insister. À mieux insister, lui souffla Jim.

— À mieux insister sur sa possession soichie... choisie...

Jim prit le livre de Tee Jay et finit de lire le paragraphe à sa place.

— L'héritage de ses hommes bons et loyaux dont elle doit préserver la renommée, ou, si besoin est, elle devra veiller à dissiper les ombres qui auraient pu assombrir cette renommée, afin qu'elle brille pour toujours d'un éclat encore plus neuf, plus vrai, plus éclatant.

Il posa le livre sur la table.

— C'était Walt Whitman, parlant de Thomas Paine, et si jamais un homme a mérité le respect, c'est bien Thomas Paine. Il a mérité le respect parce que, au péril de sa vie, il s'est battu pour l'égalité et la justice, et pour ce qu'il estimait être bien.

Il marqua un temps, puis il ajouta, en fixant Tee Jay :

— Lorsque vous faites cela, vous commencez à mériter qu'on vous respecte.

Durant la récréation, Jim corrigea les devoirs de la veille — une explication de texte en trois cents mots de *Rip van Winkle*[1]. Il ne demandait jamais à ses élèves des dissertations dépassant trois cents mots. Certains devaient peiner pendant une heure pour en écrire tout juste vingt : « La vieille de Rip van Winkle était toujours sur son dos, alors il est allé dans les bois, il s'est envoyé un coup de gnôle et il s'est réveillé vingt ans plus tard et elle était morte pendant ce temps et alors tout était cool. »

D'autres écrivaient six cents mots parfaitement incompréhensibles :

1. Conte écrit par Washington Irving (*N.D.T.*).

« Les gens disaient que les orages étaient des orages mais c'était pas des orages, c'était des types genre gobelins vraiment minables qui jouaient aux quilles et les genoux de Rip van Winkle s'entrechoquaient. »

Et Beattie McCordic, bien sûr, avait changé l'épouse acariâtre de Rip van Winkle en un porte-drapeau féministe : « C'était un homme typique, un bon à rien... qui se la coulait douce, mangeait du pain blanc ou du pain bis, ce qui était le moins fatigant à obtenir... Il préférait crever de faim avec un penny plutôt que travailler pour gagner une livre... et toute l'histoire reproche à sa *femme* de le houspiller constamment pour qu'il essaie de se reprendre. Vous voyez le genre, même son chien pense qu'il mène une vie de chien mais qu'est-ce qu'ils en savent les chiens et de toute façon le chien était un mâle et qu'est-ce qu'*ils* en savent (les mecs, je veux dire). »

Malgré tous les défauts de ses élèves, Jim éprouvait un véritable désir de comprendre tout ce qu'ils écrivaient. Même dans certaines des dissertations les plus laborieuses, remplies de ratures et de fautes d'orthographe, il y avait un tâtonnement acharné vers le savoir, une lutte véritable pour trouver la clé de l'instruction. Savoir lire et écrire. Des adolescents dans une pièce plongée dans l'obscurité, qui s'avançaient à tâtons vers la porte. Certaines fois, il avait envie de pleurer en lisant ce qu'ils avaient écrit, pas pour lui, mais pour eux.

« Rip van Winkle laisse ses enfans courir alors qu'ils ont jamais de chaussures et que le pantalon de son fis tombe toujours. » C'était là toute la dissertation de Mark Foley. Mais Jim voyait ce qui avait retenu l'attention de Mark : le père insouciant et paresseux qui ne s'occupait jamais de ses enfants, de telle sorte que son fils devait courir après sa mère dans son pantalon en lambeaux — « qu'il avait beaucoup de mal à tenir d'une main, comme une dame élégante tient la traîne de sa robe lorsqu'il pleut ».

À sa façon, chez lui, Mark avait connu la même situation, avec un père imbibé de bière qui tenait un atelier de carrosserie minable à Santa Monica, de telle sorte que l'histoire de Rip van Winkle était pour Mark bien plus qu'une légende allégorique. Mark l'avait vécue, et maintenant il avait fait le premier pas pour s'exprimer par l'intermédiaire de la fiction.

Qui sait, pensa Jim avec un sourire forcé, tandis qu'il refermait le cahier de Mark et le laissait tomber dans sa corbeille « à classer ». Mark deviendrait peut-être un Washington Irving d'aujourd'hui.

Il s'apprêtait à lire la dissertation de Rita Munoz (écrite en lettres capitales, comme d'habitude, avec des feutres multicolores), lorsqu'il tourna la tête par hasard vers la fenêtre. Au-dehors, le soleil brillait avec éclat, mais il voyait l'ensemble de la cour. Un groupe de garçons jouait au basket-ball devant la porte du bâtiment des chaudières. Sue-Robin Caufield, adossée à une grille, parlait avec Jeff Griglak, le capitaine de l'équipe d'athlétisme du collège et l'un des élèves les plus brillants du collège de Westwood depuis des années. John Ng, assis à l'autre extrémité du banc, mangeait quelque chose d'indescriptible dans une boîte et lisait *L'Île au trésor.*

Ce fut seulement un mouvement infime, une ombre passant sur ses yeux. Mais la porte du bâtiment des chaudières s'ouvrit brusquement, et l'homme de haute taille au chapeau à la Elmer Gantry apparut. Il hésita un instant, regarda à droite et à gauche, une main levée pour se protéger les yeux du soleil. Puis il traversa rapidement la cour en diagonale et disparut derrière le bâtiment des sciences naturelles.

Il laissa la porte du bâtiment des chaudières entrouverte. Mais, chose étrange, aucun des élèves dans la cour de récréation ne semblait avoir remarqué l'homme. Aucun des garçons jouant au basket ne s'était arrêté un seul instant, et Sue-Robin avait continué de flirter avec Jeff Griglak et de parler sans prendre le temps de respirer. Ses cheveux soyeux brillaient dans la lumière du soleil du milieu de la matinée.

Jim fronça les sourcils. Il se leva de son bureau et alla jusqu'à la fenêtre. Il mit ses mains en coupe autour de son visage pour supprimer tout reflet lumineux.

Excepté la porte entrebâillée du bâtiment des chaudières, tout semblait parfaitement normal. Et pourtant...

Et pourtant il avait le pressentiment que quelque chose n'allait pas du tout. Il avait l'impression qu'on venait de lui montrer une image destinée de propos délibéré à le déconcerter, comme un tableau de René Magritte ou un dessin de M.C. Escher représentant des escaliers sans fin. Il sortit de la salle et remonta rapidement le couloir vers la sortie.

Il y avait des rires, des conversations et des cris dans la cour, mais Jim ne les entendit pas. Il se dirigea vers la porte du bâtiment des chaudières. Il passa au milieu des joueurs de basket et repoussa de la main le ballon qui rebondissait et arrivait sur lui.

Il atteignit le bâtiment des chaudières et jeta un coup d'œil à l'intérieur. Il apercevait la rampe de l'escalier et les marches en ciment armé qui menaient aux chaudières, mais tout le reste était plongé dans l'obscurité. Il appela :

— Ohé ! Il y a quelqu'un ici ?

Il écouta, mais il n'y eut pas de réponse, uniquement le sifflement sourd des brûleurs à mazout. Il appela de nouveau. Toujours pas de réponse. Il se dit que l'homme au chapeau à la Elmer Gantry était probablement entré ici pour voler quelque chose, ou peut-être pour causer des dégâts. Il y avait déjà eu plusieurs incidents : d'anciens élèves étaient revenus pour se venger parce qu'ils estimaient que le collège les avait lâchés. Incapables de réussir dans le monde extérieur, ils devaient bien en rendre responsable quelqu'un ou quelque chose.

Jim alluma les lumières du plafond et se pencha pardessus la rampe. La salle empestait la chaleur et le gaz, mais les deux énormes chaudières peintes en gris semblaient intactes. Pas de manomètres brisés, pas de conduites sabotées. Tout était normal. Jim s'apprêtait à éteindre les lumières et à ressortir quand il entrevit quelque chose qui luisait au sein des ombres entre les chaudières. Un ruisselet noir et visqueux qui s'écoulait sur le sol. Cela ressemblait à une fuite de mazout, et une fuite très importante. Il descendit l'escalier, ses chaussures couinant sur le ciment armé, s'approcha des chaudières et se mit à croupetons afin de regarder entre elles.

Le liquide luisant s'était répandu sur le sol et atteignait presque le bout de ses chaussures. Il trempa son doigt dans le liquide puis l'approcha de son nez. Il sentit brusquement des picotements glacés lui parcourir l'échine. Ce n'était pas une fuite de mazout. Le liquide avait semblé noir sur le ciment armé, mais sur le bout de son doigt il était rouge foncé, un rouge figé.

Jim plissa les yeux et scruta les ombres. Il chercha dans sa poche et trouva une boîte d'allumettes du restaurant mexicain El Torito. Il craqua une allumette, et elle s'enflamma brièvement, mais elle ne fit guère plus que lui brûler le pouce. Il regrettait foutrement de ne pas avoir une torche électrique. Il y avait *quelque chose* là-bas... une forme sombre, ramassée sur elle-même... mais c'était tout ce qu'il était à même de distinguer.

Les genoux fléchis, il avança à tâtons entre les chaudières. Il faisait tellement chaud ici que la sueur lui dégoutta du front avant qu'il soit parvenu à progresser de deux mètres à peine, et sa chemise trempée était collée à son dos.

Il lui sembla entendre un gémissement rauque, un gargouillis. Il fit halte et tendit l'oreille. Le sifflement des chaudières était assourdissant.

Il craqua une autre allumette et cria :

— Il y a quelqu'un ? Je suis Jim Rook ! Il y a quelqu'un ? Répondez !

À nouveau, ce gargouillis étranglé. Cela ressemblait à quelqu'un qui essaie de parler tout en buvant un verre d'eau.

Jim s'avança tout doucement, et il toucha brusquement quelque chose qui était compact, chaud et humide. Il cria et se rejeta en arrière.

Les mains tremblantes, il craqua une autre allumette et s'en servit pour enflammer les dernières allumettes qui restaient dans la boîte. À la faveur du bref flamboiement de lumière vive, il aperçut devant lui Elvin, allongé sur le sol, reconnaissable uniquement à son T-shirt des Dodgers, couvert de sang. Il avait des blessures partout : sur les bras, sur le visage, sur tout le corps, comme si quelqu'un avait été résolu à le larder de coups de couteau. Les blessures ressemblaient aux bouches béantes d'un banc de poissons échoués sur la côte.

Elvin sentit la chaleur dégagée par les allumettes et tenta de lever la main. Il laissa échapper un autre gémissement, mais c'était l'ultime expiration rauque d'air et de sang émanant de poumons perforés. Les allumettes se consumèrent, la lumière mourut, et Elvin avec elle. Jim se retrouva dans l'obscurité, entouré du grondement des chaudières.

Il prit la main poisseuse d'Elvin, la serra, et chuchota :

— Que Dieu t'accueille en Son sein, Elvin. Et merde, tu étais si jeune !

Ce fut tout ce qu'il parvint à dire.

2

Le lieutenant Harris frappa à la porte, laquelle était ouverte, et entra dans la salle. Courtaud et trapu, il était bâti comme une armoire à glace, avait un nez camus, des cheveux blond-roux coupés court, et une cicatrice d'un rouge livide au menton. Il portait un complet en polyester beige. Il y avait des marques de sueur sous les aisselles.

— Monsieur Rook ? fit-il.

Sa voix était rauque, congestionnée.

Jim se tenait devant la fenêtre et contemplait la cour. Sur son bureau, il y avait l'unique page de la dernière dissertation d'Elvin, *Mon poème préféré*. Il l'avait sortie de son classeur, dans l'intention de la donner aux parents d'Elvin. C'était *Trois*, de Gregory Corso : trois strophes très courtes, et la dernière était :

La Mort pleure parce que la Mort est humaine
Et elle reste toute la journée dans un cinéma quand un enfant meurt.

Jim se retourna. Il ne savait pas s'il devait sourire ou pleurer. Les lumières rouge et bleu de la police scintillaient toujours au-dehors, mais l'ambulance et le break du coroner étaient partis dix minutes auparavant. La classe de Spéciale II avait été dispensée de cours pour le reste de la journée, et les élèves n'étaient pas obligés d'être présents le lendemain s'ils étaient encore trop bouleversés. On avait fait venir trois psychologues, afin de les aider à affronter ce qui s'était passé. Après tout, Elvin avait été copain avec tout le monde. Lent à comprendre, très lent, mais toujours patient, et disposé à rendre service si quelqu'un avait besoin d'un coup de main — réparer la transmission d'une voiture, installer des étagères, poser des prises de courant, faire des commissions. Cela n'avait jamais posé de problèmes, parce que, pour Elvin, la meilleure façon de communiquer avec les gens ce n'était pas par l'intermédiaire des mots mais avec des gestes.

Jim s'était rendu compte de cela, et il l'avait laissé faire des petits boulots au collège. Elvin avait retapé des clôtures, vidé la piscine, remis en état des casiers endommagés. Elvin chantait toujours quand il travaillait. Il adorait ça.

Et maintenant, à l'âge de dix-sept ans et quatre mois, il était mort.

Le lieutenant Harris se promena entre les tables.

— Que pouvez-vous me dire au sujet de Thomas J. Jones ?

— Tee Jay ? Que voulez-vous savoir ? Qu'il est noir ? Qu'il n'est pas très intelligent ? Qu'il vient d'un foyer détruit ?

— Je veux savoir si vous pensez qu'il est capable de commettre un meurtre.

Jim se retourna et le regarda.

— Que puis-je répondre ? Je suppose que nous sommes tous capables de commettre un meurtre, si quelqu'un nous pousse à bout.

— Allons, monsieur Rook. Vous avez vu le corps d'Elvin. Vous avez vu ce que son agresseur lui a fait. Cent douze coups de couteau, le médecin légiste les a comptés. La plupart d'entre nous cesserions d'être en colère après avoir porté un seul coup de couteau.

— Je ne vois pas où vous voulez en venir.

— Je m'efforce de découvrir, en interrogeant les gens qui le connaissent bien, si Thomas J. Jones avait un mobile ou le profil psychologique nécessaire pour assassiner Elvin P. Clay. Vous êtes son professeur.

Vous le connaissez probablement mieux que quiconque, excepté sa mère.

— Je ne pense pas que Tee Jay soit un tueur, déclara Jim.

— Mais ce n'est pas un enfant au berceau !

— Écoutez, il a du mal à lire. Il se débrouille tout juste avec les mathématiques élémentaires. Sa mère a trois filles et quatre autres fils, et ils vivent tous dans une maison comportant trois chambres à coucher dans le quartier le plus pauvre de Westwood. Il est intelligent et plein d'énergie, mais il présente également des troubles fonctionnels et il est très frustré, comme la plupart des gosses de ma classe. S'il n'y avait pas eu un ensemble de gènes altérés, il aurait probablement été quelqu'un de tout à fait exceptionnel.

— Mais vous l'avez surpris en train de se battre avec Elvin ce matin, n'est-ce pas ? Une bagarre foutrement sérieuse, d'après ce qu'on m'a rapporté. Et toujours d'après ce qu'on m'a rapporté, Thomas J. Jones a proféré des menaces très claires et tout à fait explicites, il a menacé de tuer Elvin, et ce en présence de plusieurs témoins.

Il sortit de sa poche son carnet et l'ouvrit d'une chiquenaude.

— Ses paroles exactes ont été « Je vais le tuer... je vais le tuer pour ça... je vais tuer cet enculé ».

— Oui, c'est exactement ce qu'il a dit, reconnut Jim. Mais il était en colère. Elvin avait dit quelque chose qui l'a fait sortir de ses gonds. Quoi, je l'ignore. Mais, à mon avis, les menaces proférées par Tee Jay n'avaient aucune portée véritable.

Le lieutenant Harris adressa à Jim un long regard peiné, comme s'il ressentait les premières douleurs d'une indigestion chronique.

— Elles n'avaient *aucune portée véritable ?* Pourtant, moins de deux heures plus tard, vous avez trouvé Elvin mortellement blessé dans le bâtiment des chaudières du collège, avec plus de trous dans le corps qu'un grillage de poulailler !

— Mais Tee Jay n'a pas fait cela, n'est-ce pas ? Je lui ai déjà parlé. Pendant la récréation, il était avec des amis, ils parlaient de l'équipe de base-ball, et ils ont corroboré ses dires.

— Hum, c'est exact. Si ce n'est que nous avons un intervalle de dix minutes. Tee Jay a quitté ses amis à environ onze heures cinq et a dit qu'il devait téléphoner à son oncle. On l'a vu entrer dans le bâtiment principal et on ne l'a plus revu jusqu'à onze heures quinze ou dans ces eaux-là.

— Est-ce que quelqu'un l'a vu se diriger vers le bâtiment des chaudières ?

— Non, m'sieur. Mais cela importe peu. L'important, c'est qu'il disposait de suffisamment de temps pour entrer dans le bâtiment des chaudières et commettre un meurtre. Il avait le mobile, et l'opportunité. Qui plus est, il avait énormément de sang sur ses vêtements, le sang d'Elvin, comme il l'a reconnu spontanément.

— Le sang provenant de la bagarre dans les toilettes. Cela ne prouve rien.

— Peut-être pas. Mais nous allons procéder à des examens.

— Et l'homme en noir ? demanda Jim.

— Pardon ?

— L'homme en noir. Costume noir, chapeau noir à large bord. Je corrigeais des copies. J'ai levé les yeux et je l'ai vu sortir du bâtiment des chaudières. Il s'est arrêté, a jeté un regard à la ronde, comme s'il ne désirait pas qu'on l'aperçoive, puis s'est éloigné.

— Il avait un comportement louche ?

— Il était plutôt *furtif.* C'est le terme. Furtif.

Le lieutenant Harris tapota son stylo-bille sur ses lèvres plissées.

— Je veux bien le croire. En fait, il était si foutrement furtif que personne d'autre ne l'a vu. Il y avait soixante-dix-neuf élèves dans la cour, ce matin... *soixante-dix-neuf*... et aucun d'eux ne l'a aperçu.

— Vous voulez rire ! s'exclama Jim avec incrédulité. Il est sorti du bâtiment des chaudières à la vue de tous. Il a ouvert la porte, il a jeté un regard à la ronde, et il s'est éloigné d'un bon pas. Il est passé au milieu d'un groupe de gosses. *L'un* d'eux l'a forcément vu !

— Un costume noir ? Un chapeau noir à large bord ?

Le lieutenant Harris feuilleta rapidement son carnet et secoua la tête.

— Désolé, aucun de vos élèves n'a vu un homme répondant à cette description.

— D'accord, c'est possible. Mais je suis sûr de l'avoir vu.

Le lieutenant Harris fourra son carnet dans sa poche.

— Soit ! Vous voulez me donner son signalement ?

— Vous ne prenez pas de notes ?

— Ne vous inquiétez pas, monsieur Rook, je m'en souviendrai. Il mesurait combien, à votre avis ?

— Difficile à dire, avec ce chapeau. Plus de deux mètres. Sans être gros. Quatre-vingt-dix, quatre-vingt-quinze kilos.

— Et un costume noir ?

— C'est exact. Un costume mal coupé, trop ample, flottant.

— Et quelle était son origine ethnique, à votre avis ?

— Je ne saurais le dire avec certitude. J'avais le soleil dans les yeux.

— Vous ne savez même pas si c'était un Blanc ou un Noir ?

Jim réfléchit un moment, essayant de se rappeler à quoi l'homme avait ressemblé, puis il répondit « Non ». Il n'avait fait que l'entrevoir, et l'homme au chapeau à la Elmer Gantry aurait pu être un Blanc ou un Afro-Américain ou même un Asiatique, à vrai dire. Les deux fois, le visage de l'homme était tourné de côté, ou caché par le bord de son chapeau, comme s'il n'avait pas voulu que Jim voie à quoi il ressemblait. Pourtant il y avait un mystère : comment se faisait-il que personne d'autre ne l'ait vu ? Sue-Robin Caufield se trouvait à moins de cinq mètres de lui lorsqu'il était sorti du bâtiment des chaudières, et Jeff Griglak lui faisait face.

— Bon, allons-y, monsieur Rook.

Le lieutenant Harris sortit à nouveau son carnet de sa poche et entreprit de lui poser toute une série de questions de routine. Quel âge avait Jim. S'il était marié ou divorcé. Où il demeurait. Son numéro de téléphone, et ainsi de suite. Puis il dit :

— Parfait... Merci de m'avoir consacré autant de temps.

— Que va-t-il se passer maintenant ? voulut savoir Jim.

— Thomas J. Jones a été arrêté préventivement pour meurtre. Nous allons l'emmener au commissariat central afin de l'interroger.

— Vous avez déjà arrêté Tee Jay ? Et le type au costume noir et au chapeau noir ?

Le lieutenant Harris fit une grimace compliquée — une excuse autant qu'une fin de non-recevoir.

— Disons que nous réservons notre opinion à ce sujet.

— Vous n'allez pas essayer de le retrouver ?

— Ma foi... votre description de cet homme est plutôt vague, reconnaissez-le. Tout à fait indépendamment du fait que vous êtes le seul à l'avoir vu. Je sais que vous voulez bien faire. Je sais que vous avez la réputation de protéger vos élèves. C'est tout à fait louable. Mais je dois considérer les faits.

— Les faits ? Le fait est qu'un individu portant un costume noir et un chapeau noir est sorti du bâtiment des chaudières juste avant que je me rende là-bas et trouve Elvin en train d'agoniser.

— Nous n'avons pas trouvé d'empreintes de pas, monsieur Rook, excepté les vôtres.

— Vous n'avez pas trouvé les empreintes de pas de Tee Jay, alors ?

— Non. Mais il faut dire que nous n'avons pas trouvé celles d'Elvin, non plus. La seule personne qui ait marché dans le sang d'Elvin, c'était vous.

Jim se passa la main dans les cheveux d'un geste las.

— Je ne sais pas, lieutenant. Je n'arrive pas à croire que Tee Jay ait pu faire une chose pareille. Ce n'est pas dans sa nature.

Le lieutenant Harris émit un reniflement sec.

— Croyez-moi, monsieur Rook, ce sont les gens que nous pensons connaître le mieux qui nous réservent les surprises les plus désagréables.

Jim se dirigeait vers la sortie quand il entendit quelqu'un l'appeler. Il se retourna et aperçut Ellie Fox qui venait en toute hâte vers lui. Ellie était le professeur d'arts plastiques du collège : une femme menue au petit nez retroussé et aux cheveux raides couleur caramel maintenus par un serre-tête. Elle portait toujours des blouses amples en jean, des jeans et des sandales, et le plus souvent elle avait un crayon ou un pinceau fiché derrière l'oreille, juste au cas où les gens n'auraient pas compris qu'elle était une artiste.

— Jim ! Je voulais vous parler la semaine dernière, mais je vous ai toujours raté !

— Écoutez, Ellie, je suis désolé... mais avec tout ce qui s'est passé aujourd'hui... est-ce que nous pourrions remettre cela à demain ?

— Jim, c'est très important, je vous assure !

— Je viens vous voir demain matin à la première heure, c'est promis.

— Il s'agit de Tee Jay. J'ai pensé que cela vous intéresserait de voir ça.

— Tee Jay ? Qu'est-ce que c'est ?

Elle le prit par le bras et l'entraîna vers l'escalier.

— Venez jeter un coup d'œil. Vous me direz ce que vous en pensez.

Il la suivit dans le couloir jusqu'à ce qu'ils atteignent l'atelier d'arts plastiques. Pour la Spéciale II, cet endroit était particulièrement important. C'était ici que les élèves pouvaient apprendre à s'exprimer par l'intermédiaire de la couleur, de la lumière et des formes. S'ils ne savaient pas écrire, ils pouvaient néanmoins raconter des histoires — avec des crayons et des tubes de peinture. S'ils étaient incapables de faire des additions, des soustractions ou des multiplications, ils pouvaient néanmoins confectionner des colliers de perles brillantes. Ils pouvaient pétrir de la pâte à modeler ; ils pouvaient peindre avec leurs doigts. Ellie Fox croyait d'une façon quasi obsessionnelle à l'art sous toutes ses formes. « Si des gens se suicident, c'est en grande partie parce qu'ils ne regardent jamais un tableau, ni une sculpture, ni quoi que ce soit. L'art vous épanouit. L'art vous rend sain, de corps et d'esprit. »

Aujourd'hui, c'était un cours de modelage : huit filles et trois garçons s'efforçaient de façonner des animaux avec de la pâte à modeler. Tandis que Jim s'avançait dans l'atelier, plusieurs élèves levèrent les yeux de leur travail et le regardèrent avec curiosité, et Jim entendit un chuchotement surexcité faire le tour de la salle : « ... dit que Tee Jay n'a pas fait ça... », « ... a vu un type entièrement vêtu de noir... », « ... quoi, le Vengeur Masqué ? Il carbure à quoi ? », « ... tu crois que Tee Jay aurait pu faire ça ? », « ... peut-être que c'était un manchot... »

Ellie fit halte devant un grand casier à dessins. Elle ouvrit le tiroir du haut et déclara :

— Je conserve tous leurs travaux récents ici. Tout ce qui est créateur, tout ce qui est fort, tout ce qui est différent.

Elle éleva la voix afin que toute la classe puisse entendre.

— À condition, bien sûr, que ce ne soit pas obscène, ni injurieux envers le collège de West Grove ou l'un de ses professeurs.

Il y eut un éclat de rire dans un coin de l'atelier, et Jim vit Jane Fidaccio détacher en hâte un énorme pénis en pâte à modeler du rhinocéros qu'elle était en train de façonner.

Ellie sortit du tiroir trois feuilles de papier à dessin de grand format et les disposa sur le dessus du casier. Trois dessins peints à base de rouge, d'orange et de noir. Le premier dessin représentait un homme brûlé vif sur un bûcher funéraire. Le deuxième représentait une file d'hommes progressant à travers la jungle. Au premier regard, Jim ne remarqua rien de particulier, puis il se rendit compte que ces hommes marchaient en file indienne parce qu'un long pieu avait été enfoncé dans leur ventre et ressortait par le dos, les maintenant ensemble comme un chiche-kebab humain. Le troisième dessin représentait une femme allongée sur le dos, qui dévorait son nouveau-né avant même d'avoir expulsé le placenta.

— Le travail de Tee Jay, annonça-t-elle.

— Bon Dieu ! s'exclama Jim. Ils sont évocateurs, pas de doute.

— J'avais l'intention de les détruire, mais j'ai pensé que vous deviez d'abord y jeter un coup d'œil.

— Tee Jay avait déjà fait des dessins de ce genre ?

Ellie secoua la tête.

— Uniquement au cours de ces deux dernières semaines. Je lui ai demandé ce que ces dessins signifiaient, et il a répondu que cela avait trait à son patrimoine ethnique, mais c'est tout ce qu'il a dit.

— Son *patrimoine* ? Il est né à Huntington Park, autant que je sache. Ensuite son père a trouvé un emploi de chauffeur et la famille est venue s'installer à Santa Monica. Quelle sorte de patrimoine ethnique est-ce là ?

— Ma foi, je n'en sais rien, avoua Ellie. Mais j'ai pensé qu'il était très perturbé.

Jim prit le dessin représentant les hommes dans la jungle.

— Vous voyez ces lettres ici ? V-O-D-U-N. Vous savez ce que cela signifie ?

— Je n'en ai pas la moindre idée. Tee Jay a refusé de me le dire. Il a simplement déclaré que les dessins parlaient d'eux-mêmes.

— Ils ne me disent rien, en tout cas, fit Jim. Regardez... qu'est-ce qu'il a écrit sur le côté ? S-A-M-E[1]. Qu'est-ce que cela veut dire ? Same ? C'est peut-être un acronyme, mais je ne vois pas lequel. Ou bien une anagramme. Qui sait ?

— Vous pourriez peut-être lui poser la question ? suggéra Ellie.

Jim acquiesça de la tête. Ellie était une femme avisée. Douce et avisée.

— Je peux garder ces dessins ? demanda-t-il.

— Bien sûr, répondit-elle. Je ne tiens pas à ce que l'un de mes élèves les voie. Cela pourrait lui donner des idées !

Jim enroula les dessins et les maintint avec un élastique.

1. *Same* : même (*N.D.E.*).

— Je vous revaudrai ça, dit-il à Ellie comme elle l'accompagnait jusqu'à la porte. Peut-être cette pizza Rook que je n'arrête pas de promettre de vous faire. Celle avec de la ricotta fumée.

— Pas tout de suite, dit-elle. Attendons que les choses se soient un peu calmées.

— Bien sûr, Ellie. Je ne voulais pas dire maintenant.

— Non, fit-elle, comme si aucun des hommes qu'elle rencontrait ne voulait jamais dire maintenant.

Il rentra chez lui. Son appartement était situé au premier étage d'un immeuble peint en rose à proximité d'Electric Avenue, à Venice. Il y avait un petit bassin dans la cour intérieure autour duquel les résidents se délassaient le soir, affalés dans des fauteuils de relaxation rouillés et délabrés, buvant du vin chaud et lisant d'épais best-sellers. Ce soir, il faisait tellement chaud que même Mme Vaizey était dehors. Âgée de soixante-seize ans, elle portait un énorme short en soie noir, un haut tout ratatiné, et l'une de ces visières Homard de l'Espace qui avaient été le nec plus ultra une quinzaine d'années auparavant.

— Vous avez une mine lugubre, Jim, déclara Mme Vaizey en se protégeant les yeux du soleil. Mauvaise journée ?

Jim acquiesça.

— L'un de mes élèves a été tué aujourd'hui. L'ambiance était plutôt tendue au collège.

— Tué ? C'est affreux ! Comment est-ce arrivé ?

— Nous n'en sommes pas tout à fait sûrs. Mais jusqu'ici tout laisse penser que c'est un autre élève qui l'a poignardé.

— Le monde n'est plus ce qu'il était, Jim. De mon temps, on allait à l'école pour s'instruire, pas pour tuer d'autres élèves, ni pour se faire tuer !

— Vous avez entièrement raison, madame Vaizey. Mais je ne suis pas si sûr que ce meurtre soit aussi simple que cela.

Le homard rose pâle sur le sommet de la tête de

Mme Vaizey lança à Jim un regard globuleux et agita ses pinces en plastique.

— Vous pensez différemment, hein ? C'est parce que vous *êtes* différent.

— Ne commencez pas à me servir ce truc mystique, madame Vaizey. Je respecte vos dons et ce en quoi vous croyez, mais l'un de mes élèves préférés est mort aujourd'hui, et le moment est mal choisi.

— Des bêtises ! répliqua-t-elle.

La peau sur le dos de sa main ressemblait à du papier de soie chiffonné.

— Le moment est tout à fait approprié. Et vous allez me dire pourquoi vous pensez différemment !

Jim coula un regard vers Myrlin Buffield, de l'appartement 201, lequel faisait semblant de lire *Couleurs primaires*, mais écoutait attentivement leur conversation. Myrlin était énorme — plus de quarante-cinq kilos à perdre —, avait des cheveux noirs plaqués en arrière, des seins, une boucle d'oreille en or en forme de dague, et une peau aussi blanche et lumineuse qu'une raie fraîchement pêchée. Personne ne savait ce que Myrlin faisait dans la vie. Personne n'avait envie de le découvrir.

— Et si vous montiez prendre un verre, madame Vaizey ? proposa Jim. Nous pourrions bavarder tranquillement.

— Une bière ? demanda Mme Vaizey d'un air méfiant.

— Pour qui me prenez-vous ? Du bourbon !

— Dans ce cas, Jim, j'accepte avec plaisir.

Il prit le journal, les lunettes et le sac à tricot de Mme Vaizey, puis il l'aida à monter l'escalier jusqu'à son appartement. Il ne lui parlait pas très souvent, principalement parce qu'elle voulait toujours lui lire les lignes de la main, ou lui tirer les cartes du Tarot, ou interpréter ses feuilles de thé. Il croyait à un tas de choses bizarres, mais il ne croyait pas à la cartomancie ni aux tablettes Oui-Ja, et encore moins aux fantômes. Il croyait que l'avenir était imprévisible et que, lorsqu'on mourait, on mourait. *Clic.* La lumière était éteinte, et c'était terminé.

Jim ouvrit la porte de son appartement et fit entrer Mme Vaizey. Les stores de calicot blanc étaient baissés, l'appartement sombre, et il faisait très chaud. Le séjour n'était pas en désordre mais présentait plusieurs signes indiquant qu'un célibataire habitait ici, et que personne n'avait fait le ménage pendant la journée. Les coussins sur le canapé étaient toujours froissés. Il y avait des pois de senteur morts dans la coupe sur la tablette de la fenêtre. Le journal de la veille se trouvait toujours à l'endroit où Jim l'avait laissé tomber, ainsi qu'une pantoufle.

Mme Vaizey renifla avec circonspection. Elle sentait cela, elle aussi. Rien de déplaisant... juste l'air immobile, confiné, que personne n'avait respiré de toute la journée.

— Où est votre chatte ? voulut-elle savoir.

— Le félin répondant jadis au nom de Tibbles ? Elle va revenir, dès qu'elle saura que je suis ici. Je ne la laisse jamais entrer durant la journée. Je suis allergique à l'odeur des litières.

Mme Vaizey prit place sur le canapé et Jim alla dans la cuisine pour prendre sa bouteille de Jim Beam. Il remplit deux grands verres, puis ils trinquèrent, pour garder espoir, et pour chasser le diable.

— À Elvin, qui est mort aujourd'hui. Et à la justice, à la raison, et au respect.

— Je vais boire à cela, dit Mme Vaizey. Même si j'ignore de quoi vous parlez.

— Je parle de jeunes gens qui meurent trop jeunes, madame Vaizey, déclara Jim. Elvin, ma foi... la vie ne l'avait pas gâté. Il était tellement lent qu'il ne pouvait même pas attraper un rhume. Son père était infirme et sa mère n'arrivait jamais à joindre les deux bouts. Mais il était toujours si gai... Il tirait le meilleur parti de ce qu'il avait.

— Et qui l'a tué ?

— L'un de ses camarades de classe. Un garçon nommé Tee Jay. C'est ce que la police pense, en tout cas.

— Mais pas vous ?

— Je n'en suis pas bien sûr. Tee Jay et Elvin

s'étaient battus, un peu plus tôt, et une fois la bagarre terminée, j'ai vu un homme passer dans le couloir. Très grand, avec un costume noir et un chapeau noir à large bord. Il a disparu avant que je puisse découvrir qui il était. Mais je l'ai revu ensuite. Il sortait du bâtiment des chaudières, et c'est là qu'Elvin a été mortellement poignardé. Je l'ai vu, aussi distinctement que je vous vois. Le problème, c'est que personne d'autre ne l'a vu. Personne.

Mme Vaizey but son bourbon d'un trait et s'essuya la bouche du dos de la main.

— Je crois que je devrais regarder la paume de votre main, Jim.

— Madame Vaizey, sauf votre respect, cela ne servira à rien.

— Jim... il y a quelque chose de différent chez vous. Je l'ai toujours su. Vous avez l'aura.

— L'aura ? Qu'est-ce que c'est ?

Mme Vaizey fit un geste circulaire avec ses mains.

— C'est une sorte de halo que certaines personnes ont autour d'elles. Parfois une personne qui est heureuse peut briller comme une lumière. Mais la plupart des gens présentent plutôt un effet tacheté, différentes couleurs pour différentes parties de leur psyché, si vous voyez ce que je veux dire.

— Et quelle est ma couleur ? demanda Jim en lui servant un autre verre.

— La vôtre est différente. La vôtre ne brille presque pas. La vôtre ressemble davantage à une ombre qu'à une lumière.

— Qu'est-ce que cela signifie ? Que je suis déprimé ?

Mme Vaizey secoua la tête.

— Absolument pas. Cela signifie que vous êtes en contact avec l'au-delà. Une partie de vous-même est capable de voir *à travers* le monde de tous les jours et de contempler l'autre monde. C'est comme si l'on regardait la devanture d'une boutique par une journée de soleil. Vous devez abriter vos yeux avec vos mains et appuyer votre visage contre la vitre, mais vous pouvez toujours voir *quelque chose.*

Jim émit un grognement amusé, mais Mme Vaizey prit sa main entre ses doigts semblables à des griffes, avec toutes ses grosses bagues en argent, et la serra avec force.

— Que pensez-vous avoir vu aujourd'hui, Jim ? Vous avez vu un homme que personne d'autre ne pouvait voir. Bon, est-ce que cet homme était vivant, à votre avis, ou bien est-ce que cet homme aurait pu être autre chose ?

— Je ne comprends pas ce que vous voulez dire par « autre chose ». De quoi parlez-vous ? D'un fantôme ?

— Un fantôme, c'est possible. Qui sait ? Il n'y a pas que les esprits des morts qui errent à travers le monde. Parfois les vivants peuvent également le faire.

— Vous voulez parler d'une expérience extra-corporelle ?

— C'est l'une des façons, répondit Mme Vaizey.

Elle examina la paume de sa main. Son ongle pointu, verni en orange, suivit sa ligne de cœur, sa ligne de tête et sa ligne de vie.

— Vous êtes très intelligent, annonça-t-elle. L'ennui, c'est que vous êtes également têtu comme une mule. Vous n'aimez pas que l'on vous donne des conseils. Vous pensez toujours que votre façon de procéder est la meilleure. D'un autre côté, vous doutez de vous-même par moments, lorsque vous pressentez que vous avez peut-être suivi le mauvais sentier dans la forêt. En de tels moments, vous avez l'impression que les arbres se referment sur vous, et vous avez l'impression d'entendre d'étranges grognements dans le sous-bois.

Elle leva les yeux et but d'un trait son second verre de bourbon.

— C'est une métaphore, bien sûr !

Jim l'observait, elle et la façon dont ses pendants d'oreilles en argent oscillaient dans la lumière du soleil. Il aurait dû se sentir sceptique, pourtant ce n'était pas le cas. Après le meurtre d'aujourd'hui, il était disposé à considérer quasiment n'importe quelle explication à propos de ce qui s'était passé. Si Dieu permettait qu'un adolescent comme Elvin meure, alors il était clair qu'ils vivaient dans un univers où rien n'était logique, où rien n'était juste.

— Vous êtes très émotif, et capable d'un très grand amour, poursuivit Mme Vaizey. Autrefois vous avez aimé une personne qui vous a laissé tomber, et cela vous a pris du temps pour vous en remettre. Mais un autre amour se présentera au moment où vous vous y attendez le moins — dans très peu de temps, apparemment — et cette relation durera, avec des hauts et des bas, jusqu'à la fin de votre vie.

— Des hauts et des bas ? Je n'aime pas beaucoup ça !

— Tout le monde a des disputes, Jim, particulièrement les gens qui s'aiment beaucoup.

— Vous avez probablement raison.

Mme Vaizey examina sa ligne de vie. Il aurait préféré qu'elle n'enfonce pas son ongle aussi profondément dans sa paume. Puis elle leva les yeux vers lui et l'expression de son visage était tout à fait extraordinaire. Elle le regarda fixement comme si elle ne parvenait pas à croire qu'il était réel. Elle suivit à nouveau sa ligne de vie avec son ongle, la scruta minutieusement, puis déclara :

— Cela me dépasse !

— Qu'y a-t-il ? lui demanda-t-il.

— C'est très étrange. Normalement, si la ligne de vie d'une personne est brisée, vous pouvez prédire que cette personne va mourir. Vous pouvez pratiquement dire l'année.

— Et alors ? Ma ligne de vie est brisée ?

Mme Vaizey acquiesça de la tête.

— Regardez ici... au bas de votre paume. Elle se brise et elle continue dans toutes les directions.

— Alors, qu'est-ce que cela signifie ? Vous n'êtes pas en train de me dire que je vais mourir jeune, hein ? Mon père et ma mère sont toujours en vie !

— Jim, cette brisure survient très, très tôt dans votre vie. Cela veut dire que, en principe, vous devriez être déjà mort.

— Quoi ?

— Il n'y a pas à s'y méprendre. C'est parfaitement

clair. Cela veut dire que vous êtes mort quand vous aviez onze ou douze ans.

Jim éclata de rire.

— Je suis mort quand j'avais onze ou douze ans ? Cela ne plaide guère en faveur de la chiromancie, vous ne trouvez pas ? Enfin, est-ce que j'ai *l'air* mort ?

— Aucune erreur possible, déclara Mme Vaizey, et sa voix était tout à fait solennelle.

— Alors je suis censé croire que je suis mort, c'est ça ?

— Vous n'êtes pas mort maintenant, mais vous l'avez été autrefois. Juste pendant un moment, peut-être. Mais bien mort !

Jim dégagea sa main et la tint contre sa poitrine, comme si elle était blessée.

— Allons, cela n'a pas de sens, dit-il.

— Je ne sais pas, Jim, fit Mme Vaizey. Il y a peut-être une explication. Avez-vous été malade dans votre enfance ? Vous savez, gravement malade ?

— J'ai eu une pneumonie quand j'avais dix ou onze ans.

— Vous rappelez-vous ce qui s'est passé ?

— Pas très distinctement... J'étais un enfant plutôt rachitique. J'ai attrapé la grippe et la grippe s'est changée en pneumonie. Mes parents m'ont emmené à l'hôpital, et il y avait tous ces gens en blanc qui se sont occupés de moi. Ils étaient formidables. Ils m'emmenaient faire des promenades, ils me parlaient. Finalement, ils m'ont ramené vers mon lit, et j'étais guéri.

— À quoi ressemblaient-ils, ces gens en blanc ?

— Je ne sais pas. Je suppose que c'était des docteurs et des infirmières. Mais ils étaient très nombreux... Tous me parlaient, tous s'efforçaient de m'aider à me sentir mieux. Et finalement, je me suis senti mieux, en effet !

Mme Vaizey tendit son verre et Jim le remplit à nouveau. Le soleil avait tourné, et il y avait de larges raies de lumière sur l'unique tableau que Jim avait accroché au mur : une grande reproduction de *La Reddition de Breda* de Vélasquez, des soldats hollandais remettant les clés de la ville à des lanciers espagnols. Jim avait toujours puisé une certaine force dans ce tableau, parce qu'il montrait des ennemis jurés se conduisant entre eux avec courtoisie et respect... deux qualités qu'il s'était toujours efforcé d'inculquer aux élèves de la classe de Spéciale II.

— Il ne vous est jamais venu à l'esprit que ces gens en blanc n'étaient peut-être pas des docteurs et des infirmières ? demanda Mme Vaizey.

— Je ne vous suis pas.

— Vous étiez très jeune, et proche de la mort. Cliniquement, peut-être, vous *étiez* mort. Mais, croyez-moi, il y a beaucoup d'esprits bienveillants dans l'au-delà qui font de leur mieux pour faire faire demi-tour à de jeunes âmes avant qu'il ne soit trop tard.

Jim secoua la tête.

— Désolé, madame Vaizey, mais je ne crois pas à la vie après la mort.

— Même si vous avez vu probablement des esprits par vous-même ?

— J'étais très jeune. Je rêvais, très certainement.

Mme Vaizey prit sa main à nouveau et promena l'ongle de son index sur sa ligne de vie, tout du long, à de nombreuses reprises.

— Ce que j'essaie de vous faire comprendre, Jim, c'est que si vous avez vu des esprits autrefois, vous pouvez les voir à nouveau. Le fait d'être très près de la mort vous donne une *facilité,* si vous voyez ce que je veux dire. Un sens supplémentaire que vous gardez toute votre vie.

Jim demeura silencieux, mais regarda et fit une grimace tandis que Mme Vaizey s'absorbait dans la contemplation de sa paume. Au bout de quelques instants, elle fronça les sourcils et examina sa ligne de vie encore plus attentivement.

— Quelque chose ne va pas ? lui demanda-t-il.

— Je ne sais pas... Je ne comprends pas ce que cela signifie. Vous avez une double brisure et puis une boucle, comme le bras mort d'un cours d'eau, disons. Vous allez faire une rencontre étrange, comme vous n'en avez jamais fait auparavant. Ensuite quelque chose de tout à fait terrifiant va se produire. Mais c'est tout ce que je suis capable de déchiffrer.

Elle passa une nouvelle fois l'ongle de son index sur sa ligne de vie. Au même moment, Jim ressentit une douleur fulgurante. L'ongle gratta sur sa peau comme une allumette de sûreté, et des flammes jaillirent de la paume de sa main.

— Nom de Dieu ! s'écria-t-il.

Il referma sa main immédiatement, mais des flammes s'échappèrent d'entre ses doigts et enveloppèrent son poing.

Il voulut se lever, mais Mme Vaizey cria : « Non ! » Elle saisit un coussin sur le canapé et le pressa sur la main de Jim. Elle le maintint appuyé durant un très long moment, puis l'écarta précautionneusement pour s'assurer que les flammes avaient été éteintes. Jim ouvrit lentement les doigts. Le feu avait disparu, laissant seulement un réseau de légères marques rougeâtres.

— Est-ce que vous avez mal ? lui demanda Mme Vaizey.

Jim leva sa main et la tourna d'un côté et de l'autre.

— Pas vraiment. J'ai une sensation de chaleur excessive, mais c'est tout. Rien de grave. Bon sang, que s'est-il passé ?

— C'est un avertissement, répondit Mme Vaizey.

Elle était bouleversée et ses mains tremblaient.

— J'en avais entendu parler, mais je ne l'avais jamais vu. Dire que cela s'est produit sous mes yeux !

— Un avertissement ? Un avertissement à propos de quoi ?

— Je ne peux pas vous le dire. Il y a certaines choses que les gens ne doivent pas connaître.

— Allons, madame Vaizey. Ma propre main a pris feu. Vous devez me le dire !

Elle plaqua la main sur sa bouche et réfléchit un moment. Puis elle dit :

— Entendu... Je suppose que vous avez le droit de savoir. Parfois, lorsque le danger de la mort est très proche, des gens en présentent les signes sur leur corps. Plus une personne est sensitive, plus les signes sont évidents. J'ai connu une femme à Santa Barbara dont les lèvres sont devenues bleues. Trois semaines plus tard, elle mourait, empoisonnée au cyanure. Et il y a eu ce producteur de cinéma à Westwood qui avait continuellement des marques rouges de morsures sur les bras. Avant la fin de l'année, il a été attaqué par deux dobermans alors qu'il venait voir l'un de ses amis. Ils lui ont pratiquement déchiqueté le visage.

Elle marqua un temps, puis ajouta :

— J'avais déjà vu des brûlures sur des gens qui sont morts par le feu. Des brûlures aux bras, des brûlures au visage. Mais je n'avais encore jamais vu des *flammes*. Jamais. Vous devez être encore plus proche du monde des esprits que toute personne qu'il m'a été donné de rencontrer.

— Expliquez-moi, bon sang ! s'exclama Jim. Êtes-vous en train de dire que je vais mourir brûlé vif ?

Mme Vaizey ne répondit pas. Elle se contenta de le regarder d'un air affligé.

— Mais ce n'est pas inéluctable, hein ? insista Jim. Enfin, je peux changer mon destin, maintenant que je sais, n'est-ce pas ?

— À ma connaissance, personne n'a jamais réussi à changer son destin, déclara Mme Vaizey en posant sa main sur celle de Jim. Mais peut-être le pourrez-*vous*. Qui sait ?

— Je vous sers un autre verre ? dit Jim d'une voix mal assurée.

3

Le lendemain matin, les élèves de Spéciale II étaient silencieux et déprimés, mais personne n'était absent, à l'exception d'Amanda Zaparelli qui devait se faire retirer son appareil dentaire. Jim n'était pas surpris qu'ils soient tous venus. Ils avaient besoin de partager leur douleur avec quelqu'un, et de venir au collège constater par eux-mêmes que la table d'Elvin était inoccupée, et qu'il les avait vraiment quittés pour toujours. Jim savait combien une classe peut être plus soudée qu'une famille, et que perdre un camarade de classe peut être encore plus pénible que de perdre un oncle ou un cousin.

Jim fit son entrée dans la salle en rentrant les pans de sa chemise en jean bleue dans son pantalon de toile. Il avait l'air, et se sentait, épuisé. Il avait très mal dormi. Toute la nuit il avait rêvé de silhouettes indistinctes portant des chapeaux à large bord, et de voix qui chuchotaient dans des langues qu'il ne comprenait pas. Il avait allumé sa veilleuse plusieurs fois pour examiner les marques sur sa main. Il s'était fait un grand bol de chocolat chaud, l'avait remué et contemplé pendant une demi-heure avant de le vider, sans l'avoir bu, dans l'évier.

« *À ma connaissance, personne n'a jamais réussi à changer son destin*, lui avait dit Mme Vaizey. *Mais peut-être le pourrez-vous. Qui sait ?* »

— Écoutez, leur dit-il. Cette journée va être particulière et très difficile. Hier nous avons perdu Elvin, mais nous avons également perdu Tee Jay. La police l'a arrêté pour meurtre et, pour autant que je sache, ils ne recherchent personne d'autre.

Il s'avança entre les tables jusqu'au fond de la classe et se tint à côté de Sue-Robin Caufield. Sue-Robin portait un T-shirt noir très moulant avec un décolleté en V, et un petit ruban noir autour du cou. Jim pensa avec lassitude : *On peut lui faire confiance pour porter le deuil en restant sexy !* Dans le coin opposé, Greg Lake fronçait violemment les sourcils et battait des paupières comme s'il roulait à moto par grand vent. Greg souffrait d'un manque de coordination, et chaque expression faciale était une lutte acharnée. Si quelqu'un racontait une blague, tous les autres avaient fini de rire depuis au moins une minute avant que Greg parvienne à ajuster un sourire sur son visage.

— Je veux que vous vous rappeliez une chose, poursuivit Jim. Aussi tristes que nous soyons parce que Elvin est parti, aussi *furieux* que nous soyons... et, disons-le franchement, la colère fait autant partie de la douleur que la tristesse... notre système de justice dit que tout homme est présumé innocent jusqu'à ce qu'il ait été *déclaré* coupable. Tee Jay a été arrêté, mais il n'a pas été jugé. Alors restons calmes et attendons qu'un jury décide si Tee Jay est vraiment responsable.

— Oh, bien sûr, fit Ray Vito en se tournant sur sa chaise.

Ray avait une épaisse tignasse d'un noir luisant, un visage triangulaire au teint terreux, et un petit nez busqué.

— Et je suppose que O.J. Simpson était innocent, lui aussi ?

— Un jury a établi l'innocence d'O.J. Simpson. Quoi que je pense de cette décision, je la respecte.

— Oh, allons, monsieur Rook, on a tous regardé le procès à la télé. Quelle farce !

— Vous avez regardé le procès à la télé, mais on ne vous a pas présenté les faits comme ils ont été présentés aux membres du jury. Ils ont écouté l'exposé des faits et acquis une conviction intime. J'ai la conviction intime que Tee Jay n'a pas tué Elvin. J'ai vu quelqu'un sortir du bâtiment des chaudières juste avant de découvrir Elvin mort. J'ignore qui était cet homme, ou ce qu'il faisait là-bas. Je ne comprends pas pourquoi personne d'autre ne l'a vu. Mais il a été certainement la dernière personne à voir Elvin vivant, et cet homme n'était pas Tee Jay. Alors réservons notre opinion, d'accord ?

Russell Gloach leva la main. Russell avait des cheveux noirs coupés court et portait des lunettes aux verres si épais qu'ils étaient probablement à l'épreuve des balles. Il pesait cent dix kilos et était atteint de boulimie, ce qui affectait gravement son travail scolaire. Il était incapable de suivre un cours de quarante-cinq minutes sans manger un gâteau ou une barre de chocolat ou un sandwich. Malgré son obésité, cependant, il avait un esprit vif, et pouvait se montrer très impertinent.

— Je ne crois pas que vous avez vu quelqu'un, déclara-t-il. Je pense que vous voulez couvrir Tee Jay... Vous essayez d'amener les gens à penser qu'il n'a peut-être pas fait ça... alors ils seront obligés de le relâcher.

— Pour quelle raison ferais-je cela ? lui demanda Jim.

Russell haussa les épaules.

— Tee Jay fait partie de la Spéciale II, non ? Quoi qu'il ait fait, il en fait partie !

Jim regarda Russell pendant un long moment, puis il acquiesça de la tête.

— Bien sûr, dit-il. Tee Jay fait partie de cette classe.

— Il n'en reste pas moins que Tee Jay avait un comportement plutôt bizarre depuis quelque temps, intervint Muffy.

Muffy était petite et très mignonne. Elle portait les tresses les plus compliquées que Jim eût jamais vues. Roulées, torsadées, et ornées de rubans et de perles. Elle devait certainement se lever à cinq heures du matin pour faire ces tresses et arriver à l'heure au collège. Muffy était sortie avec Tee Jay pendant deux ou trois semaines, mais Tee Jay était calme et laconique, alors que Muffy ressemblait à une explosion dans une fabrique de pétards.

Jusqu'à hier, bien sûr, lorsque Tee Jay avait explosé, lui aussi.

— Que veux-tu dire par *bizarre* ? demanda Jim à Muffy.

— Ben, il était toujours assez cool, d'accord ? répondit Muffy. Vous savez, rien ne le bouleversait, jamais. Mais, depuis deux ou trois semaines, il s'était replié sur lui-même. C'était à peine s'il parlait à quelqu'un. Vous vous en êtes certainement aperçu pendant les cours.

— Je ne m'en étais pas aperçu sur le moment. Mais maintenant que tu en parles...

Et il songea aux dessins qu'Ellie lui avait montrés, les hommes embrochés qui marchaient dans la jungle, la femme qui dévorait son nouveau-né.

— Je crois bien qu'il avait des problèmes chez lui, poursuivit Muffy. Il n'en parlait pas, mais je sais pertinemment qu'il a dormi dans sa voiture une nuit, et une autre fois il m'a téléphoné à deux heures du matin et m'a demandé s'il pouvait pieuter chez moi. C'était pas possible, bien sûr. Mes parents auraient pété les plombs !

Jim revint lentement vers le devant de la classe.

— Est-ce que quelqu'un d'autre avait remarqué le comportement bizarre de Tee Jay ?

— Il s'est mis à me reprocher d'être juive, dit Sherma Feldstein, une adolescente brune, bien en chair et mignonne, avec un grain de beauté et d'épais sourcils noirs. Il n'arrêtait pas de dire qu'il n'y avait qu'une seule religion et que c'était la sienne. Il disait que tous les Juifs étaient... hum, il a utilisé un mot grossier.

— Il t'a dit quelle était sa religion ? demanda Jim.

Sherma secoua la tête.

— Il a essayé de me l'expliquer. Il parlait de corbeaux, de miroirs et de bougies. Il y avait aussi quelque chose à propos d'une poudre. Respirer une poudre.

— Tu as compris ce que cela signifiait ?

— Hon-hon, fit Sherma. C'est tout ce qu'il a dit. Il

a déclaré que si je ne comprenais pas maintenant, je ne comprendrais jamais.

— J'ai remarqué autre chose, intervint Beattie McCordic. Il jouait à ce jeu où on lance l'un de ces trucs ronds au-dessus d'un filet. Il faisait très chaud et il a enlevé le truc qu'il portait en haut. Il avait toutes ces marques sur son dos.

— Tu veux dire un tatouage ? lui demanda Jim.

— Non, non. Comme des bosses, quand on s'est coupé. Comment appelez-vous ça ?

— Tu veux dire des cicatrices ?

— Exactement, des cicatrices. Elles formaient des cercles, disons.

— Ma foi, si quelqu'un a envie d'avoir des cercles sur son dos, qui pourrait le lui interdire, d'accord ? Il avait ces cicatrices depuis des années, probablement.

— Non, pas du tout. Elles étaient vraiment récentes. Rouges, encore à vif, vous savez.

Sharon Mitchell leva la main. Sharon militait pour les droits des Noirs tout autant que Beattie militait pour les droits des femmes. Elle était d'une beauté frappante, mais elle était très grande, plus de deux mètres, et avait souffert toute sa vie d'être dégingandée, noire et de sexe féminin. Elle signait toujours ses dissertations « Sharon X », en l'honneur des Musulmans noirs, et Jim ne l'appelait jamais autrement. C'était un moment dans leur vie où ses élèves avaient besoin d'être pris au sérieux, même s'ils semblaient rebelles et irrationnels. Ils se sentaient suffisamment mal dans leur peau. Ils n'avaient pas besoin que quelqu'un d'autre se moque d'eux.

— Certaines personnes en Afrique font ça, déclara Sharon. C'est une question de virilité. C'est censé montrer qu'un jeune garçon est capable de supporter la douleur, mais cela indique également à quel esprit il appartient.

— Je ne te suis pas.

— Bon, certaines tribus ont ces esprits gardiens qui sont censés veiller sur eux durant toute leur vie. Comme un parrain ou une marraine, vous savez. Quand un jeune garçon parvient à l'âge d'homme, les anciens de la tribu choisissent un esprit pour lui, et cet esprit est censé le protéger et lui donner de bons conseils et tuer ses ennemis pour lui.

Tuer ses ennemis ? pensa Jim, et il se rappela le personnage au costume foncé qui était sorti du bâtiment des chaudières.

— C'est très intéressant, Sharon, dit-il. J'aimerais en savoir un peu plus sur ce sujet.

— J'ai un tas de livres chez moi. Je les apporterai au collège et vous pourrez les lire.

Jim parcourut la classe du regard.

— J'ai l'intention d'aller voir les parents d'Elvin aujourd'hui, et je suis sûr que vous aimeriez que je leur apporte un message de condoléances. Demain j'aimerais que vous unissiez vos efforts et que vous écriviez une carte de compassion, que vous signerez tous.

« J'ai réfléchi toute la nuit à ce que je pourrais vous dire aujourd'hui concernant Elvin. Mais je pense que le mieux que je puisse faire, c'est de vous lire ce poème d'Emily Dickinson.

Il prit un livre et l'ouvrit. Ses élèves étaient tellement silencieux qu'il les entendait respirer.

Parce que je ne pouvais pas m'arrêter pour la Mort.
Il s'arrêta aimablement pour moi ;
La voiture ne transportait que nous-mêmes
Et l'Immortalité.

Nous passâmes devant l'école, où des enfants
Se mettaient en rangs, à la sonnerie ;
Nous passâmes devant les champs de blé immobiles
Nous dépassâmes le soleil couchant.

Depuis lors des siècles se sont écoulés, et pourtant
Ils semblent plus courts que le jour.
La première j'ai deviné que les chevaux
Se dirigeaient vers l'Éternité.

Il posa le livre sur son bureau. Assise en face de lui, Jane Firman pleurait et les larmes ruisselaient sur ses joues. Elvin et elle étaient atteints de dyslexie, et ils avaient passé des heures ensemble, à faire des efforts pour comprendre leurs livres. La soudaine absence d'Elvin était plus que ce qu'elle pouvait supporter.

Même Ricky Herman s'essuyait les yeux avec sa manche, et Sherma se cachait le visage dans les mains.

— Bien, dit Jim doucement. Nous allons observer une minute de silence, afin que chacun de nous puisse dire une prière.

Tous inclinèrent la tête. Pour la toute première fois, Mark et Ricky ne gloussaient pas et ne traînaient pas les pieds. L'estomac de Russell gargouilla, mais personne ne rit. Cela semblait rendre le silence encore plus poignant. La vie continuait normalement et Elvin n'était plus là.

La minute était presque terminée quand l'attention de Jim fut attirée par une ombre fugitive de l'autre côté de la cour. C'était une journée de grand soleil, et le porche du bâtiment principal était très sombre. Pourtant Jim était certain d'avoir vu quelque chose bouger. Il alla lentement jusqu'à la fenêtre et regarda au-dehors. Au début il ne distingua rien, mais peu à peu lui apparut la silhouette d'un homme, debout près de l'un des piliers. Il était vêtu de noir, et tenait contre sa poitrine un chapeau noir à large bord.

Jim appela Titus Greenspan III de la main. Titus portait un T-shirt à rayures rose fluo. Avec ses yeux noirs et globuleux, et ses gestes lymphatiques et timides, il ressemblait à une grosse crevette.

— Titus... viens par ici. C'est ça, tu te lèves et tu viens ici. Maintenant, je veux que tu regardes par la fenêtre... dans cette direction. Tu vois le porche ? Tu vois le pilier de droite ?

— C'est lequel ? demanda Titus en battant des paupières.

— C'est le pilier qui est du même côté que ta main droite. Non, *cette* main. Bon, est-ce que tu vois quelqu'un qui se tient à côté de ce pilier ? C'est plutôt sombre, mais regarde attentivement. Un homme au costume noir, un chapeau à la main.

Titus regarda, mais finalement il secoua la tête lentement.

— C'est une sorte de test d'intelligence ? voulut-il savoir.

Jim regarda vers le porche et l'homme était toujours parfaitement visible. En fait, il s'était avancé d'un pas, et il était encore plus facile à voir.

— Tu ne vois pas un homme debout à côté du pilier de droite, avec un chapeau à la main ? Allons, regarde à nouveau !

Durant une fraction de seconde, Jim fut tenté d'ajouter « Et merde, tu es aveugle ou quoi ? », mais il parvint à se retenir.

Titus regarda attentivement pendant plus de trente secondes, le bout de sa langue serré entre les dents. À la fin, il dit :

— Nan ! Désolé, monsieur Rook. Je vois que dalle !

— Ricky, viens ici, l'appela Jim, puis il tendit le doigt : Regarde là-bas. Tu vois cet homme sous le porche ? Juste à gauche de ce pilier.

Ricky regarda fixement vers le porche de l'autre côté de la cour, puis il émit un reniflement et dit :

— Non. Désolé, monsieur Rook. Je vois personne.

— Ça ne fait rien, dit Jim. Retourne t'asseoir. Attention, tout le monde ! Vous prenez votre livre de poésie, vous l'ouvrez à la page 26, et vous voyez ce que vous pouvez comprendre... *Mort d'un jeune garçon* de John Crowe Ransom. Et ne lisez pas simplement ce poème, *réfléchissez* quand vous le lisez, réfléchissez à ce qu'il veut dire. Je reviens tout de suite.

Il sortit de la salle de classe et remonta rapidement le couloir. Il poussa la porte battante aux panneaux vitrés et s'avança dans la lumière du soleil. Il traversa la cour en courant, en direction du porche. L'homme était toujours là-bas. L'homme au costume noir, tenant sur son cœur son chapeau noir à large bord. Mais dès qu'il vit que Jim venait vers lui, il s'éloigna du pilier en un rapide tourbillon noir, et il ne fut plus là. Lorsque Jim atteignit le porche, essoufflé, la porte du bâtiment principal se refermait lentement en produisant un doux pffff ! pneumatique, et l'homme avait disparu.

Jim ouvrit la porte à la volée et entra. Il tendit l'oreille, cherchant à déceler le bruit d'une course précipitée, mais le bâtiment retentissait seulement des voix de professeurs et des accords lents et laborieux d'une leçon de piano. La *Lettre à Elise,* jouée avec hésitation, note après note.

Il s'avança dans le couloir en jetant un coup d'œil à l'intérieur de chaque salle, à travers le panneau vitré des portes. Ses pas résonnaient. C'était ici qu'étudiaient les élèves les plus prometteurs : les élèves qui obtiendraient leurs diplômes avec mention bien et qui se trouveraient un travail bien payé. Très peu d'entre eux seraient jamais vraiment célèbres, ni vraiment riches. Mais le collège leur avait appris à travailler dur et à s'appliquer. En retour, la plupart d'entre eux avaient compris que tout le monde ne pouvait pas être Michael Jackson, ou Demi Moore.

Les élèves de Jim n'avaient pas encore appris cela, et peut-être ne l'apprendraient-ils jamais. Mais c'était ce qui faisait d'eux les élèves de Spéciale II.

Jim fit halte. Il s'apprêtait à rebrousser chemin lorsque l'homme de haute taille au costume noir apparut tout au bout du couloir, à demi estompé par la lumière du soleil. Il entreprit de retirer ses gants, doigt après doigt. Jim demeura silencieux pendant un moment et l'observa. Son cœur battait frénétiquement, comme une montre que l'on a trop remontée. Le visage de l'homme était caché par le bord de son chapeau, et il était toujours impossible de voir s'il s'agissait d'un Noir ou d'un Blanc. La tête légèrement penchée en avant, il semblait attendre. Jim n'aurait su dire si l'homme l'attendait ou non. En tout cas, il ne s'approcherait pas de lui avant d'être sûr que l'homme n'était pas armé, et même ainsi il resterait sur ses gardes. L'homme mesurait bien quinze centimètres de plus que Jim : large d'épaules, pensif, et *ténébreux.* À présent Jim comprenait ce que Mme Vaizey voulait dire par « aura ». Cet homme apportait avec lui une atmosphère inquiétante et menaçante, comme un épais nuage de cendres volcaniques. Pas de lumière ici. Pas d'arc-en-ciel. Même pas de couleurs tachetées. Un feu couvant sous la cendre.

Il donnait également l'impression de *fredonner,* un bourdonnement étrangement monotone, entrecoupé de grognements gutturaux.

— J'ignore qui vous êtes, lança Jim en s'efforçant de prendre une voix autoritaire, mais vous vous trouvez dans un collège, et vous êtes entré sans autorisation !

Il s'ensuivit un silence aussi long que la fin d'une bande enregistrée avant qu'elle commence à passer la face deux. Puis :

— Vous pouvez me *voir,* hein ? répondit l'homme.

Sa voix ressembla au bruit sourd d'un sac de toile mouillé que l'on traîne sur un sol en ciment armé.

— Si je ne pouvais pas vous voir, je ne vous dirais pas de partir, d'accord ?

— Non, bien sûr que non.

L'homme marqua un temps, réfléchit un moment, puis il dit :

— Je me doutais que vous pouviez me voir, à en juger par la façon dont vous êtes sorti précipitamment de cette salle de classe hier, avant qu'il se passe quelque chose. Il y a très peu de gens comme vous, je suis heureux de le dire. Des gens qui peuvent *voir.*

— Je pense que vous et moi ferions mieux d'aller trouver la police, vous ne croyez pas ?

— La police ? À quoi cela servirait-il ? Ils ne seraient pas capables de me voir.

— Un garçon a été tué dans le bâtiment des chaudières, et vous avez été la dernière personne à sortir de ce bâtiment.

— Vous voulez parler d'Elvin ? Hélas ! pauvre Elvin. Je ne le connaissais pas très bien.

L'homme paraphrasait *Hamlet.*

— Ne vous moquez pas de lui, fit Jim, même si l'homme se moquait probablement aussi de *lui,* le professeur d'anglais.

— Je n'ai pas besoin de me moquer de lui, répliqua l'homme. Il s'est moqué de lui-même. Il s'est moqué de sa propre race.

— Et c'est pour cette raison que vous l'avez assassiné ?

L'homme demeura silencieux un moment. Puis il tendit les mains.

— Vous savez quoi ? Vous et moi devrions être amis. Un ami qui a le don de la vue me serait très utile. Un ami qui peut me voir. J'ai déjà eu des amis, bien sûr.

— De quoi diable parlez-vous ? demanda vivement Jim.

— Oh, allons, Jim. Vous savez parfaitement de quoi je parle. De personnes qui peuvent *voir*. Des gosses que l'on a lâchés et qui sont tombés sur la tête. Des hommes arrachés *in extremis* à des carcasses de voitures. Des femmes qui ont tenté d'accoucher dans des toilettes, et qui ont failli se vider de leur sang. Ils pouvaient *voir*, tous ces gens, mais la plupart du temps ils étaient plutôt lents à comprendre... même s'ils n'avaient pas eu de lésions cérébrales. Contrairement à *vous*, monsieur Rook. Vous pouvez voir, mais vous êtes également intelligent. Un ami tel que vous me serait très utile.

— Qui êtes-vous ? dit Jim.

Il tremblait de colère, mais n'osait pas s'approcher de l'homme.

Il s'ensuivit un autre long silence, puis l'homme déclara :

— Quelqu'un doit préserver la foi, monsieur Rook. Quelqu'un doit maintenir les lampes allumées. Certains prétendent que nous devons oublier et pardonner, mais je ne peux faire ni l'un ni l'autre, et je ne le ferai jamais.

L'image de l'homme sembla vibrer. Puis, sans le moindre bruit, il se détourna et ouvrit la porte de la salle de géographie. Il disparut à l'intérieur et referma rapidement le battant derrière lui.

Jim courut jusqu'à la salle de géographie et regarda par le panneau vitré. La salle était déserte, à l'exception de l'homme qui s'avançait entre les tables, lui tournant le dos. Où diable allait-il ? C'était la seule porte et, pour des raisons de sécurité, il était impossible d'ouvrir les fenêtres suffisamment pour se glisser au-dehors. Jim tourna la poignée, mais la porte ne s'ouvrit pas. Il secoua la poignée et tapa sur la vitre avec son poing, mais l'homme continua de s'éloigner vers le coin opposé.

Pourtant, plus il s'éloignait, plus il semblait grandir.

Il grandit, *s'allongea,* comme si la perspective de la salle avait été inversée. Quand il parvint au milieu de la salle, il devait mesurer deux mètres vingt ou deux mètres trente, et lorsqu'il atteignit le mur du fond et se retourna, il dépassait le rail servant à accrocher les cartes de géographie.

Jim cessa de secouer la poignée de la porte et regarda fixement l'homme, en proie à une terreur absolue. Cette fois il apercevait son visage, grimaçant un sourire à son intention depuis le haut de son corps sombre et distendu. C'était le visage d'un Noir, les yeux jaunes, les joues marquées de cicatrices. La peau autour de sa bouche était profondément plissée, et cela donnait l'impression que ses lèvres avaient été cousues, comme une tête réduite.

Mais c'était sa taille qui déconcertait Jim par-dessus tout. Son chapeau touchait presque le plafond, et ses bras étaient si longs... La *Lettre à Elise* continuait de résonner dans le couloir : un contrepoint mondain, irritant, à l'horreur qui se manifestait dans la salle de géographie.

Jim regarda l'homme pendant un moment encore, terrifié. Puis il tourna les talons et courut vers le bureau du principal, situé près du hall. La secrétaire du Dr Ehrlichman disposait des fleurs dans un vase sur la tablette de la fenêtre lorsque Jim entra en coup de vent. Elle avait une opulente chevelure blonde, d'énormes lunettes, et portait toujours des corsages trop pomponnés avec des cols et des poignets de dentelle.

— Sylvia... appelez les flics ! lui dit Jim.

— Monsieur Rook ! La police ? Mais pour quelle raison ?

— Il y a un homme... c'est l'individu que j'ai vu hier... il s'est enfermé dans la salle de géographie. Veuillez appeler les flics !

Sylvia hésita, et Jim s'empara du téléphone et pianota le 911[1].

— Oui... collège de West Grove... Envoyez quel-

1. Numéro de la police (*N.d.T.*).

qu'un tout de suite avant qu'il s'échappe. Et si vous pouvez laisser un message à l'intention du lieutenant Harris... c'est exact, il dirige l'enquête. Oui, merci.

Il reposa le combiné sur son socle au moment où le Dr Ehrlichman sortait de son bureau. Le Dr Ehrlichman était un homme de petite taille, tiré à quatre épingles, avec un crâne chauve bronzé et une voix comparable à celle de Mickey Rooney. Il portait toujours des pantalons gris infroissables et des chemises à manches courtes, blanches et amidonnées, et son mot favori était « efficacité ».

— Jim... que se passe-t-il ?

— C'est l'individu que j'ai vu hier, dit Jim. Celui qui est sorti du bâtiment des chaudières quand Elvin a été poignardé. Il est ici. Il est juste ici, dans ce bâtiment !

— Vous avez appelé M. Wallechinsky ?

— J'ai appelé la police.

— Jim, écoutez-moi. Nous versons un bon salaire à M. Wallechinsky, et il y a une raison à cela. C'est un ancien policier. Les problèmes de sécurité le concernent directement. Et vous connaissez la politique de ce collège, n'est-ce pas ? Personne ne fait intervenir les flics ici sans mon autorisation. Est-ce que vous vous représentez le genre de réputation que nous allons avoir ? L'incident d'hier était suffisamment sérieux. Inutile d'aggraver les choses !

Jim tendit le bras, montrant la salle de géographie.

— Docteur Ehrlichman, il y a dans ce bâtiment un individu qui a poignardé l'un de nos élèves tellement de fois que même le médecin légiste a eu du mal à compter les trous qu'il avait dans le corps ! Et vous pensez que Wallechinsky est capable de s'occuper de quelqu'un comme ça ?

— M. Wallechinsky est un homme d'une grande efficacité, déclara le Dr Ehrlichman. Sylvia... vous voulez bien lui demander de venir ? Voyons si nous pouvons régler ce problème nous-mêmes, sans aide extérieure.

— Je vous préviens, lui dit Jim, ce type n'est pas un type ordinaire, même si vous avez de l'imagination !

Le Dr Ehrlichman ôta ses lunettes et fixa Jim de ses yeux globuleux.

— Je pense que vous devriez éviter de parler d'imagination, Jim. Vous êtes le seul à avoir vu cet homme en noir hier, et jusqu'ici personne ne l'a vu aujourd'hui.

— Alors venez jeter un coup d'œil, le pressa Jim.

— Je le ferai... lorsque M. Wallechinsky sera là.

— Écoutez, insista Jim, j'ai parlé à une femme hier soir. Elle est une sorte de spécialiste pour des choses comme ça. Elle m'a dit que certaines personnes pouvaient quitter leur corps, et aller et venir. Elles n'ont pas besoin d'être mortes, ni quoi que ce soit. Et le point important, c'est que certaines personnes seulement peuvent les voir. Des gens qui ont été à deux doigts de mourir. Cette expérience de la mort leur donne la capacité de voir des choses que la plupart des gens ne peuvent pas distinguer. Docteur Ehrlichman, des esprits invisibles se promènent parmi nous, tout le temps. Mais l'ennui, c'est que nous n'avons pas les yeux pour les voir, tout simplement !

Le Dr Ehrlichman remit ses lunettes et considéra Jim avec stupeur, comme s'il s'était échappé d'un asile d'aliénés.

— Dites-moi, Jim, vous n'avez pas bu, hein ?

— Bien sûr que non. Vous voulez sentir mon haleine ?

— Vous n'avez pas fumé quelque chose ? Ou reniflé ? Ces choses que fait votre génération, de nos jours

— Je suis professeur, docteur Ehrlichman. Quand je viens au collège, je ne suis ni défoncé ni ivre, ni même à bout de patience !

Le Dr Ehrlichman ne semblait pas convaincu, mais George Wallechinsky arriva à ce moment-là. Deux mètres cinq de tissus humains couverts de bosses dans un uniforme marron tendu à craquer, il avait un visage épais, avec des petits yeux inexpressifs, enfouis dans sa chair comme deux raisins secs dans un gâteau.

— George, dit le Dr Ehrlichman avec entrain, il paraît que nous avons un intrus. M. Rook assure qu'il s'est enfermé dans la salle de géographie.

Wallechinsky renifla et s'éclaircit la gorge.

— Ça s'est passé quand ?

— Il y a cinq minutes, pas plus.

— Vous aviez déjà vu cet individu ?

— Bien sûr. Je l'ai vu hier, il sortait du bâtiment des chaudières, juste avant qu'Elvin soit tué. En fait, c'est uniquement pour cette raison que je suis allé là-bas, pour voir ce qui se passait.

— Vous êtes sûr que c'est le même individu ?

— Croyez-moi, monsieur Wallechinsky, il n'y a qu'un seul type comme ça.

— Bon, d'accord. Allons jeter un coup d'œil. Vous êtes sûr que ce n'est pas un inspecteur des collèges ? Parfois ils envoient des inspecteurs à l'improviste.

Wallechinsky les précéda d'un pas lourd dans le couloir. Ses clés tintaient sur son ceinturon.

— C'est ici ? demanda-t-il.

Il fit halte devant la porte de la salle de géographie et jeta un coup d'œil à l'intérieur. Il se baissa pour voir le plafond, puis inclina la tête de côté contre la vitre afin de voir le sol et les coins de la salle.

— Cette salle est déserte, pour autant que je puisse voir, déclara-t-il.

Il essaya d'ouvrir la porte, agita et secoua la poignée, mais la porte était toujours fermée à clé, ou coincée, et il renonça.

— Il avait une arme sur lui ? demanda-t-il à Jim.

— Est-ce qu'il est là ? s'écria le Dr Ehrlichman.

— Ben, je vois absolument rien, monsieur le principal, mais cela veut pas dire forcément qu'il n'y a personne. Il s'est peut-être plaqué contre ce mur ici, ou bien il se cache peut-être derrière cette bibliothèque là-bas, ou même sous le bureau du professeur.

Le Dr Ehrlichman pressa son nez contre la vitre et regarda.

— Non, il est parti, affirma-t-il. En admettant qu'il ait jamais existé.

— Il était ici, docteur Ehrlichman, dit Jim. Il m'a même parlé.

— Je désire avoir un entretien avec vous un peu plus tard, Jim, lui répondit le Dr Ehrlichman. Monsieur

Wallechinsky, vous feriez mieux d'appeler la police et de leur dire que c'était une fausse alerte.

— D'abord, j'aimerais vérifier cette salle, docteur Ehrlichman, déclara Wallechinsky.

Il prit son trousseau, chargé de toutes sortes de clés, et chercha celle qui ouvrait la porte de la salle de géographie. Il l'introduisit dans la serrure et la tourna.

— Elle n'est pas fermée à clé, dit-il d'un air surpris.

— Comment ça, elle n'est pas fermée à clé ? s'exclama le Dr Ehrlichman.

Il saisit la poignée et la secoua violemment. Il l'arracha presque du battant.

— Sauf votre respect, docteur Ehrlichman, je veux dire qu'elle n'est pas fermée à clé.

— Alors ouvrez-la !

Wallechinsky tendit la main vers la poignée, mais Jim le retint par le bras.

— Laissez-moi faire, dit-il.

Il hésita un moment, puis ouvrit la porte sans la moindre difficulté. Il poussa le battant, la porte tourna sur ses gonds, et la lumière du soleil se répandit dans le couloir en éclairant leurs chaussures. Les chaussures marron à lacets et à semelles de caoutchouc du Dr Ehrlichman ; les brodequins noirs impeccablement cirés de Wallechinsky ; les mocassins en daim, bleus et éraflés, de Jim.

Wallechinsky voulut entrer, mais Jim tendit le bras pour l'en empêcher. Si Mme Vaizey avait raison, Wallechinsky ne serait pas à même de voir l'homme en noir, de toute façon. Jim s'avança dans la salle de classe, regarda à droite et à gauche, se baissa afin de vérifier sous le bureau, puis il se retourna pour s'assurer que l'homme en noir ne se cachait pas derrière la bibliothèque.

C'est alors qu'il le vit. Il n'était plus vêtu de noir, mais de blanc, de la tête aux pieds. Même son visage était blanc, bien que ce fût toujours le visage d'un Afro-Américain. Il donnait l'impression de s'être roulé dans de la farine, ou dans des cendres. Jusqu'à ses pupilles qui étaient blanches, semblables à des litchis.

Il était là-haut, au plafond, allongé contre la corniche, les mains croisées sur sa poitrine tel un mort apprêté et exposé dans un funérarium. Mais il n'était pas mort : il fixait Jim de ces yeux d'un blanc laiteux et arborait un sourire triomphant.

Wallechinsky pénétra dans la salle et en fit le tour avec la lourdeur d'un ours affligé de myopie. Il risqua un coup d'œil derrière les bibliothèques et les cartes murales comme si un homme pouvait se dissimuler dans un espace qui faisait moins de trois centimètres de largeur. Il se tourna vers Jim et vit que celui-ci regardait fixement le plafond. Il leva les yeux à son tour.

— Vous pouvez me dire ce que vous regardez ? demanda-t-il. Vous ne vous attendez tout de même pas à ce que ce type soit monté au plafond, hein ?

— Vous ne le voyez pas, n'est-ce pas ? chuchota Jim. Vous ne le voyez pas du tout.

— Voir qui ?

— L'intrus ! Il est là haut. Regardez. Un peu d'imagination, que diable !

— Vous n'êtes pas en train de me dire qu'il est invisible ? Il est là-haut au plafond et il est invisible ? Allez, monsieur Rook, vous me jouez un tour, c'est ça ?

Au-dessus d'eux, l'homme sourit encore plus largement. Jim était incapable de détacher ses yeux de lui. Il était tellement terrifié qu'il ne pouvait pas parler. Mais ce qui était encore pire que sa terreur, c'était son sentiment d'impuissance. Durant toutes ses années de professorat, il avait toujours été à la hauteur. Mais il était incapable de faire face à cela. Ni sur un plan logique, ni sur un plan émotionnel, ni d'aucune autre façon. Il était contraint de rester immobile au milieu de la salle de géographie tout en s'avouant à lui-même qu'il ne pouvait absolument rien faire, et que c'était le sentiment le plus épouvantable de tous.

— Bon, c'est terminé ? demanda le Dr Ehrlichman avec humeur. Je suis extrêmement occupé.

— Y a personne ici à part nous, monsieur le principal, déclara Wallechinsky en adressant à Jim un hochement de tête exaspéré.

— Parfait ! Maintenant vous feriez mieux d'appeler la police et de leur dire que c'était une fausse alerte.

Il commença à s'éloigner dans le couloir. Au même instant, la porte se referma avec une telle violence que la vitre se fendit, et du plâtre tomba du linteau. Le visage du Dr Ehrlichman réapparut immédiatement de l'autre côté du panneau vitré. Il cria quelque chose mais Jim ne distingua aucun mot.

Wallechinsky saisit la poignée et essaya d'ouvrir la porte, mais elle était coincée tout aussi solidement que précédemment.

— Donnez-moi un coup de main ! lança-t-il.

Mais Jim voyait ce que Wallechinsky ne pouvait pas voir : l'homme au visage blanchâtre descendait lentement depuis le plafond en tournant sur lui-même. Il s'abaissa et atteignit le sol à moins de deux mètres d'eux. Ses chaussures touchèrent le sol sans le moindre bruit, et avec une grâce exagérée. Jim recula et se cogna contre l'une des tables. L'homme au visage blanchâtre souleva son chapeau, de la poussière en tomba et se déposa sur le sol.

— *Hé,* vous voulez bien me donner un coup de main ? répéta Wallechinsky.

Dans le couloir, le Dr Ehrlichman frappa la porte du poing et cria :

— Que se passe-t-il ? Dites-moi ce qui se passe, bon sang !

L'homme au visage blanchâtre glissa vers Wallechinsky. Il glissa et il souriait. Lorsqu'il fut à soixante-dix centimètres de lui, il fit halte. Il saisit son poignet droit avec sa main gauche et le tourna. À sa grande horreur, Jim vit que sa main droite pivotait. Elle pivota plusieurs fois, puis elle se détacha complètement. Une main artificielle, en bois d'ébène et recouverte de cendres. Mais l'homme au visage blanchâtre se retrouvait avec bien plus qu'un moignon. Sortant de son poignet droit, il y avait un long couteau à large lame qui donnait l'impression d'avoir été greffé dans ses os. La lame étincela dans la lumière du soleil, terriblement affilée, et l'homme au visage blanchâtre l'agita de gauche à droite devant le visage de Wallechinsky d'un air moqueur, parce qu'il savait que celui-ci ne pouvait pas la voir.

— George, dit Jim, je veux que vous vous éloigniez de cette porte.

— J'essaie d'ouvrir cette putain de porte ! protesta Wallechinsky. Je comprends pas comment elle a pu se coincer !

— George ! Éloignez-vous de cette porte ! Maintenant ! Vite ! Le plus rapidement possible !

— Pourquoi ? Vous pensez qu'il y a une sorte de...

Jim se jeta en avant pour faire un plaquage à l'homme au visage blanchâtre. Il passa à travers lui, comme si celui-ci n'existait pas, et heurta la porte, qui se fendit. Il se fit tellement mal à l'épaule qu'il pivota sur lui-même et cria : « Merde, merde, merde ! » Il avait senti le plus fugitif des déplacements d'air lorsqu'il était passé à travers l'homme, comme la porte d'un réfrigérateur ouverte et refermée, mais c'était tout.

L'homme au visage blanchâtre rit silencieusement et décrivit des cercles avec son bras. Son couteau émit un sifflement.

— Ne le touchez pas ! l'avertit Jim. Vous avez fait assez de dégâts comme ça !

— Mais j'ai rien fait ! gémit Wallechinsky. Je suis désolé, mais c'est *vous* qui avez brisé cette putain de porte !

— N'approchez pas ! dit vivement Jim à l'homme au visage blanchâtre, tout en s'écartant lentement.

— Je sais pas de quoi vous parlez, fit Wallechinsky. Ne pas m'approcher de quoi ?

Mais l'homme au visage blanchâtre s'était glissé derrière Wallechinsky. Il sourit à Jim par-dessus son épaule, et quelque chose dans ces yeux d'un blanc laiteux apprit à Jim ce qu'il avait l'intention de faire.

— Écoutez, dit-il. Vous voulez que je sois votre ami ? Je serai votre ami. Je ferai tout ce que vous voulez.

Wallechinsky eut l'air très mal à l'aise.

— Monsieur Rook, je suis un homme marié. J'ai trois gosses. Et une femme qui me supporte depuis vingt-huit ans.

— Quoi que vous me demandiez, je le ferai ! dit Jim.

— Monsieur Rook, je vous en prie...

À ce moment, la porte fut enfoncée à coups de pied dans un fracas épouvantable, et deux officiers de police firent irruption dans la salle de géographie. Immédiatement, l'homme au visage blanchâtre fit un geste rapide avec son couteau. Une ligne de sang apparut sur la joue droite de Wallechinsky, une estafilade fine comme un rasoir que Wallechinsky ne sentit probablement pas, parce qu'il ne sursauta pas. L'homme au visage blanchâtre se tourna vers Jim et déclara :

— Vous m'avez fait une promesse, monsieur Rook. Je m'attends à ce que vous la teniez. Sinon, je reviendrai m'occuper de cet individu, et *alors* vous verrez ce qu'un couteau peut faire.

Il tourna les talons et sortit de la salle en flottant, comme s'il n'avait guère plus de substance qu'un nuage de fumée qui monte d'un feu de joie en été. Jim voulut l'appeler, mais à présent il y avait deux flics à l'air sceptique dans la salle, ainsi que Wallechinsky et le Dr Ehrlichman, et il estima qu'il était plus avisé de sa part de se taire.

— Hé, vous êtes blessé ? demanda l'un des flics en montrant du doigt la joue de Wallechinsky.

Un mince filet de sang écarlate coulait dans le col de son uniforme.

— Blessé ? Moi ? s'exclama Wallechinsky.

Puis il se tapota la joue avec ses doigts.

— Merde, que s'est-il passé ? Je saigne !

Le Dr Ehrlichman tira de sa poche de poitrine un mouchoir à carreaux d'une propreté parfaite.

— Tenez, prenez mon mouchoir. Et faites examiner votre joue au plus vite.

— Bon Dieu, comment j'ai pu me couper de cette façon ? demanda Wallechinsky. Monsieur Rook, vous avez vu ce qui s'est passé ?

Jim secoua la tête.

— Je n'en ai pas la moindre idée, mentit-il. Cela s'est juste... *passé*... tout simplement.

— Bon, que sommes-nous censés chercher ? s'enquit l'un des flics.

— Je suis désolé, lui dit Jim. Je me suis certainement trompé. J'ai vu un individu à l'air louche dans le bâtiment, et j'ai cru qu'il était entré dans cette salle.

— Pouvez-vous dire à quoi il ressemblait ?

— Difficile de vous répondre. Très grand, peau foncée, vêtu de noir.

Le second flic se tourna vers Wallechinsky.

— Vous avez vu quelqu'un répondant à cette description ?

— Moi, j'ai vu personne ! C'est M. Rook qui l'a vu !

— Est-ce que vous savez comment vous auriez pu vous faire cette blessure ?

— Je vous l'ai dit. C'est arrivé comme ça !

— M. Rook ne vous a pas blessé ? Peut-être par mégarde ?

— M. Rook ne s'est pas approché de moi, à aucun moment !

— Bon, d'accord, dit le flic. Allez donc faire panser votre joue. Nous vous poserons peut-être quelques questions plus tard.

Wallechinsky s'éloigna dans le couloir. Il appuyait sur sa joue le mouchoir imbibé de sang du Dr Ehrlichman. À ce moment, le lieutenant Harris arriva. Il arborait une cravate d'un violet agressif, et il était en nage.

— Alors, que se passe-t-il ici ? voulut-il savoir.

— Je suis désolé, dit Jim. Il s'agit d'un malentendu. Il m'a semblé apercevoir l'homme en noir que j'avais vu hier alors qu'il sortait du bâtiment des chaudières.

— L'homme en noir que personne d'autre n'a vu ?

Jim fit une grimace. Il ne pouvait pas dire au lieutenant Harris à quel point il était bouleversé, à quel point l'homme au visage blanchâtre l'avait terrifié. S'il pouvait flotter en l'air au plafond, changer de couleur comme un caméléon et blesser des gens qui ne pouvaient même pas le voir, alors Dieu seul savait ce qu'il était capable de faire d'autre. En outre, même si Jim lui expliquait tout, le lieutenant Harris ne le croirait jamais.

— Est-ce que vous avez songé à parler à quelqu'un de ce type que vous avez vu ? lui demanda le lieutenant Harris.

— Que voulez-vous dire ?

Le lieutenant Harris se racla la gorge, très gêné.

— Euh, vous savez... un psychologue... ou bien un psychiatre.

— Vous pensez qu'il s'agit d'une sorte d'hallucination ?

— Je ne sais pas quoi penser, monsieur Rook. Vous êtes professeur de collège et, d'après ce que m'ont dit la plupart de vos collègues, vous êtes un professeur très respecté. Mais vous enseignez à une classe difficile, n'est-ce pas ? Peut-être souffrez-vous de stress. Lorsque des gens sont stressés, vous savez, ils ont parfois des idées plutôt louftingues.

— Je ne suis pas stressé, croyez-moi. Mes élèves sont très bien. Je vais très bien. Tout va très bien.

Le lieutenant Harris haussa les épaules.

— D'accord, vous allez très bien. Dans ce cas, puis-je vous demander si vous vous permettez des substances récréatives de quelque sorte ?

— Je fume de temps en temps.

— Aviez-vous fumé hier ?

— Hon-hon. Je ne le fais jamais au collège. Uniquement le soir et le week-end, et ce, une ou deux fois par mois, c'est tout.

— Alors vous n'aviez pas fumé aujourd'hui, non plus ?

— Certainement pas.

— Vous savez que je pourrais vérifier cela très facilement.

— Écoutez, lieutenant, lui dit Jim. Je ne suis pas stressé et je ne suis sous l'influence d'aucune drogue. Hier j'ai vu ce que je vous ai dit avoir vu. Aujourd'hui... hum, disons que j'étais un peu perturbé.

Le lieutenant Harris le considéra un long moment sans rien dire. Une goutte de sueur coula sur sa joue et il l'essuya du dos de la main.

— Parfait, monsieur Rook. J'aurai peut-être à vous parler plus tard.

Après la pause du déjeuner, un cours de lecture et de vocabulaire était prévu. Contrairement à son habitude, Jim se rendit à la salle de classe de bonne heure, de telle sorte qu'il attendait ses élèves lorsqu'ils arrivèrent. Pas d'entrée théâtrale cet après-midi.

Lorsqu'ils furent assis, il se leva et se dirigea lentement vers le fond de la classe.

— Avant que nous commencions, dit-il, j'aimerais savoir si l'un d'entre vous croit aux fantômes.

John Ng leva la main.

— Mon grand-père est un fantôme.

Il y eut des huées de la part de ses camarades, entrecoupées de sifflements lugubres et de gémissements : *oouuooouuh !*, mais Jim demeura sérieux.

— Tu as vraiment vu ton grand-père de tes propres yeux ?

— Non, mais mon père dit qu'il lui est apparu alors qu'il traversait une période difficile. Il s'est tenu au pied de son lit et il lui a dit le proverbe de la carpe dorée qui essaie toujours de remonter le courant. Il était entièrement vêtu d'orange, et il portait un masque orange, de telle sorte que seuls ses yeux étaient visibles.

— Je crois aux fantômes, dit Rita. *Et* j'en ai vu un !

— Continue, l'encouragea Jim.

— Bon, on avait ce bungalow sur la plage de Santa Monica quand on était gosses, et chaque fois qu'on allait là-bas, on voyait un gosse avec une planche de surf sous le bras sortir par la porte. Toujours le même gosse. Ensuite il disparaissait parmi la foule et on le revoyait plus jusqu'à la fois suivante. Nous avons interrogé le gardien de la plage à son sujet, nous l'avons décrit, et le gardien a dit que c'était un gosse qui s'était noyé il y avait environ sept ans. Il est sorti du bungalow, est parti vers le large, et deux jours plus tard on a retrouvé son corps sous la jetée.

— Ça fout les jetons ! s'exclama Sherma.

— Je trouve que c'est super ! dit Ricky. D'accord, le gosse est peut-être mort, mais il peut faire du surf tous les jours !

— J-j-je ne-ne-ne-ne c-c-c-crois pas aux f-f-f-f..., commença David Littwin.

Immédiatement, un chœur bruyant de ronflements retentit, mais Jim leva la main et ils comprirent, en voyant l'expression de son visage, qu'il ne tolérerait aucune moquerie, pas aujourd'hui.

— Je pense que quand on m-m-meurt votre esprit re-re-renaît dans q-q-q-quelqu'un d'autre. Ou dans q-q-q-quelque chose d'autre.

— Hé, Littwin, j'espère que ta prochaine réincarnation ne sera pas un commentateur sportif ! intervint Mark.

— Tais-toi, Mark, dit Jim. Beaucoup de gens croient à la réincarnation... les bouddhistes, notamment. Bon, continuons. Est-ce que quelqu'un croit que certaines personnes peuvent voir des fantômes alors que d'autres personnes ne peuvent pas les voir ?

— Êtes-vous en train de nous dire que le type que vous avez vu hier était un *fantôme* ? demanda Russell.

— Je ne sais pas très bien ce qu'il était. Mais je pense l'avoir vu à nouveau aujourd'hui, et croyez-moi, il ne se comporte pas du tout comme un être humain !

— M. Rook a fini par disjoncter, déclara Ricky. Vous êtes notre prof depuis trop longtemps. Quand on est avec des cloches, vous savez !

Jim sourit :

— Je vais vous raconter ce qui s'est passé, ensuite vous jugerez par vous-mêmes.

Il revint vers le devant de la classe et alla jusqu'au tableau noir, dans l'intention de dessiner l'homme au costume noir qui flottait au plafond. Au moment où il prenait la craie, cependant, il vit quelque chose bouger dans le panneau vitré de la porte de la salle de classe.

Il se tourna et regarda fixement, et il ressentit ce terrifiant picotement glacé sur son échine, comme si des mille-pattes descendaient le long de son dos. Dans le panneau vitré, il voyait le visage de l'homme au costume noir. Il était noir à présent, comme il l'avait été la première fois que Jim l'avait vu. Le bout de son index était posé sur ses lèvres, et ses yeux jaunes étaient aussi menaçants qu'un serpent venimeux.

Jim hésita, puis il laissa tomber la craie dans la boîte en fer-blanc.

— Oublions ça, déclara-t-il. Ce n'est pas votre problème. Et si l'on se mettait au travail ? Russell, tu commences ? *Sur la route,* chapitre dix. Je t'écoute.

Il ne regarda pas vers le panneau vitré, mais il savait que l'homme était toujours là et qu'il l'observait.

Au bout de quelques minutes, cependant, il disparut. Jim alla immédiatement jusqu'à la porte, l'ouvrit et regarda, mais le couloir était désert dans les deux sens, à l'exception d'un garçon efflanqué qui se penchait vers le distributeur d'eau potable.

4

Il termina son cours une heure plus tôt que d'habitude afin d'aller voir les parents d'Elvin. Il traversait le parking du collège lorsque le Dr Ehrlichman le héla.

— Jim ! Vous partez déjà ?

— Je vais voir les parents d'Elvin. Vous savez, pour leur présenter les condoléances de ses camarades.

Le Dr Ehrlichman le rejoignit et posa une main sur son épaule.

— Jim... je sais que vous venez de vivre des moments tragiques, mais je pense qu'il est indispensable que vous restiez en prise sur la réalité. Cela aurait un effet très néfaste sur vos élèves si vous ne le faisiez pas.

— Tout dépend de ce que vous entendez par réalité, docteur Ehrlichman, répondit Jim. Il y a une réalité pour chacun de nous, et parfois ces réalités ne coïncident pas tout à fait. Parfois il est difficile de savoir avec quelle réalité vous devez rester en prise.

— Excusez-moi, Jim, mais je ne suis pas ici pour me lancer dans une discussion philosophique. Je suis obligé de vous dire que, si jamais d'autres incidents comme celui d'aujourd'hui se reproduisaient, je serais amené à vous suspendre de vos fonctions momentanément et à exiger que vous vous soumettiez à... hum, à un bilan psychiatrique.

Jim arriva à sa voiture, une SST Rebel de 69 avec sa couleur d'origine, un orange criard.

— Je vois. Nous ne pouvons pas nous permettre d'avoir des enseignants qui sont aussi timbrés que leurs élèves, hein ?

— « Timbré » n'est pas un terme que nous utilisons à propos du collège de West Grove, Jim... même pour la Spéciale II. Je veux simplement m'assurer que vous êtes sain d'esprit et à même de mener à bien vos tâches professionnelles sans voir partout des rôdeurs fantômes, et sans appeler la police à tout bout de champ. Les élèves viennent en priorité, Jim, toujours. Les élèves, et la réputation de West Grove.

— J'en suis parfaitement conscient, monsieur, répondit Jim. Vous n'entendrez plus parler d'hommes en noir.

Et il le pensait vraiment. Son nouvel « ami » lui avait bien fait comprendre, de façon terrifiante, qu'il ne voulait pas que Jim parle de lui à quiconque.

Cette réponse sembla satisfaire le Dr Ehrlichman. Il donna à Jim une tape sur le dos et s'éloigna. Son crâne chauve brillait dans la lumière du soleil. À ce moment, Susan Randall apparut, les bras chargés de livres. Ses cheveux étaient coiffés en arrière et elle portait un corsage blanc sans manches avec des revers à pointes.

— Vous n'allez pas quelque part au sud de Santa Monica Boulevard, par hasard ? lui demanda-t-elle.

— Bien sûr. Vous voulez que je vous emmène ?

— Si cela ne vous écarte pas trop de votre destination. Ma voiture est en révision et cela ne m'enchante guère de prendre le bus avec tous ces livres.

Jim lui tint la portière et elle s'installa sur le siège côté passager. Il n'avait encore jamais remarqué qu'elle portait une chaînette en or à la cheville.

— Faites attention à votre jupe, dit-il. Je pense que vous ne voulez pas qu'elle se prenne dans la portière.

Ils franchirent le portail du collège et empruntèrent Westwood Boulevard vers le sud.

— Une voiture magnifique, dit Susan. J'adore les voitures qui ont de la classe.

— Cette voiture a de la classe, pas de problème. C'était de la camelote quand elle était neuve, et c'est toujours de la camelote.

— Mais sa couleur est super, non ?

Jim haussa les épaules. Il n'avait pas envie de parler de voitures. Susan l'observa un moment, puis déclara :

— Vous devez être triste pour Elvin.

— Je suis triste pour eux deux, Elvin et Tee Jay.

— Vous pensez vraiment que Tee Jay n'a pas fait ça ?

— Je ne sais pas. Il *aurait* pu le faire. Il en avait le temps, et il avait une sorte de mobile. Mais je ne pense pas qu'il l'a fait.

— À cause de cet homme que vous avez vu ? L'homme en noir ?

— Excusez-moi, Susan, mais je ne peux pas en parler pour le moment. Je dois d'abord mettre de l'ordre dans mes idées.

— Oui, je comprends. Mais hier, vous aviez l'air tellement sûr de vous !

Jim ne répondit pas. Ils s'étaient arrêtés au feu rouge sur Wilshire et il pensait uniquement à l'homme en noir qui lui avait lancé un regard menaçant depuis le panneau vitré de la porte de la classe, l'index sur les lèvres.

Le feu passa au vert et Susan dit :

— Nous n'avons jamais eu vraiment l'occasion de faire connaissance, hein ?

— Non, en effet. Toujours occupés, occupés, occupés !

— Ron Philips assure que vous êtes un expert de premier ordre en cartes anciennes.

Jim tourna la tête et la regarda fixement.

— Ron Philips a dit cela ?

— Mais oui ! Il a dit que vous possédiez l'une des plus belles collections de cartes anciennes qu'il ait jamais vue.

Merde, pensa Jim. *Ron Philips, le je-sais-tout du collège. Je vais l'étrangler la prochaine fois que je le rencontre. La seule carte ancienne que je possède, c'est le plan foutrement usagé du centre de Los Angeles dans ma boîte à gants.*

— Je suis absolument *fascinée* par les cartes anciennes, reprit Susan. L'année dernière, j'ai acheté une carte du XVIe siècle, la colonisation de la Caroline par les huguenots, mais ce n'est qu'une reproduction. Les cartes authentiques coûtent tellement cher, n'est-ce pas ? Ron a dit que vous en aviez des centaines !

— Oh, des centaines, peut-être pas. En fait, pour vous dire la vérité...

— Je serais ravie de les voir, dit-elle en touchant son bras. Je pourrais peut-être passer chez vous un de ces jours ?

Ce fut le contact de la main de Susan sur son bras qui le décida.

— C'est une excellente idée, dit-il.

Tout en pensant : *Je suis vraiment un petit veinard, la fille la plus séduisante du collège s'invite chez moi, et tout ça à cause d'un abruti qui a voulu me jouer un tour débile !*

— Samedi, ça vous irait ? insista Susan. J'apporterai des plats chinois.

— Samedi ? Vous voulez dire, samedi prochain ? Après-demain ? Je ne sais pas. Il faut que je regarde mon agenda. Sans oublier que je garde les cartes qui ont le plus de valeur dans mon coffre à la banque.

— Est-ce que vous avez une carte vraiment spéciale ? demanda-t-elle, les yeux brillants. Allez, donnez-moi un exemple.

— Je ne sais pas. Il y en a tellement !

— Oh, juste une.

— Ma foi..., commença Jim. J'ai une carte du voyage de Martin Frobisher au Groenland en 1577, lorsqu'il tentait de trouver une voie maritime vers la Chine.

Tout en pensant : *Grâce au ciel, j'ai quelques rudiments d'histoire !*

— Oh, il faut *absolument* que je voie ça ! s'exclama Susan. Elle a dû vous coûter une fortune.

— Oui, en effet. Elle est rarissime. Il n'en existe que trois exemplaires, et l'un d'eux est probablement un faux. L'ennui, c'est que personne n'est capable de dire lequel des trois !

Attention, Jim, tu en fais trop. Ferme-la, maintenant.

Il se gara devant la maison proprette, peinte en

blanc, de Susan sur Almato Avenue, et l'aida à porter ses livres jusqu'à la porte. L'arrosage automatique venait de s'arrêter et l'allée en ciment était encore mouillée.

— Vous avez le temps de prendre un verre ? lui demanda-t-elle.

— Non... je suis désolé. J'ai promis aux Clay d'être chez eux à quatre heures.

— Très bien, sourit-elle. Alors je vous verrai demain.

Sur ce, elle l'embrassa sur la joue. Il demeura immobile, à la regarder fixement comme s'il avait oublié sa réplique. Ce n'était pas une pièce de théâtre, et il n'était pas acteur, mais il ne savait pas quoi dire, tout simplement.

— À demain, d'accord ? lui souffla Susan.

— Oh, bien sûr, à demain !

Il fit demi-tour maladroitement et frôla un buisson humide.

— Cela m'évitera de prendre une douche !

Il essuya de la main les gouttelettes d'eau sur sa chemise et son pantalon, et regagna sa voiture. Avant de monter, il fit au revoir en agitant le bras, et Susan agita la main en retour. Il se sentait tout bizarre, comme si ses poumons avaient oublié comment respirer. Il n'avait pas éprouvé une telle sensation depuis si longtemps qu'il fut obligé de baisser le pare-soleil et de se regarder dans la glace pour s'assurer que c'était vraiment lui.

Il regarda vers la maison de Susan, mais elle était rentrée et avait refermé la porte.

— Des cartes, murmura-t-il. Et merde, il faut que je trouve des cartes !

Dans l'appartement situé au premier étage des Clay, les rideaux étaient à moitié tirés, et Grant et Elisabeth Clay étaient assis dans la pénombre. La porte fut ouverte par une fillette âgée de neuf ans à l'air solennel, aux longues nattes ornées de rubans en satin blanc et à la robe très blanche. Il y avait des proches parents dans la cuisine ; ils buvaient du café et parlaient à voix basse. Une grande photographie d'Elvin était accrochée au-dessus du canapé, drapée d'un voile de crêpe. À côté, il y avait un crucifix et un chromo en relief représentant la Cène.

Jim s'approcha et étreignit Mme Clay, longuement et tristement. Il sentit les larmes de celle-ci à travers l'épaule de sa chemise. Puis il se tourna vers M. Clay et prit sa main dans les siennes.

— Elvin va nous manquer tellement, dit-il. Tous ses camarades de classe vous font leurs amitiés, et ils tiennent à ce que vous sachiez qu'ils sont avec vous par la pensée.

— C'est vous qui l'avez trouvé, n'est-ce pas ? demanda Grant.

C'était un homme de petite taille et trapu, aux cheveux gris fer. Il portait une chemise blanche amidonnée et un nœud papillon noir. Il avait un accent cultivé et se comportait avec une très grande dignité. On aurait pu le prendre pour un juge.

— Oui, en effet, répondit Jim.

— Il vivait encore, n'est-ce pas ? C'est ce que ce lieutenant de police m'a dit.

— Il agonisait, monsieur Clay. Il est mort alors que je m'approchais de lui.

— Et il n'a rien dit ? Pas de dernières paroles ?

Jim secoua la tête. Elisabeth Clay prit sa main et lui adressa un regard d'incompréhension, les yeux noyés de larmes.

— Pourquoi cela est-il arrivé, monsieur Rook ? Qu'est-ce qu'Elvin avait fait ? Il n'était pas très intelligent, je sais, mais il travaillait toujours très dur. Il était toujours gentil, doux, et bon chrétien.

— J'ignore pourquoi cela est arrivé, madame Clay. Chaque fois qu'un adolescent meurt, je suppose que ses parents accablés de douleur se posent la même question. Et je suppose qu'ils parviennent toujours à la même réponse. Le mauvais endroit, le mauvais moment, des amis qu'il eût mieux valu ne pas fréquenter, une situation malencontreuse. Parfois je me dis que Dieu a le dos tourné et ne voit pas ce qui se passe... jusqu'à ce qu'il soit trop tard.

— Elvin et Tee Jay étaient de si bons amis, c'est ce que je n'arrive pas à comprendre, déclara Grant. Et j'avais de la sympathie pour Tee Jay. Il était toujours poli et nous disait « monsieur » et « madame ». Un jour, il a emmené Elvira à la plage. C'est notre fille cadette. Onze ans maintenant, et elle est tout ce qui nous reste. Elisabeth ne peut pas avoir d'autres enfants. Mais aucun enfant ne pourrait remplacer notre Elvin, bien sûr.

— Est-ce que vous croyez que Tee Jay a fait ça, monsieur Rook ? demanda Elisabeth.

— Pour parler franc, j'ai des doutes à ce sujet, répondit Jim. Mais je ne peux pas en dire plus pour le moment... tant que l'enquête n'est pas terminée.

Une femme corpulente au joli visage, en robe noire et petit chapeau rond sans bord noir, sortit de la cuisine et demanda :

— Désirez-vous un café et une part de tarte aux fruits ?

— Un café, très volontiers, répondit Jim.

Grant s'approcha de la photographie d'Elvin et la regarda fixement, comme s'il lui ordonnait de parler.

— Elvin voyait moins souvent Tee Jay depuis ces trois derniers mois. Il semble que Tee Jay avait des ennuis chez lui. C'est tout ce que je peux vous dire, parce que vous ne faites pas attention à ce genre de chose sur le moment, jusqu'à ce qu'un événement tragique survienne. Alors vous y repensez.

— Est-ce que vous savez quelle sorte d'ennuis avait Tee Jay ? demanda Jim.

— La police m'a posé cette question, mais je n'en ai pas la moindre idée. Quelle sorte d'ennuis un garçon âgé de dix-sept ans a-t-il habituellement avec ses parents ? Il veut sortir le soir, il veut rentrer très tard, il n'a pas envie de faire ce qu'on lui dit. Il a envie d'essayer l'alcool et les drogues. Je ne sais pas. Je sais seulement qu'Elvin ne fréquentait plus Tee Jay autant qu'avant.

Une jeune fille au corsage noir et blanc se tenait près de la porte de la cuisine. Elle écoutait leur conversation, et déclara :

— Elvin m'a dit que Tee Jay devenait trop croyant.

Elisabeth tendit la main.

— Approche, ma chérie. Monsieur Rook, je vous présente Elvira, la sœur d'Elvin. Elvira, voici le professeur d'Elvin, M. Rook.

— Bonjour, Elvira, dit Jim. Je suis venu ici pour dire à tes parents à quel point nous sommes désolés pour Elvin.

— Elvin parlait de vous très souvent, répondit Elvira. Il disait que vous étiez fou parfois, mais qu'il apprenait plus de choses avec vous qu'avec n'importe quel autre professeur.

— Il t'a dit que Tee Jay devenait trop croyant, c'est bien ça ? demanda Jim.

— Je n'ai pas compris, moi non plus, intervint Grant. Comment peut-on être *trop* croyant ? Elvin était croyant. Toute la famille se rend à l'église régulièrement, nous l'avons toujours fait. Elvin faisait partie de la chorale, autrefois.

— Mais il ne s'agissait pas de ce genre de religion, fit Elvira.

— Que veux-tu dire ? lui demanda Jim.

— Un jour, j'ai entendu Elvin et Tee Jay discuter. Tee Jay essayait de convaincre Elvin d'arracher la tête d'un poulet d'un coup de dents. Il disait qu'ils boiraient le sang du poulet et diraient des prières, et ensuite ils ne mourraient jamais.

— Tu ne nous avais jamais parlé de cela, dit Elisabeth.

— Je ne pouvais pas. Elvin et Tee Jay se sont aperçus que je les écoutais, et ils ont dit que je devais jurer de ne jamais en parler, sinon la fumée viendrait me chercher.

— La fumée ? Quelle fumée ?

— Je n'en sais rien. Mais Tee Jay a dit cela d'une telle façon que j'ai eu très peur. C'est pour cette raison que je n'ai rien dit.

— Je comprends, dit Jim. Tu as bien fait de nous en parler. À présent, et si tu allais me chercher une part de cette tarte ?

Elvira s'éloigna vers la cuisine. Jim se tourna vers Grant et demanda :

— Est-ce que cela signifie quelque chose pour vous ? Tuer des poulets ? La fumée ?

Il marqua un temps, puis ajouta :

— Des corbeaux, des miroirs et des bougies ? Respirer une poudre ?

Grant lança un regard inquiet à son épouse.

— Ce n'est pas le moment de parler de choses pareilles. Ni le lieu. Nous sommes des gens pieux, monsieur Rook. Nous n'approuvons pas le blasphème.

— Alors vous savez de quoi je parle ?

Elisabeth leva les yeux vers lui et Jim ne comprit pas du tout l'expression qui se dessina sur son visage. Mais Grant déclara :

— Oui, je sais de quoi vous parlez. Vous parlez de tuer des poulets, afin de contenter les esprits. Vous parlez de corbeaux, qui sont parfois des corbeaux et parfois des hommes. Vous parlez de miroirs... le genre de miroirs qui ne réfléchissent pas votre visage.

— Tais-toi, l'interrompit Elisabeth. Tu ne devrais pas dire des choses pareilles... pas maintenant, pas devant la photographie d'Elvin.

— Peut-être y a-t-il un autre endroit où nous pourrions parler ? suggéra Jim.

Grant hésita, mais Jim insista :

— Je pense que c'est important, monsieur Clay. Il est peut-être trop tard pour Elvin, mais il n'est pas trop tard pour Tee Jay.

— Sortons sur le balcon, proposa Grant.

Ils sortirent et refermèrent la porte coulissante derrière eux. Grant s'accouda à la rambarde et contempla la petite cour en ciment armé où des enfants jouaient sur un tas de sable et où un groupe d'adolescents fumaient et écoutaient de la musique techno sur un énorme ghetto-blaster.

— Les gosses, murmura Grant.

Il n'y avait aucune compassion dans sa voix, mais il n'y avait pas de condamnation, non plus.

— Qu'ont-ils à attendre de la vie, à part ça ?

— Vous me parliez de la religion de Tee Jay, lui rappela Jim.

— Je ne sais pas grand-chose à ce sujet, mais cela ressemble au vaudou. Mon grand-père me racontait des histoires sur le vaudou pour me faire peur, dans mon enfance. Il m'a parlé de la poudre-drogue que les prêtres soufflent sur votre visage pour vous donner l'apparence d'un mort, même si vous êtes bien vivant. Ils peuvent enfoncer des épingles dans votre corps, et vous les sentez mais vous ne pouvez pas crier. Ensuite ils vous enterrent, alors que vous êtes toujours conscient.

— Vous croyez vraiment à ces histoires ?

Les yeux de Grant ne laissèrent rien transparaître.

— Je vous dis simplement ce que mon grand-père me racontait.

— Bon, d'accord. Et la fumée dont Elvira a parlé ?

— Mon grand-père a également mentionné la fumée, mais je n'ai jamais compris ce que c'était au juste. Il disait : « La fumée peut toujours te trouver et te faire du mal, de même que la véritable fumée peut t'asphyxier et te tuer. Mais qu'est-ce que tu peux faire contre la fumée ? Tu ne peux rien faire. Elle est là, mais elle n'est pas là. Tu peux la sentir, mais tu ne peux pas la toucher. Tu peux la voir, mais tu ne peux pas la palper. Prends garde à la fumée. » Voilà ce qu'il disait.

— Mais vous ne savez pas ce qu'est cette fumée.

— Non, monsieur Rook, je ne le sais pas. Et pour vous dire la vérité vraie, je crois que je préfère ne pas le savoir.

— Je vous suis très reconnaissant de m'avoir raconté tout cela, dit Jim. Je commençais à penser que je perdais la boule !

Grant le considéra attentivement.

Vous savez quelque chose au sujet du meurtre d'Elvin, n'est-ce pas ? Quelque chose qui a un rapport avec cette histoire de vaudou. Vous voulez me dire ce que c'est ?

— Je suis désolé. Je ne peux pas, pour le moment.

— Vous ne pouvez pas, ou vous ne voulez pas ?

— Monsieur Clay... je n'en sais pas beaucoup plus que vous. Mais j'ai vu certaines choses qui ne sont pas du tout normales, et je pense qu'elles ont peut-être un lien avec la mort d'Elvin. Vous avez fait la meilleure chose possible : vous m'avez mis sur la voie. Je vous promets que si je parviens à découvrir qui a tué votre Elvin, vous serez la toute première personne à en être informée.

— Merci, dit Grant, et il se détendit.

La porte coulissante s'ouvrit et Elvira annonça en souriant :

— Votre part de tarte vous attend, monsieur Rook.

— Merci, Elvira, dit Jim.

Avant de suivre Grant, il jeta un dernier regard au-delà du balcon, et fut certain d'entrevoir une ombre dans le coin encombré de détritus entre les balançoires et les garages. Il plissa les yeux, mais les garages étaient trop éloignés. Puis Grant le prit par le bras et l'entraîna à l'intérieur pour qu'il termine son café.

5

Il lui fallut plus de vingt minutes pour trouver la maison des Jones, située dans un triangle miteux de terrain broussailleux, juste à côté de l'autoroute. L'endroit était tellement bruyant que l'on devait crier intérieurement pour connaître ses propres pensées, et l'air était rendu jaunâtre par le smog, les gaz d'échappement.

Il y avait une étendue d'herbe rabougrie devant la maison, où une Buick Riviera havane, délabrée et sans roues, était posée sur des parpaings. Un petit garçon noir sans pantalon pédalait avec acharnement sur son tricycle ; il allait et venait sur le trottoir. De la morve luisante coulait de ses narines et il s'arrêtait de temps en temps pour la lécher. Jim fut presque tenté de lui donner son mouchoir, mais un mouchoir ne réglerait guère le problème du manque d'hygiène d'un enfant. Il avait vu des gosses âgés de sept-huit ans fumer ouvertement des cigarettes que leurs parents leur avaient données. Alors, un peu de morve, la belle affaire !

Jim gravit les marches de la véranda et appuya sur la sonnette, bien que la porte fût à moitié ouverte. La peinture verte était fanée et s'écaillait ; l'un des carreaux était craquelé. De l'intérieur de la maison parvenaient l'odeur d'un poulet en train de frire et le martèlement monotone d'une musique rap.

Au bout d'un moment, Jim entra. La maison était minable mais bien tenue, avec des petits napperons de dentelle sur toutes les dessertes et des têtières sur le dossier des fauteuils. Les murs étaient tapissés de photographies en couleurs — tantes, oncles, cousins et cousines — et il y avait également un tableau aux couleurs criardes représentant des animaux sauvages qui viennent se désaltérer à un point d'eau, en Afrique.

Il remonta le couloir jusqu'à la cuisine où une femme au corps maigre, en robe verte et portant des lunettes, était occupée à hacher menu des poivrons. Il donna de petits coups à la porte qui était ouverte, et elle leva vivement la tête, effrayée. Il était clair qu'elle était la mère de Tee Jay : il avait hérité de ses yeux, de sa bouche et de sa mâchoire énergique.

— Monsieur Rook ! s'exclama-t-elle. Qu'est-ce qui vous amène ici ?

— Comment allez-vous, madame Jones ? Je suis juste passé pour m'assurer que tout allait bien chez vous.

— Je vais aussi bien que possible, dans la mesure où mon fils est accusé d'avoir tué son meilleur ami !

— Est-ce que vous l'avez vu ?

— Oui, ce matin, au commissariat central. Ils vont lui trouver un avocat.

— Comment est-il ?

— Comme d'habitude, à peu de chose près, répondit Mme Jones en faisant tomber les poivrons dans une casserole. Il n'a pas dit plus de deux mots à la suite.

— Madame Jones, je tiens à ce que vous sachiez que je ne pense pas que Tee Jay a fait ça.

— Ha ! fit-elle avec un sourire forcé. Apparemment, vous êtes le seul.

— Je n'en suis pas si sûr. La plupart de ses camarades de classe pensent la même chose que moi, même si certains ont dit qu'il avait un comportement bizarre ces derniers temps.

— Un comportement bizarre ? C'est l'euphémisme du siècle ! répliqua Mme Jones. Durant ces trois ou quatre derniers mois, Tee Jay a été absolument invivable. À découcher, à me répondre grossièrement. À traîner avec toutes sortes de vauriens.

— Vous voulez dire qu'il se conduisait comme n'importe quel adolescent normal de dix-huit ans ?

— Peut-être bien. Mais je m'efforce de garder cette famille unie, je suis toute seule et je travaille chaque heure que Dieu me donne, et je n'ai vraiment pas besoin de rébellion, de gros mots et de claquements de portes, croyez-moi !

Elle se tourna brusquement vers Jim et ses yeux étaient remplis de larmes.

— Et je n'ai pas besoin d'un fils en prison, accusé de meurtre.

— Madame Jones, commença Jim, si vous n'avez pas envie d'en parler maintenant...

À ce moment, la musique rap s'arrêta et Anthony, le frère aîné de Tee Jay, apparut. Il portait un T-shirt des Dodgers et un bermuda trop ample. Il était encore plus grand et plus costaud que Tee Jay, et il passa un bras musclé, protecteur, autour des épaules de sa mère.

— Bonjour, Anthony, dit Jim. Je suis passé pour être sûr que ta mère allait bien. Tu t'es trouvé un boulot ?

— Je commence lundi, monsieur Rook. La paie est pas géniale, mais le boulot me plaît.

— J'espère que tu continues de lire... que tu entretiens ton esprit.

— Oh, bien sûr. Je viens de terminer *Un enfant du pays* de Richard Wright.

— Tu es allé voir Tee Jay, toi aussi ?

Anthony secoua la tête et étreignit sa mère en un geste de réconfort.

— Tee Jay et moi on s'entendait pas très bien, ces derniers temps. En fait, Tee Jay s'entendait plus avec personne. C'est pourquoi il est parti.

Jim fronça les sourcils.

— Tu veux dire qu'il n'habite plus ici ?

— Hon-hon. Ça fait trois mois maintenant.

— Alors *où* habite-t-il ?

— Dans le centre, près de Venice Boulevard. Il vit avec son oncle, le frère aîné de papa. Nous nous sommes disputés pour cette raison, entre autres. Son oncle est parti à l'étranger, pendant des années et des années, il travaillait au Nigeria et en Sierra Leone, des pays comme ça, et tout à coup il réapparaît et vient nous voir. Moi, maman et le reste de la famille on le trouve pas sympa du tout, vous savez, mais pour une raison bizarre Tee Jay s'entiche de lui. Il commence à aller le voir deux ou trois fois par semaine, et c'est à ce moment-là que les problèmes ont vraiment commencé. Finalement, maman en a eu assez de toutes ces scènes, et elle lui a dit de prendre ses cliques et ses claques et de débarrasser le plancher. Et où il va, à votre avis ? Il file droit chez l'oncle Umber, comme de bien entendu !

Jim réfléchit un moment, puis il dit :

— Cet oncle Umber, parle-moi de lui. Pourquoi ne l'aimez-vous pas, toi et ta famille ?

— Vous devriez le voir, vous comprendriez tout de suite. Ce type est super-flippant, si vous voyez ce que je veux dire. Il franchit la porte d'entrée et il remplit toute la maison. Et il arrête pas de parler du patrimoine ethnique et de la tradition africaine. Un tas de conneries, pas de doute ! Mais si vous n'êtes pas de son avis, il devient agressif et vous insulte comme si vous étiez un traître envers votre race.

— Je crois que j'aimerais bien rencontrer ton oncle Umber, fit Jim.

— Oh, vous le regretteriez, monsieur Rook ! intervint Mme Jones. À votre place, je me frotterais pas à lui.

— Néanmoins, est-ce que vous avez son adresse ?

Anthony déchira le coin d'une serviette en papier et inscrivit l'adresse.

— C'est un vantard, d'accord ? Alors ne le prenez pas trop sérieusement.

— Au sérieux, rectifia Jim. Ne le prenez pas trop *au sérieux*.

— Ouais, bon, d'accord, dit Anthony.

En l'occurrence, l'oncle Umber habitait, près de Venice Boulevard, l'un des quatre appartements situés au-dessus de Dollars & Sense[1], un petit supermarché

1. Jeu de mots sur *sense* « bon sens » et cents (*N.d.T.*).

à prix réduits, dans une rue sordide bordée de voitures vieilles de dix ans et de poubelles pleines à déborder. La partie supérieure de l'immeuble était peinte en blanc, mais elle avait certainement été vert clair à une époque, parce que la peinture s'écaillait, semblable à une maladie de la peau.

Il y avait un interphone et trois sonnettes. L'une ne comportait pas de carte d'identification, l'autre indiquait Puchowski, la troisième « U.M. Jones ». Jim appuya sur celle-ci et attendit.

Personne ne répondit. Il sonna de nouveau, puis une nouvelle fois encore. Finalement, une voix caverneuse demanda :

— *Qui est-ce ?*

— Monsieur Jones ? Je m'appelle Rook, Jim Rook. Je suis le professeur de Tee Jay. Est-ce que je pourrais vous parler un instant ?

— *Veuillez monter, monsieur Rook. Je vous attendais. Appartement 1.*

Un déclic retentit et la porte s'ouvrit, mais Jim hésita. *Je vous attendais ?* Il n'aimait pas beaucoup ça. Peut-être ferait-il mieux de laisser tomber et de suggérer au lieutenant Harris d'interroger U.M. Jones.

Le déclic retentit à nouveau.

— *Vous montez, monsieur Rook, ou bien y a-t-il quelque chose qui vous ennuie ?*

— J'arrive.

Il poussa le battant et se retrouva dans une entrée sombre et sans air, chichement éclairée par un tube au néon qui pendait du plafond au bout de ses fils. Il gravit les marches en ciment armé jusqu'au premier étage. Puis il se dirigea vers la porte peinte en noir ornée du chiffre 1 et frappa.

La porte fut ouverte presque tout de suite... et, à sa grande horreur, Jim vit le Noir de haute taille du collège, sans chapeau à présent et portant un long cafetan noir. Il grimaçait en montrant les dents, un sourire empreint d'une férocité pleine de joie.

— C'est *vous,* chuchota Jim.

Il aurait bien voulu avoir un crucifix ou une fiole

d'eau bénite... ou n'importe quoi d'autre pour tenir en échec les créatures infernales.

— Oui, monsieur Rook, c'est moi. Mais n'ayez pas l'air aussi bouleversé. Je ne suis que l'oncle de Tee Jay, après tout.

— Oh, non ! Vous êtes foutrement plus que ça. J'ignore ce que vous êtes ou qui vous êtes, mais n'essayez pas de me faire croire que vous « n'êtes que l'oncle de Tee Jay ». Vous avez assassiné Elvin Clay.

L'oncle Umber eut un petit haussement d'épaules désinvolte.

— Et qu'allez-vous faire ? Appeler la police ? Me faire arrêter ?

— Cela ne servirait à rien si personne d'autre ne peut vous voir. Vous l'avez dit vous-même.

L'oncle Umber fronça les sourcils. Pour la première fois, Jim remarqua qu'il avait un motif de cicatrices sur le front, de minuscules scarifications en forme de flèche qui se croisaient entre ses yeux.

— Personne d'autre ne peut me voir ? Mais qu'est-ce que vous racontez ?

— N'essayez pas de jouer au plus fin avec moi, répliqua Jim. Personne ne peut vous voir à part moi, et même moi je ne peux pas vous toucher. Mais vous avez assassiné Elvin Clay et je suis bien décidé à trouver un moyen de vous faire payer ça, nom de Dieu !

Sans un mot, l'oncle Umber sortit de son appartement, passa près de Jim et alla jusqu'à la porte d'en face, appartement 2. Jim sentit le cafetan soyeux l'effleurer, et il perçut également son *odeur* : cette senteur d'encens caractéristique qui avait flotté dans le couloir du collège la première fois que Jim l'avait aperçu. Il se tint immobile pendant que l'oncle Umber frappait à la porte de l'appartement, puis frappait à nouveau.

La porte s'ouvrit et un vieil homme en chemise à manches courtes grise apparut, une serviette de table à carreaux glissée dans le col. Son visage était gris, ses cheveux étaient gris, et même s'ils se clairsemaient, ils rebiquaient sur sa nuque comme une huppe de cacatoès.

— Qu'est-ce que c'est ? demanda-t-il d'un ton plaintif. Je suis en train de dîner, figurez-vous !

— Zygmunt, dit l'oncle Umber avec toute la patience affectée d'un magicien de music-hall, est-ce que vous pouvez me voir ?

Le vieil homme le regarda comme s'il était fou.

— Bon sang, que voulez-vous dire, Umber ? Bien sûr que je peux vous voir ! Mais je ne *veux* pas vous voir, c'est tout. J'essaie de dîner en paix.

— Zygmunt, poursuivit l'oncle Umber, avant de refermer votre porte... pouvez-vous dire à ce monsieur où j'étais hier matin aux alentours de onze heures ?

— Vous étiez chez vous, non ? fit le vieil homme. Je vous ai vu rentrer vers les dix heures un quart et je vous ai vu ressortir juste avant deux heures de l'après-midi.

— Vous en êtes sûr ? demanda l'oncle Umber.

— Bien sûr que j'en suis sûr ! Vous n'auriez pas pu sortir sans refermer la porte d'entrée, et quand j'entends cette satanée porte se refermer, je regarde toujours par la fenêtre pour voir qui c'est !

— Et voilà ! conclut l'oncle Umber en se tournant vers Jim d'un air triomphal. Apparemment, je ne suis pas l'homme que vous dites que je suis, exact ? D'autres personnes peuvent me voir, et je n'ai absolument pas pu tuer Elvin, parce que j'étais ici, et j'ai un témoin pour le prouver. Même si j'avais *réussi* à sortir sans que Zygmunt m'entende partir, je n'aurais jamais pu arriver au collège de West Grove à temps pour faire le sale boulot. Alors... qu'en pensez-vous ?

Il vint vers Jim et fit halte devant lui. Cette fois, Jim *perçut* vraiment son aura, vibrante et sombre. Ses yeux étaient jaunâtres, avec des bords injectés de sang, semblables à des jaunes d'œufs fécondés. Il posa les mains sur les épaules de Jim et les serra avec force. C'était douloureux, mais Jim s'efforça de ne pas grimacer.

— Vous avez dit que vous pouviez me voir mais que vous ne pouviez pas me toucher ? gronda l'oncle Umber. Quelle est votre impression, à présent ?

— Vous ne me faites pas peur, monsieur Jones, dit Jim. Je sais ce que j'ai vu et je sais ce que j'ai touché. Ou plutôt, ce que je *n'ai pas* touché.

— Alors appelez la police, suggéra l'oncle Umber.

Il ôta ses mains des épaules de Jim et les leva, poignet contre poignet, comme s'il attendait qu'on lui passe des menottes.

— Je suis venu ici à cause de Tee Jay, déclara Jim. Pas à cause de vous. D'accord, vous pouvez prouver à la police que vous n'êtes pour rien dans ce meurtre. Mais que devient Tee Jay dans tout ça ? Quoi que vous soyez d'autre... si vous êtes son oncle, comment pouvez-vous permettre qu'il soit condamné pour un crime que *vous* avez commis ?

— Il ne sera pas condamné, répondit l'oncle Umber. La police n'a pas de témoins. Elle n'a aucune preuve matérielle. Uniquement des preuves indirectes... excepté, bien sûr, *votre* histoire selon laquelle vous m'avez vu sortir du bâtiment des chaudières, et ils n'y ont pas cru une seule seconde. Et une dernière chose.

— Quoi ? demanda vivement Jim.

— L'un des élèves de votre classe va brusquement se rappeler qu'il a vu Tee Jay au moment même où celui-ci était censé poignarder Elvin Clay.

— Bon sang, que voulez-vous dire ?

— Il l'a vu en train de fumer une cigarette derrière le bâtiment des sciences naturelles, voilà ce que je veux dire.

— Mais les flics ont interrogé tous les élèves du collège. Personne ne l'a vu faire ça.

L'oncle Umber se tapota le front d'un index long et sec.

— Quelqu'un affirmera cela, monsieur Rook. Quelqu'un affirmera cela.

Il leva la main devant son visage, la paume tournée vers le haut, et souffla doucement.

— C'est très simple, monsieur Rook. Vous soufflez une certaine poudre vers lui, et il se souviendra de tout ce dont vous voulez qu'il se souvienne, pour toujours. À l'épreuve du détecteur de mensonges !

Il fit signe à Jim d'entrer. Dans l'appartement, l'odeur d'encens était encore plus prenante, et Jim éternua trois fois avant d'être à même d'aller plus loin. Il y avait un vestibule sombre, le store était baissé, et les murs étaient peints en rouge sang. Accrochés sur l'un des murs, trois crânes formaient un triangle. Ils portaient des cornes spiralées et un nez pointu. Sans doute s'agissait-il de crânes d'algazelles, rien de bizarre, mais Jim ne savait plus où il en était. Dans un coin, à moitié dissimulée par les épais rideaux en velours noir, Jim distingua une statue en bois d'ébène : une très belle femme nue avec une tête de chien montrant les dents.

L'oncle Umber fit entrer Jim dans un séjour spacieux, aux murs entièrement tapissés d'un tissu noir et rouge. La pièce comportait deux canapés en cuir de la couleur du sang figé, un tapis noir, et une immense table basse recouverte de livres, de revues, de colliers et de toutes sortes d'objets étranges, tels que des ossements, des plumes et des voiles de mariées. Sur l'un des murs étaient accrochés des graphiques, des diagrammes et quelque chose qui ressemblait à une carte astrologique, mais les dessins représentaient des scorpions, des scarabées et des enfants aux difformités étranges.

Dans le coin opposé, il y avait une sculpture en bois : sept hommes nus, réunis par une longue lance.

— J'ai déjà vu cela, déclara Jim.

L'oncle Umber lui lança un regard surpris.

— Vous avez assisté à la cérémonie de la perforation ? Où ?

— Je voulais dire que j'ai vu la même scène. Tee Jay l'a dessinée au collège.

— Tee Jay est très expressif, monsieur Rook. Très créatif. Il est également très fier. Il a du mal à faire ce qu'on lui dit de faire.

— Certaines fois, monsieur Jones, dans l'intérêt commun, chacun de nous doit faire ce qu'on lui demande de faire.

L'oncle Umber alla jusqu'à un petit secrétaire d'époque, ouvrit le tiroir et farfouilla à l'intérieur. Quelques instants plus tard, il revint vers Jim avec un petit sac en toile noué avec une fine cordelette noire et cacheté avec de la cire noire. Il grimaça un sourire, leva le petit sac en le tenant entre le pouce et l'index, et le secoua.

— Savez-vous ce que c'est ? C'est la poudre-souvenir. Autrefois, les gens au Dahomey l'appelaient la poudre *loa,* parce qu'ils pensaient qu'elle était confectionnée par les esprits inférieurs, afin qu'ils puissent voir Vodun.

— Vodun ?

— C'est exact, monsieur Rook. Vodun, le plus grand dieu dans la croyance de la peuplade Fon au Dahomey. Le nom « vaudou » vient de Vodun.

Il tendit le petit sac et Jim le prit. Il le renifla. Le sac dégageait une odeur très étrange, une odeur qui lui rappela des rêves, l'herbe se desséchant, et une image tremblotante et oubliée depuis longtemps de sa mère. Elle se détournait d'une fenêtre éclairée par le soleil pour dire...

Il leva les yeux. L'oncle Umber lui souriait :

— La poudre-souvenir, déclara-t-il. Mais vous ne savez jamais si les souvenirs sont vrais, ou s'ils sont faux. Je pourrais vous donner un souvenir avec cette poudre, et même un détecteur de mensonges serait incapable de montrer si vous dites la vérité ou non.

— Alors, que suis-je censé faire avec ceci ?

— C'est très facile, monsieur Rook. Il vous suffit de souffler la poudre sur l'un de vos élèves et de lui dire, « Hé, tu n'aurais pas vu Tee Jay en train de fumer une cigarette derrière la bâtiment des sciences naturelles au moment où il était censé poignarder son ami ? »

— C'est tout ?

— C'est tout, monsieur Rook. La poudre-souvenir fera le reste.

Jim lui rendit le sac.

— Je ne peux pas faire une chose pareille, monsieur Jones. Je suis responsable de tous mes élèves. Si jamais il arrivait quelque chose à l'un d'eux...

Les narines de l'oncle Umber frémirent.

— Inutile de jouer au petit saint avec moi, monsieur Rook. Vous avez promis que vous seriez mon ami. Si vous ne faites pas cela, vos élèves vivront une tragédie que vous ne pouvez même pas imaginer.

— Ecoutez, monsieur Jones, si vous touchez à un seul d'entre eux...

— Vous ferez *quoi*, monsieur Rook ? Vous me tuerez et vous passerez le reste de votre vie en prison ? Vous avez dit que vous étiez venu ici pour Tee Jay, exact ? *Ceci* est pour Tee Jay.

— Si Tee Jay *ne fumait pas* derrière le bâtiment des sciences naturelles, où se trouvait-il ? demanda Jim. S'il n'était pour rien dans la mort d'Elvin, pourquoi prenez-vous la peine d'inventer cet alibi à la noix ?

— Vous ne comprenez pas. Tee Jay devait être là quand Elvin est mort, pour regarder.

— Vous voulez dire qu'il se trouvait effectivement dans le bâtiment des chaudières ? Il était là et il a regardé pendant que vous coupiez Elvin en morceaux ? Vous êtes un malade, monsieur Jones. Vous êtes complètement malade !

— Je maintiens les lampes allumées, c'est tout, monsieur Rook. Des choses infiniment plus effroyables ont été commises au nom du christianisme.

— N'en parlons plus, dit Jim. Je refuse d'empoisonner l'un de mes élèves. Pas question !

L'oncle Umber arbora un large sourire.

— Alors essayez-la d'abord sur vous-même. Rentrez chez vous et pensez à une chose qui ne vous est jamais arrivée, ensuite reniflez une pincée de la poudre et voyez ce qui se passe ! Elle ne vous tuera pas, je vous le promets. Cette poudre est faite de racines, de cheveux et d'os pulvérisés, c'est tout. Je ne vous veux aucun mal, monsieur Rook. Comme je vous l'ai déjà dit, j'ai besoin d'un ami.

Jim regarda l'oncle Umber dans les yeux, s'efforçant de le défier, de lui montrer qu'il ne pouvait pas jouer avec la vie d'adolescents. Mais il n'y avait pas le moindre sentiment dans les yeux de l'oncle Umber, seulement une froide indifférence. Finalement, il fut obligé de détourner les yeux.

— Entendu, dit-il. Je le ferai. Mais uniquement pour Tee Jay. Et lorsque Tee Jay sera remis en liberté, je veux que vous lui disiez de retourner auprès de sa famille, qui est sa vraie place.

— Tee Jay ira uniquement où il a envie d'aller, monsieur Rook. Tee Jay est un être indépendant.

Jim était rentré chez lui depuis cinq minutes à peine quand on frappa à la porte, et Mme Vaizey entra. Elle portait un grand chapeau de paille flasque, un bikini orné d'un homard et un cardigan en nylon blanc.

— Jim ! Je vous cherchais !

Il ouvrit rapidement l'un des placards de la cuisine, prit le pot en porcelaine où il rangeait ses bons de réduction découpés, et laissa tomber dedans le petit sac de la poudre-souvenir. Il ne voulait pas que Mme Vaizey soupçonne ce qu'il avait l'intention de faire.

— Comment allez-vous, madame Vaizey ? Vous êtes en manque de bourbon, hein ?

— Non, non, il ne s'agit pas de ça. J'ai effectué certaines recherches aujourd'hui, pour vous, mon cher, et j'ai découvert plusieurs choses *très* intéressantes.

— Vraiment ? dit Jim.

Il alla jusqu'au réfrigérateur, prit une boîte de Coors, fit sauter l'opercule et aspira bruyamment la mousse.

— Depuis combien de temps avez-vous ce fromage ? demanda Mme Vaizey en jetant un coup d'œil sur le bac des produits laitiers. J'ai l'impression qu'il est fin prêt pour courir un cent mètres !

— C'est du gorgonzola, madame Vaizey. Il est censé avoir cet aspect. Bon, quelles sont ces choses très intéressantes que vous avez découvertes ? Je suis plutôt vanné.

— Oh, oui ! J'ai consulté la *Revue de l'Occulte.* Au cours de ces dix dernières années, il y a eu quinze cas authentifiés de personnes qui affirment avoir vu des individus qu'elles étaient seules à voir... exactement comme vous et votre homme en noir.

— Sommes-nous en train de parler de fantômes ?

— Ohhh, non. Il ne s'agit pas de fantômes. Absolument pas.

Chacune de ces manifestations était l'image de quelqu'un qui était tout à fait vivant à ce moment-là. Mais voici le détail intéressant : *tous* ont nié catégoriquement s'être trouvés sur les lieux au moment où on les a vus.

Jim songea à l'oncle Umber et à son témoin oculaire affirmant qu'il était rentré chez lui lorsque Elvin avait été tué. Jim l'avait vu au collège, et pourtant il se trouvait pendant tout ce temps-là dans son appartement près de Venice Boulevard.

— Et quelle est votre conclusion ? demanda-t-il à Mme Vaizey.

— Je pense que ma première impression était tout à fait exacte.

L'homme que vous avez vu effectuait une expérience extra-corporelle. Son corps matériel se trouvait dans un autre endroit, dans un état de catalepsie, pendant que son esprit était allé se promener.

— Je l'ai vu à nouveau ce matin, déclara Jim. Il est venu au collège et il m'a parlé. Il a dit qu'il voulait que je sois son ami.

— Ma foi, cela ne m'étonne pas. Les esprits ont des pouvoirs très limités, une fois sortis du corps, et les expériences extra-corporelles sont très éprouvantes. S'il reste dehors trop longtemps, son corps matériel risque d'avoir une attaque ou une crise cardiaque.

— Ce que je ne comprends pas, c'est comment il peut n'être qu'un esprit et en même temps être à même de blesser des gens. Il flottait en l'air contre ce satané plafond, et ensuite, lorsque j'ai voulu le pousser, il n'était pas là, tout simplement. Pourtant il a tailladé le visage de notre garde de la sécurité, sous mes yeux. Et, bien sûr, il a poignardé Elvin.

— On sait que les esprits peuvent blesser des gens. Vous vous réveillez un matin et vous découvrez des marques de doigts violacées sur tout votre corps. Ils ont étranglé des gens, également. Une force n'a pas besoin d'être visible ou tangible pour vous faire du mal. Vous ne pouvez pas voir le vent mais il peut vous jeter à terre. Vous ne pouvez pas toucher la fumée, mais elle peut faire larmoyer vos yeux.

— La fumée... bien sûr ! s'exclama Jim. C'est ce que m'a dit la sœur d'Elvin. Elle avait surpris une conversation entre Elvin et Tee Jay. Ils voulaient sacrifier un poulet, lui arracher la tête d'un coup de dents. Et ils lui ont interdit de le répéter à quiconque, sinon la fumée viendrait la chercher. Le père d'Elvin m'a dit que son grand-père lui donnait le même avertissement, quand il était gosse. S'il n'était pas sage, la fumée viendrait le chercher.

— Ce n'est pas simplement « une fumée », dit Mme Vaizey. C'est *la* Fumée. C'est ainsi qu'ils appellent les expériences extra-corporelles en Haïti. Un homme peut sortir de son corps la nuit pour voler des objets qu'il serait incapable de prendre sous sa forme matérielle, ou bien faire l'amour à une femme qui, en temps normal, ne lui permettrait jamais de la toucher, ou encore assouvir sa vengeance sur ses ennemis.

— Le vaudou, murmura Jim. Il a prononcé ce mot.

— Vous voulez dire que vous lui avez *parlé ?*

Jim acquiesça.

— Je lui ai parlé sous sa forme esprit, au collège, et je lui ai parlé chez lui, en chair et en os. Il n'était pas difficile à trouver. C'est l'oncle de Tee Jay, le frère de son père, un certain Umber Jones. Il a pratiquement reconnu ce qu'il avait fait, mais il n'y a absolument aucun moyen de le prouver, d'accord ? Ce type était chez lui, et il s'est trouvé un témoin qui est prêt à corroborer ses dires.

— Et il veut que vous soyez son ami ? demanda Mme Vaizey.

— Il a menacé de blesser certains de mes élèves si je refusais.

— Et il le ferait, vous pouvez en être sûr ! Que veut-il que vous fassiez ?

— Il vaut mieux que je ne vous le dise pas. Je ne veux pas mettre en danger la vie de mes élèves.

— Jim, je ne peux pas vous aider si vous ne vous confiez pas à moi.

Jim secoua la tête.

— Désolé. S'il arrivait quelque chose à l'un de ces gosses, je ne me le pardonnerais jamais.

Mme Vaizey plaqua la main sur sa bouche et réfléchit pendant plus d'une minute. Jim l'observait. Il avait l'impression d'avoir passé tout l'après-midi sur les montagnes russes. Il se sentait secoué, fatigué, le cœur chaviré.

Finalement, Mme Vaizey leva un doigt.

— Nous ne pouvons faire qu'une seule chose, déclara-t-elle. Ce n'est pas facile, mais je ne vois pas d'alternative.

— Une alternative à quoi ? demanda Jim.

— Servez-moi un verre, dit Mme Vaizey.

Elle attendit pendant que Jim lui versait le restant de sa bouteille de bourbon. Elle but une grande gorgée, puis se passa la langue sur ses dents.

— Si vous voulez utiliser *la* Fumée, vous devez avoir un bâton *loa,* un bâton esprit. Chaque *hougan* en possède un, à l'aide duquel il trace des symboles dans la cendre pour appeler les esprits. Je pense que l'on pourrait dire que c'est l'équivalent vaudou d'une baguette de magicien. Il doit être taillé dans un chêne fantôme, un chêne d'Afrique occidentale qui avait poussé dans un cimetière... un arbre nourri de chair humaine.

« Sans son bâton *loa,* votre nouvel ami sera toujours capable de quitter son corps, comme nous pouvons *tous* le faire, mais il ne pourra plus appeler les esprits pour l'aider, ce qui signifie qu'il n'aura pas le pouvoir de faire du mal à quiconque dans le monde matériel.

— Et que suggérez-vous que nous fassions ?

— Comme je l'ai dit, il n'y a pas d'alternative. Nous devons lui prendre son bâton *loa.*

— Et comment allons-nous faire ça ? Nous ne pouvons tout de même pas nous introduire par effraction dans son appartement et nous mettre à fouiller dans ses placards, d'accord ?

Mme Vaizey leva les yeux vers lui et son expression était tout à fait sérieuse.

— Pas en chair et en os, déclara-t-elle. Mais nous pouvons faire ce qu'il fait, sortir de notre corps et lui rendre une petite visite en tant que fantômes.

— Allons, madame Vaizey, protesta Jim. Tout cela devient complètement délirant !

— Pourtant c'est la vérité ! Chacun de nous peut quitter son corps, s'il le désire. Vous l'avez fait, lorsque vous avez failli mourir, et vous avez été à deux doigts de ne pas revenir.

— Entendu. Admettons que ce soit possible. Néanmoins, sans cette hypothèse, comment fait-on ?

— Je vous montrerai, si vous le désirez. Mais vous n'avez pas à le faire, pas cette fois. Si vous m'indiquez où habite cet Umber Jones, *je le ferai.*

— Est-ce que c'est dangereux ? Je ne peux pas vous laisser faire ça si c'est dangereux.

Mme Vaizey lui adressa le plus fugitif des sourires.

— Oui, Jim, c'est dangereux. Mais la vie est dangereuse, et nous ne restons pourtant pas au lit toute la journée, par peur de sortir, ou de crainte qu'un avion ne nous tombe sur la tête, ou que le sol ne s'ouvre sous nos pieds !

— Écoutez, s'il y a le moindre risque, je préfère le prendre moi-même.

— *Non,* répondit-elle avec une fermeté surprenante. Si votre « ami » vous trouvait alors que vous êtes sorti de votre corps, vous n'auriez pas l'ombre d'une chance. Vous ne faites pas vous-même votre installation électrique, n'est-ce pas ? Vous faites appel à un électricien. C'est un travail que vous devez laisser à un professionnel.

— Bon... si vous le dites, murmura Jim. Mais cette idée ne me sourit guère. Quand voulez-vous faire ça ? Demain, peut-être ?

— Ce soir. *Maintenant.* Le plus tôt sera le mieux.

6

Mme Vaizey se promena dans l'appartement de Jim. Elle humait l'air, prenait des livres et des bibelots et les reposait.

— L'est se trouve dans quelle direction ? demanda-t-elle.

— Euh... dans cette direction.

— L'est est très important. Tous les esprits maléfiques viennent de l'est. Je peux utiliser votre canapé ?

— Oui, bien sûr.

— Alors descendez jusqu'à mon appartement, allez dans la cuisine et ouvrez le placard de gauche. Vous trouverez deux brûle-parfums en cuivre, et un paquet d'encens. Apportez-les ici, et nous verrons ce que nous pouvons faire pour vous.

— Comment connaissez-vous tous ces trucs sur le vaudou ? demanda Jim. Je savais que vous lisiez votre horoscope, mais je n'avais jamais réalisé que vous donniez également dans la magie noire !

Mme Vaizey se dirigea vers le canapé, ôta un journal qui était posé dessus, et tapota les coussins.

— Je n'ai pas toujours été une vieille dame habitant dans un immeuble à loyer modéré de Venice, vous savez. Mon père travaillait pour le Département d'État. J'ai passé la plus grande partie de ma jeunesse en France et au Maroc, et dix-huit mois en Haïti. Nous avions une domestique haïtienne qui m'a tout appris sur les *loa*. Il y a Legba, qui séduit les femmes, et

Ogoun Ferraille, qui veille sur les hommes quand ils se battent, et Erzulie, l'esprit de la pureté et de l'amour. Ensuite, bien sûr, il y a Baron Samedi, qui dévore les morts.

« À propos, l'admonesta Mme Vaizey, vous ne devez pas parler de « magie noire » à propos du vaudou. Le vaudou comporte certains rituels s'apparentant à la magie noire, comme le sacrifice des poulets. Mais c'est un mélange de culture Fon et de catholicisme, et il a le pouvoir des deux.

— Je vais chercher votre encens, d'accord ? dit Jim.

En moins de vingt minutes, la fumée épaisse de l'encens avait envahi son appartement. La seule lumière provenait d'une lampe de chevet à l'abat-jour noisette. Mme Vaizey était allongée sur le canapé, les yeux fermés, son cardigan ramené sur son ventre hâlé à la peau ridée. Elle avait étalé une feuille de journal sur le tapis et dessiné un motif compliqué avec des cendres blanches que Jim avait récupérées dans le barbecue. « N'importe quelle cendre qui a été utilisée pour brûler de la chair fera l'affaire », lui avait-elle assuré, et il espérait que les saucisses Oscar Mayer comptaient comme de la chair.

À présent elle marmonnait une longue incantation monotone qui semblait être un mélange de latin, de français et d'une autre langue que Jim ne comprenait pas. Il reconnaissait des bribes de temps en temps, des paroles de la liturgie catholique, et des mots en français comme *sang impur* et *la mort et la folie*.

Elle avait permis à Jim de s'asseoir et de l'observer, mais lui avait fait promettre de ne pas bouger et de ne rien dire. Il avait pris place dans son fauteuil, dans le coin le plus sombre de la pièce, et la fumée de l'encens virevoltait autour de lui. Il toussa deux fois, et elle ouvrit les yeux en lui lançant un regard désapprobateur, mais il était clair qu'elle entrait dans une sorte de transe, car ses pupilles n'accommodaient pas et ses paupières papillotaient. Il avait ouvert une autre cannette de bière mais n'y avait pas touché jusqu'ici. Le ronronnement de Mme Vaizey était tellement hypnotique qu'il se sentait lui-même dans un état proche de la transe.

— *Libera nos a malo,* marmonna-t-elle. *Panem nostrum quotidianum da nobis hodie*.

Brusquement, ce fut comme si l'appartement était soumis à une énorme pression. Jim devint sourd momentanément, comme s'il avait fermé la glace d'une voiture roulant à grande vitesse. Mme Vaizey frissonna, et sa main gauche tomba de côté sur le canapé. Sa bouche était ouverte mais elle avait cessé de psalmodier, et son visage était de la couleur d'un papier journal de mauvaise qualité. Elle laissa échapper une petite exclamation flûtée, puis une autre, ensuite sa tête retomba en arrière et elle donna l'impression d'être morte.

Elle l'avait prévenu que cela se produirait, néanmoins il était inquiet. Il se leva, traversa la pièce et s'accroupit à côté d'elle pour prendre sa main. Ses doigts étaient très secs et très froids, tel un lézard avec des bagues en argent autour de ses pattes. Il prit son pouls, il était si faible qu'il était tout juste perceptible, mais c'était un autre aspect du voyage hors du corps dont elle lui avait parlé. « Le corps ne peut pas vivre très longtemps sans une âme. C'est ce qui fait des êtres humains ce qu'ils sont. »

Il hésita pendant une seconde ou deux, puis avança la main vers le visage de Mme Vaizey et releva ses paupières. Ses pupilles étaient totalement blanches, comme si elle avait subi une forte commotion.

— Madame Vaizey ? murmura-t-il doucement. Puis, plus fort : Madame Vaizey ! C'est Jim Rook ! Est-ce que vous m'entendez, madame Vaizey ?

Il la secoua par les épaules. Sa tête ballotta d'un côté et de l'autre, et ce fut tout. Elle donnait l'impression d'être morte... qui plus est, elle donnait l'impression d'être morte depuis deux ou trois jours.

— Madame Vaizey ? Madame Vaizey ? Est-ce que vous m'entendez, madame Vaizey ?

La pression dans la pièce diminua petit à petit. Jim continua de tenir la main de Mme Vaizey, mais il s'assit, rassuré. Son pouls était faible, certes, mais il était régulier et ne montrait aucun signe de défaillance, et elle respirait distinctement, la bouche ouverte, comme quelqu'un qui avait été entraîné dans un rêve intense.

Il leva les yeux, et ce fut à ce moment qu'il éprouva la sensation glacée du choc total. Il était là et tenait la main de Mme Vaizey, allongée sur le canapé. Mais Mme Vaizey était également debout près de la porte d'entrée, et elle le regardait fixement.

Tout d'abord, il fut incapable de parler. Sa gorge était complètement nouée par la peur. Puis il parvint à dire :

— Vous avez réussi. Seigneur, vous avez réussi !

Elle fit un geste compliqué dans l'air avec sa main. Cela ressemblait à une bénédiction. Puis elle parla ; sa voix était ténue et lointaine, comme si elle parlait sur un répondeur téléphonique dans un bureau désert, sans personne pour l'entendre.

— *Je pars maintenant, Jim... Je rapporterai le bâton* loa... *alors vous pourrez... mmmmmmmlllooowwaaaaaahh...*

Ses mots se perdirent en une longue distorsion sonore.

Elle attendit pendant un long, très long moment. Elle continuait de le regarder fixement. Puis elle se retourna brusquement et franchit la porte. Celle-ci était entrouverte de deux centimètres seulement. Pourtant elle sembla flotter et glisser dans l'entrebâillement, de la même façon que l'oncle Umber s'était introduit dans la salle de géographie, comme une ombre, comme une fumée.

Après son départ, Jim baissa les yeux et s'aperçut qu'il tenait toujours la main de Mme Vaizey. Plus exactement, il tenait toujours la main du *corps* de Mme Vaizey, mais c'était un corps sans son âme. Il n'était pas mort, mais dépourvu de vie. Jim posa doucement le bras de Mme Vaizey sur son cardigan. Puis il s'assit et l'observa comme, dans un aéroport, on observe les portes des arrivées, attendant l'apparition de nos amis et de ceux qui nous sont chers.

Il consulta sa montre. Il n'avait toujours pas touché à sa bière. Il était sept heures six.

À huit heures moins le quart, il se leva et alla jusqu'à la fenêtre. Au-dessus de Venice, le ciel était de la couleur d'une joue tuméfiée. Il n'avait pas fumé depuis des années, mais à présent il mourait d'envie d'en griller une. Il regarda vers le canapé.

Mme Vaizey n'avait pas bougé. Elle avait chuchoté une ou deux fois, rien que Jim eût été à même de discerner. Il était étrange de se tenir auprès d'un autre être humain qui était totalement sans défense. Il ne savait pas où elle était ni ce qu'elle faisait. Il commençait à regretter de lui avoir permis de partir. L'encens s'était entièrement consumé, mais son odeur continuait d'imprégner l'appartement, comme dans une église.

Tout à coup, le bras droit de Mme Vaizey battit l'air. Elle se crispa, comme si elle s'endormait et que ses réflexes avaient tenté de la réveiller. Elle dit quelque chose, cela ressemblait à *Agnus...* puis elle retomba dans son coma.

Jim s'agenouilla à côté d'elle et toucha son front. Elle était glacée, atrocement glacée, et la fréquence de son pouls semblait plus faible que jamais. *Oh, merde,* pensa-t-il, *et si jamais elle meurt ? Comment ferai-je pour expliquer la présence d'une femme âgée de soixante-quinze ans sur mon canapé, vêtue en tout et pour tout d'un bikini et d'un cardigan ?*

Il songea à appeler la police. Après tout, la vie de Mme Vaizey était plus importante que sa propre réputation. Puis Mme Vaizey parut se calmer à nouveau, et respirer plus uniformément. Mais ses doigts continuaient de s'agiter, et sa tête se tournait vivement d'un côté et de l'autre, comme si elle cherchait quelque chose.

C'était peut-être le cas. Peut-être cherchait-elle le bâton *loa.*

Il était presque huit heures. Jim s'assit au bout du canapé. Soucieux, il battait le rappel sur sa cannette de bière à moitié vide. L'état de Mme Vaizey n'avait pas changé, mais elle avait chuchoté quelques mots de temps à autre, et une fois elle s'était presque redressée. Et merde, si seulement il avait un moyen de savoir où était son âme, et ce qu'elle faisait ! Elle avait assuré que Umber Jones devait cacher soigneusement son bâton *loa*. Et si elle ne le trouvait pas ? Et si c'était Umber Jones qui *la* trouvait ?

Passé huit heures quinze, Mme Vaizey respirait toujours et son cœur continuait de battre, mais elle était aussi glacée que si elle était morte. De temps à autre ses doigts tressautaient ou bien ses pieds bougeaient, mais Jim avait l'impression qu'il la perdait de plus en plus. C'était un corps sans âme, et quelque part près de Venice Boulevard il y avait une âme qui n'avait pas de corps... un être humain désassemblé.

Jim prit la main gauche de Mme Vaizey et la frictionna pour essayer de la réchauffer.

— Madame Vaizey, allons ! Il est temps que vous reveniez. Ne pensez plus au bâton *loa*. Cela n'en vaut pas la peine. Nous trouverons un autre moyen de neutraliser Umber Jones !

— *Monstre*[1]..., murmura Mme Vaizey.

— Allons, madame Vaizey ! insista Jim. Revenez tout de suite. Vous l'avez dit vous-même : votre âme ne peut pas rester en dehors de votre corps indéfiniment !

— *Monstre*..., répéta Mme Vaizey. *Monstre*...

— Je vous en prie, madame Vaizey, vous n'êtes pas obligée de faire ça. Vous feriez mieux de revenir, et nous chercherons un autre moyen. Allons, vous savez tout sur le vaudou. Il y a certainement un moyen de nous débarrasser d'Umber Jones sans pour cela mettre votre vie en danger !

À cet instant, les yeux de Mme Vaizey s'ouvrirent. Elle regarda fixement Jim, et son expression était une expression de désespoir total. Pas de peur. C'était, bien au-delà de la peur, l'état d'une personne qui aurait perdu tout espoir de survivre, et qui désirerait seulement mourir en souffrant le moins possible.

1. En français dans le texte (*N.d.T.*).

— Madame Vaizey ! répéta Jim, et il serra ses deux mains avec force. Pour l'amour du ciel, madame Vaizey, tenez bon !

— *Monstre !* cria-t-elle, et sa bouche s'ouvrit si largement qu'elle faillit se décrocher la mâchoire. *Monstre !*

Jim la gifla. Il ne savait pas très bien pourquoi. Le choc l'amènerait peut-être à se réveiller. Cela ferait peut-être revenir son âme.

Elle se mit à frissonner, doucement au début, puis plus vite et plus violemment. Bientôt tout le canapé fut secoué et les coussins tombèrent par terre. Elle agita la tête d'un côté et de l'autre, et une épaisse écume blanche commença à gicler de sa bouche. Jim lui saisit les poignets et tenta de la maintenir immobile, dans l'espoir qu'elle allait se fatiguer, mais elle continua de tressauter et de frissonner avec une telle violence que Jim avait toutes les peines du monde à la tenir.

Elle cessa brusquement de se débattre et lui lança un regard étincelant. Il n'avait jamais vu une fureur et un mépris aussi intenses, et il fut tellement effrayé qu'il faillit la lâcher.

— Espèce de salaud ! cracha-t-elle. Menteur ! Vous lui aviez dit que vous seriez un homme d'honneur ! Vous lui aviez dit que vous seriez son ami ! Vous parlez d'un ami !

Puis, sous les yeux de Jim, quelque chose d'effroyable commença à se produire. La bouche de Mme Vaizey se plissa en dedans, comme si son visage n'était rien de plus qu'un masque en caoutchouc vide. Son nez s'affaissa dans sa bouche, puis ses joues furent également aspirées. Ses yeux, aussi gluants maintenant que des huîtres, fixèrent Jim en un appel muet, avant d'être entraînés à leur tour vers le trou fripé où avait été sa bouche. Elle se dévorait elle-même, littéralement, et disparaissait dans sa gorge.

Sa tête glissa dans son cou en produisant un son poisseux, visqueux, qui ne ressemblait à rien que Jim eût jamais entendu. C'était la matière cérébrale de Mme Vaizey qui descendait lentement en elle.

Elle était toujours crispée, et continuait de frissonner, bien qu'elle n'eût plus de tête. Jim lâcha ses poignets et se leva. À présent les épaules de Mme Vaizey étaient aspirées vers son cou, ainsi que son cardigan. Ses bras rentrèrent, jusqu'aux coudes. Durant un moment, ils dépassèrent de son cou et s'entrechoquèrent comme s'ils faisaient des signes. Ses mains furent pressées l'une contre l'autre en un bref simulacre de prière, puis elles disparurent également.

Jim s'éloigna à reculons, mais il était incapable de détacher ses yeux de Mme Vaizey. Sa clavicule en forme de V tendit sa peau avant d'être entraînée à l'intérieur. Sa cage thoracique s'affaissa en dedans, côte après côte, et Jim entendit ses poumons se dégonfler avec un soupir pitoyable. Elle n'était plus que les deux tiers d'une femme — sans tête et sans bras —, et pourtant son estomac continuait d'enfler, et sa chair, ses os, ses cartilages et sa graisse continuaient de se déverser en lui.

Ses jambes se replièrent sous elle, et ses pieds furent attirés à l'intérieur de son estomac, puis ses mollets et ses genoux. Pendant un moment, il ne resta plus sur le canapé qu'un estomac incroyablement boursouflé, avec deux cuisses bronzées de part et d'autre. De façon horrible, cela rappela à Jim une gigantesque dinde de Thanksgiving. Puis il y eut un dernier craquement, tandis que ses fémurs étaient entraînés à l'intérieur, et il ne subsista plus qu'une paroi abdominale couverte de protubérances et ensanglantée, aussi grosse qu'un sac-poubelle rempli à craquer de déchets, d'os et de tissu conjonctif. Elle était si mince et tellement distendue que Jim apercevait la main droite de Mme Vaizey appuyée contre elle, avec toutes ses bagues en argent.

Tremblant de tous ses membres, il parvint néanmoins à se diriger d'un pas raide vers la cuisine, où il vomit de la bière chaude dans l'évier. Il avait froid et transpirait, et il était absolument incapable de réfléchir. Il ne comprenait pas ce qu'il avait vu, ni comment cela était arrivé. Pourtant il avait la certitude qu'Umber Jones était responsable de cela. Qu'est-ce que Mme Vaizey avait dit ? *Le vaudou est un mélange de culture Fon et de catholicisme, et il a le pouvoir des deux religions.*

Au bout d'un long moment, il ouvrit le robinet d'eau froide à fond et nettoya l'évier, puis il s'aspergea la figure d'eau. Cela ne servait à rien de perdre les pédales. Mme Vaizey était certainement consciente du danger qu'elle allait affronter, pourtant elle s'était proposée de son plein gré pour cette tâche. Peut-être avait-elle voulu terminer sa vie en accomplissant quelque chose d'étrange et de spectaculaire, au lieu de décliner lentement dans une maison de retraite pour personnes âgées.

À présent il savait pourquoi Mme Vaizey ne l'avait pas laissé l'accompagner. Charger votre âme de cambrioler l'appartement d'un homme comme Umber Jones n'était pas un jeu pour débutants. Dieu seul savait quel genre de sort il lui avait jeté pour l'obliger à se dévorer elle-même.

Il retourna dans le séjour et se tint en face de l'effroyable chose qui gisait sur le canapé. Il allait devoir s'en débarrasser d'une manière ou d'une autre, avant que quelqu'un découvre ce qui s'était passé. Heureusement, personne n'avait vu Mme Vaizey monter chez lui, pour autant qu'il le sache. Mais prévenir la police serait de la folie. Que leur dirait-il ? « Elle a plus ou moins implosé » ? « Elle s'est dévorée elle-même » ? « Son âme était allée cambrioler l'appartement de ce *houngan* vaudou et il s'est mis en pétard et il l'a retournée comme un gant » ?

Il alla dans la chambre à coucher et prit le dessus-de-lit en coton. Il était d'un rouge vif, ce qui serait utile, si jamais la paroi abdominale de Mme Vaizey éclatait. On distinguait à l'intérieur des flaques de sang marron, ainsi que des sécrétions jaunâtres visqueuses, et des spaghetti à la bolognaise à moitié digérés.

Il disposa le dessus-de-lit par terre à côté du canapé. Puis il posa les mains sur les restes de Mme Vaizey et les fit rouler doucement vers le bord du canapé. Ils étaient si écœurants à toucher qu'il dut s'arrêter un moment, fermer les yeux et respirer très profondément cinq ou six fois. Il n'avait pas pensé qu'ils seraient encore chauds, et que ses membres et ses organes allaient glisser et rouler lorsqu'il entreprendrait de les déplacer.

Mais, miséricordieusement, l'estomac demeura intact, même lorsqu'il tomba et heurta le sol en produisant un son mat et flasque.

Il enroula le dessus-de-lit tout autour, et attacha chaque extrémité avec de la ficelle. Puis il retourna dans la cuisine et se brossa les mains jusqu'à en avoir mal. Il s'aperçut dans le miroir près du téléphone, et crut voir un inconnu. *Il* ne se débarrassait pas d'un cadavre. Pas Jim Rook, le professeur. Celui-ci consacrait ses soirées à corriger des copies, à aller assister à des concerts ou à sortir avec des amis... pas à ligoter les restes mutilés de vieilles dames.

Il téléphona à son père, à Santa Barbara.

— Papa ? C'est Jim. Oui, je sais, j'avais l'intention de te rappeler, mais tout a été tellement mouvementé depuis hier. Non... enfin, la police a arrêté un garçon, en détention préventive, oui, mais je ne suis pas du tout sûr que c'est lui qui a fait ça. Non.

Il marqua un temps, puis il dit :

— Écoute, papa, ça ne te dérange pas que je prenne le bateau demain soir ? Oh, juste pour deux ou trois heures. Hum, j'ai fait la connaissance d'une jeune femme et je me suis dit que ce serait très romantique de l'emmener faire un pique-nique sur l'océan. Je crois que j'ai besoin de me changer les idées. Entendu. Formidable. Non, ce sera parfait.

Il raccrocha. Il s'en voulait de mêler son père à toute cette histoire, mais il ne voyait pas d'autre moyen de se débarrasser du corps de Mme Vaizey. S'il essayait de l'enterrer, quelqu'un pouvait très bien le trouver par hasard et l'exhumer, et il ne se sentirait pas en sûreté jusqu'à la fin de ses jours. Mais, une fois précipités dans l'océan, les restes de Mme Vaizey seraient perdus pour toujours, et il estimait que, de façon ou d'autre, cela rendrait à Mme Vaizey la dignité et la paix dont Umber Jones l'avait dépossédée avec une telle sauvagerie.

Pour le moment, il se contenta de traîner les restes de Mme Vaizey jusqu'à sa petite chambre d'amis et de les pousser sous le lit. Au petit matin, il les descendrait jusqu'à sa voiture et les mettrait dans son coffre.

Il ôta les housses des coussins du canapé et les emporta à la buanderie au sous-sol. Elles n'étaient presque pas tachées, mais la plus infime trace d'ADN de Mme Vaizey pouvait se révéler fatale. Alors qu'il mettait la machine à laver en marche, Myrlin Buffield, de l'appartement 201, entra. Il portait sous le bras une corbeille en plastique violette, remplie de shorts fanés et de T-shirts informes.

— Bonsoir, Myrlin, dit Jim en s'efforçant de sourire.

— Bonsoir, vous de même, répliqua-t-il.

Il entreprit de fourrer ses vêtements dans la machine à laver d'à côté, mais il lançait de temps en temps à Jim un petit regard furtif.

— Qu'y a-t-il ? demanda Jim au bout d'un moment.

Myrlin se redressa et le regarda en face.

— Il y avait un incendie dans votre appartement, tout à l'heure ?

— Un incendie ? Bien sûr que non. Que voulez-vous dire ?

— Je passais devant chez vous et j'ai senti une odeur bizarre, comme une odeur de *brûlé*.

— Oh, ça ! Bien sûr ! Je faisais brûler de l'encens, c'est tout.

— De l'encens ? fit Myrlin d'un air sombre, comme pour dire « Tout le monde sait pourquoi des gens font brûler de l'encens ».

— Je donne dans la méditation, lui dit Jim. La méditation transcendantale tibétaine. On doit faire brûler de l'encens pour se mettre dans l'ambiance.

Myrlin se gratta lentement le postérieur et continua de regarder fixement Jim, semblable à un enfant maléfique.

— Vous savez qu'il y a un *règlement* dans cet immeuble ?

— Interdisant la méditation transcendantale tibétaine ?

Myrlin porta un joint imaginaire à ses lèvres et aspira profondément.

— Vous interdisant de respirer à pleins poumons ?

— Vous savez parfaitement de quoi je parle, répliqua Myrlin.

— Absolument pas, Myrlin. Mais j'aimerais bigrement le savoir !

Il regagna son appartement avec les housses de coussins humides. Il verrouilla la porte et mit la chaîne de sûreté, puis il se tint immobile un moment, adossé au battant. Le choc de ce qui était arrivé à Mme Vaizey l'avait laissé sans force, et ses mains continuaient de trembler. Il alla dans la cuisine et se versa un double whisky, qu'il but d'un trait.

Il s'en versa un autre, mais ne le but pas tout de suite. Il ouvrit le placard de cuisine et prit le petit sac contenant la poudre-souvenir que Umber Jones lui avait donné. Il chercha un petit couteau et trancha la cordelette faite de cheveux et de cire. À l'intérieur, quand il l'ouvrit, il y avait une cuillerée à soupe environ d'une fine poudre brunâtre, aussi molle que de la cannelle pilée. Elle dégageait un arôme âcre qui lui rappela fugitivement quelque chose de son enfance. Il voulut trouver ce que c'était, mais cela disparut, et il éprouva un sentiment inattendu de perte.

Il prit une petite pincée de poudre entre le pouce et l'index. Ainsi cette drogue vous permettait de vous souvenir de personnes, d'événements et de lieux que vous n'aviez jamais connus ! Il se demanda quel effet cela lui ferait s'il se rappelait qu'il était très riche, avec une maison comportant vingt chambres à coucher à Bel Air et deux Maserati. Ou qu'il avait eu une liaison avec une ravissante actrice française en Provence, des journées entières de soleil, de baisers et de rosé glacé. Ou qu'il avait vu Paul, son défunt frère, pas plus tard que la semaine dernière, pour une partie de tennis et une grande promenade sur la plage.

Et quelle importance, si cela n'était jamais arrivé ?

Il tira une chaise et s'assit. Il décida de se rappeler quelque chose de relativement modeste — quelque chose que l'on pouvait facilement vérifier. Il décida de se rappeler que Susan Randall l'avait embrassé et lui avait dit qu'elle était tombée amoureuse de lui dès qu'elle l'avait vu. Allons, ce serait tout à fait anodin, puisqu'il était clair qu'elle avait un penchant pour lui, de toute façon.

Il approcha la poudre de ses narines et aspira prudemment. Puis il aspira à nouveau, plus fort cette fois. Il éternua plusieurs fois, puis plaqua les mains sur son visage. Il avait l'impression d'avoir respiré du feu au goût épicé. Cela lui brûlait les sinus et ses yeux lui donnaient l'impression d'avoir triplé de volume. Il éternua une fois encore, et se leva pour se verser un verre d'eau.

Il voyait l'évier. Il tendit la main vers le robinet. Puis, brusquement, le monde lui apparut sous un angle différent, et le sol s'inclina. Il tomba sur le côté, se cogna l'épaule contre la table, et se retrouva allongé sur le dos, transpirant et tremblant. Il lui sembla entendre des voix. Il y avait d'autres personnes dans la cuisine, des gens avec des visages sombres, des costumes foncés et des lunettes de soleil. Il entend des tambours, ou peut-être pouvait-il seulement *sentir* leurs vibrations à travers le sol.

Il eut conscience d'un vent subit qui soufflait dans la pièce, et d'une voix qui chuchotait :

— *Ah, oui... il est triste... il est solitaire... ha-ha-ha... un spectre qui se glisse le long des allées où ses pas l'ont conduit... de son vivant, ha-ha-ha*[1]...

Il lui sembla que quelqu'un était accroupi près de lui et le regardait fixement. Un Noir aux joues grêlées et au front luisant. Un Noir dont les yeux étaient injectés de sang.

Il entendit une sonnerie, un son strident et insistant. Il s'assit péniblement, ne sachant plus, sous l'effet du choc, où il se trouvait. Il avait l'impression d'être parti depuis des années. Puis il parvint à s'appuyer sur la chaise et à se mettre debout. La sonnerie continuait de retentir, et c'était la sonnette de son appartement.

Pendant un moment, elle s'interrompit, et quelqu'un

1. En français dans le texte (*N.D.T.*).

se mit à frapper à la porte. Puis les coups s'arrêtèrent, et la sonnette retentit de nouveau. Puis on sonna et on frappa en même temps.

Il écarta les bras pour garder son équilibre, se dirigea lentement vers la porte d'entrée et l'ouvrit.

C'était Geraint, le fils de Mme Vaizey, un homme courtaud à la tête ronde, aux cheveux noirs, frisés et gras, et au visage rougeaud. Il portait une chemise ornée de palmiers et un énorme bermuda.

— Bon sang, ça fait cinq minutes que je sonne ! protesta-t-il.

— Comment saviez-vous que j'étais chez moi ?

— Ce type, Myrlin, me l'a dit. Il m'a conseillé d'insister, vu que vous faisiez peut-être un trip ou un truc de ce genre.

— Ce satané Myrlin ferait bien de ne pas fourrer son nez dans les affaires des autres.

— Je cherche ma vieille, déclara Geraint, tout en essayant de regarder au-delà de l'épaule de Jim vers son appartement. Est-ce que vous l'avez vue ?

Jim n'avait jamais compris comment une femme cultivée et instruite comme Mme Vaizey avait pu mettre au monde un individu gueulard, obèse et vulgaire comme Geraint. Geraint tenait un magasin de location de cassettes vidéo, spécialisé dans l'horreur et la violence.

Jim secoua la tête.

— Je ne l'ai pas vue depuis hier soir... Désolé.

— Myrlin a dit qu'elle était peut-être venue chez vous.

— Eh bien, Myrlin s'est trompé, j'en ai peur.

— C'est bizarre... Elle n'est pas chez elle et regardez l'heure qu'il est. En plus, sa porte n'était pas fermée à clé. Elle ne sort jamais après la tombée de la nuit !

— Elle est peut-être allée au 7-11.

— Ouais, c'est ça, et peut-être bien qu'elle est allée au Guatemala pour six semaines en voyage organisé ! Elle n'a pas fermé sa porte à clé, bon Dieu ! et il y a une salade sur la table de cuisine.

— Si vous êtes inquiet, pourquoi ne pas prévenir la police ? Elle a peut-être eu une absence de mémoire ou quelque chose. Et si elle était en train d'errer dans les rues ?

Il y avait des gouttes de sueur sur la lèvre supérieure de Geraint.

— Je sais pas... Peut-être que je devrais partir à sa recherche. Que peuvent faire les flics que je ne peux pas faire ?

— Bon... J'espère que vous la trouverez. Elle va probablement très bien.

— Qu'est-ce que vous êtes, M. Super-Optimiste ? Elle a probablement été battue à mort et abandonnée dans un fossé d'évacuation !

Jim referma la porte et veilla à mettre la chaîne de sûreté. Il toucha précautionneusement le bout de son nez, qui était encore un peu douloureux, mais ses yeux étaient moins gonflés, et il fut à même de faire demi-tour et de traverser le séjour sans perdre l'équilibre. Il alla dans la chambre d'amis et se tint immobile un long moment sans allumer la lumière, parce qu'il n'avait aucune envie de voir ce qui se trouvait sous le lit. Puis une image surgit brusquement dans son esprit : de leur propre initiative les restes de Mme Vaizey sortaient de sous le lit, se traînaient, se tortillaient d'un côté et de l'autre, tel un asticot géant, enveloppés dans son dessus-de-lit rouge sang. Il actionna l'interrupteur immédiatement.

Le dessus-de-lit était toujours là-bas, immobile. Il se mit à croupetons près du lit et le poussa du doigt, juste pour vérifier. Il sentit seulement quelque chose de mou et de lourd.

Il sortit de la pièce et éteignit la lumière. Il traversa le couloir pour aller dans sa chambre, puis fit halte. Il hésita quelques secondes. Puis il rebroussa chemin et ferma à clé la porte de la chambre d'amis. Il ne croyait pas à la vie après la mort, encore moins après une mort aussi horrible et complète que celle de Mme Vaizey, mais à quoi bon prendre des risques ?

Il n'avait pas eu l'intention de dormir. Il avait voulu attendre qu'il n'y ait plus personne dans les parages, pour emporter les restes de Mme Vaizey jusqu'à sa voiture. Mais Geraint venait et repartait heure après heure, Tina Henstell recevait des amis très bruyants, et Myrlin éteignit la lumière dans sa chambre à coucher bien après une heure du matin, après quoi il observa probablement ses voisins depuis sa fenêtre plongée dans l'obscurité.

Jim dormit très mal, d'un sommeil entrecoupé de rêves terrifiants. Il entendait continuellement ces tambours assourdis qui battaient dans tout l'immeuble à une cadence de plus en plus frénétique. Il se sentait sous l'emprise d'un pouvoir inconcevable d'une immense malveillance. Il voyait des balcons à claire-voie et des cieux d'orage. Il entendait des pieds courir dans l'herbe cinglée par la pluie.

Il entendait quelqu'un courir et bondir derrière lui. *« Ha-ha-ha ! Ha-ha-ha ! »*

Il se réveilla juste après sept heures. Une grosse caille grise était perchée sur la barre d'appui de sa fenêtre et tapotait sur la vitre avec son bec. Ses draps étaient moites et chiffonnés, et il avait dormi au mauvais bout du lit.

— Allez, fiche le camp ! dit-il à l'oiseau.

Il donna de petits coups sur la vitre. Mais la caille resta où elle était et pencha la tête d'un côté.

Il s'extirpa du lit et sortit lentement de la pièce en bâillant et en s'étirant. Ses narines étaient encore un peu irritées, et sa bouche était aussi desséchée que du papier de verre. Il alla dans la cuisine, ouvrit le réfrigérateur et prit un litre de jus d'orange. Il but à même la bouteille, le jus dégoulinant de son menton jusque sur le col de son T-shirt.

Tandis qu'il s'essuyait la bouche, il aperçut le petit sac de poudre-souvenir, sur la table. Il savait qu'il l'avait essayée la veille au soir, mais il était incapable de se rappeler quel faux souvenir il avait tenté de loger dans son esprit. Peut-être que cela ne marchait pas. S'il n'était même pas capable de se rappeler quel souvenir il avait eu envie de se fabriquer, alors c'était vraiment une poudre-souvenir à la noix !

Néanmoins, il ficela le sac et le posa sur le plan de

travail à côté de son portefeuille, de ses clés et de son téléphone cellulaire. Il avait vu ce qu'Umber Jones était capable de faire quand on essayait de le doubler. Il n'avait pas du tout envie que quelqu'un d'autre se retrouve en train de se dévorer lui-même, pas à cause de lui, en tout cas.

De surcroît, il avait la certitude à présent que Tee Jay était innocent, et si l'un des sorts de l'oncle Umber était nécessaire pour le faire remettre en liberté, alors qu'il en soit ainsi !

Il prit une douche, s'habilla et se prépara une tasse de ce que les ouvriers des chemins de fer appelaient du café « fer à cheval » — un café tellement fort qu'un fer à cheval pouvait flotter dessus. Il se demanda s'il devait aller jeter un coup d'œil aux restes de Mme Vaizey, mais à quoi bon ? Elle n'avait pas *bougé*, d'accord ? Néanmoins, il se dit qu'il ferait mieux de recouvrir le lit d'un dessus-de-lit plus grand, afin que personne ne puisse voir qu'il y avait quelque chose en dessous. Juanita ne reviendrait pas faire le ménage avant lundi, mais on ne savait jamais. Le concierge de l'immeuble pouvait très bien entrer dans l'appartement pour une raison ou pour une autre. Jim était tout à faire sûr qu'il ne le ferait pas, mais il *pouvait* le faire, et Jim n'avait pas envie de passer toute la journée au collège à se faire du mauvais sang à propos de cette éventualité, fût-elle d'une chance sur un million.

Il ouvrit la porte de la chambre d'amis et poussa prudemment le battant. Le dessus-de-lit rouge était blotti sous le lit, à l'endroit exact où il l'avait laissé. Il s'en approcha comme s'il s'attendait à ce qu'il bouge brusquement, même s'il savait que la chose qui s'y trouvait enveloppée ne bougerait jamais plus. Il huma l'air deux ou trois fois pour s'assurer qu'il n'y avait pas d'odeur. Il avait senti l'odeur d'un cadavre une seule fois auparavant — un vieil homme demeurant seul était mort dans l'appartement d'à côté et ne l'avait jamais oubliée. Cela avait été un rappel atroce ce qu'il deviendrait un jour, lui aussi.

Il alla jusqu'à la penderie de l'autre côté de la pièce et prit un grand dessus-de-lit en laine blanc qu'il utilisait parfois en hiver. Il le déplia, et s'apprêtait à le disposer sur le lit quand il remarqua quelque chose.

Une poussière grisâtre s'était écoulée du côté du dessus-de-lit dans lequel les restes de Mme Vaizey étaient enveloppés.

Avec hésitation, Jim poussa du pied le dessus-de-lit. De la poussière s'en échappa à nouveau, presque aussi fine que du talc. Il s'agenouilla et posa la main à plat dessus afin de sentir ce qu'il y avait à l'intérieur. Immédiatement, le dessus-de-lit s'affaissa. Jim se rejeta en arrière, effrayé, et se tordit la cheville.

Il attendit un moment, le souffle court, se demandant ce qu'il devait faire. Il n'avait aucune envie d'ouvrir le dessus-de-lit pour voir ce qui était arrivé aux restes de Mme Vaizey, mais il le fallait pourtant. Il s'en approcha à nouveau, prit très prudemment un coin entre son pouce et l'index, et l'écarta. Une petite avalanche de poussière tomba sur le parquet.

Plus courageux à présent, il tira tout le tissu de sous le lit, défit la ficelle, et l'ouvrit. À l'intérieur, il n'y avait plus qu'un monceau de poussière compacte, d'où émergeaient un ou deux petits os, des doigts et des orteils, et la courbe d'une côte.

Il voulut prendre la côte mais elle tomba aussitôt en poussière. Les restes de Mme Vaizey avaient été réduits en cendres aussi efficacement que si elle avait été incinérée. Jim comprenait à présent qu'il avait affaire à un homme aux pouvoirs surnaturels tout à fait prodigieux. Le problème était qu'ils ne ressemblaient à rien qu'il eût jamais lu ou entendu mentionner. La façon dont Mme Vaizey s'était dévorée elle-même et dont elle était tombée en poussière ne ressemblait à aucun des phénomènes constatés en Occident, tels que la momification instantanée ou la combustion spontanée. Il s'agissait de magie africaine — étrange et puissante.

Il alla dans la cuisine et revint avec un sac en plastique noir. Il souleva le dessus-de-lit et fit tomber toute la poussière dans le sac, qu'il noua ensuite. Les restes de Mme Vaizey ne pesaient pas plus qu'un gros chat. Il fit disparaître avec son aspirateur le peu de poussière qu'il avait répandue sur le sol. Au moins, il serait plus facile ainsi de se débarrasser du corps de cette pauvre femme.

À mi-hauteur de l'escalier, il rencontra de nouveau Myrlin, lequel arborait une chemise en nylon vert olive et un regard mauvais.

— Toujours aucune nouvelle de Mme Vaizey, vous savez, dit-il d'une manière accusatrice.

— Elle en a peut-être eu assez de vivre ici, tout simplement, déclara Jim.

— Qu'est-ce que vous avez là-dedans ? lui demanda Myrlin en montrant le sac de la tête.

— Juste des souvenirs, répondit Jim.

Il se dirigea vers le parking, ouvrit sa voiture et mit le sac dans le coffre.

— Juste des souvenirs, répéta-t-il pour lui-même, si doucement que Myrlin ne l'entendit pas.

7

Ce matin-là, au cours d'anglais, ils évoquèrent le poème de John Crowe Ransom, *Mort d'un jeune garçon.*

Un garçon ni beau, ni bon, ni intelligent,
Nuage noir empli d'orages trop chauds pour les indiquer,
Un glaive sous le cœur de sa mère — pourtant jamais
Une femme ne pleura son enfant comme celle-là pleure.

Il était pâle et chétif, disent les voisins stupides.
Les premiers fruits, dit le pasteur, le Seigneur les a pris,
Mais c'était la dernière branche du vieil arbre qui a
été arrachée.

Et ils pleurent les grosses branches sans sève, coupées
et tombées.

Jim, assis sur le rebord de son bureau, balançait sa jambe et écoutait la classe lire péniblement le poème, vers après vers. Il portait ses lunettes de lecture, perchées sur le bout de son nez. Lorsqu'ils eurent terminé, il dit :

— Ce gosse, il n'avait rien de génial, d'accord ? Alors pourquoi sa mère et les anciens sont-ils tellement peinés par sa mort ?

Titus Greenspan III leva la main et dit :

— Je pige pas ce truc sur l'arbre.

— Ah, oui, mais l'arbre est le point capital. Greg... à ton avis, pourquoi l'arbre est-il le point capital ?

Le visage de Greg Lake passa par une lente série de distorsions incroyables tandis qu'il essayait de réfléchir. Il mit tellement de temps que cela donna à David Littwin l'occasion de lever la main et de dire :

— Ce-ce-ce...

— Okay, David, continue, l'encouragea Jim.

— Ce-ce-ce n'était pas un vrai arbre dont il p-p-parlait, ce-c'était un arbre gé-gé-gé. Un arbre généalogique.

— Tout à fait exact. La mère et les anciens pleurent parce que leur vieil héritage de Virginie est mis en danger par la mort de ce jeune garçon. Certes, il était stupide, c'était un vaurien, mais il était l'un d'eux, l'un de leur lignée.

Il s'avança entre les tables.

— Votre héritage est plus important que vous... C'est quelque chose que l'on doit chérir, et dont on doit être fier. John ici présent honore ses ancêtres... Rita fête le Jour des Morts... Sharon fait remonter son ascendance jusqu'en Sierra Leone.

Parvenu au fond de la salle, il se retourna. À ce moment, il se figea sur place. Umber Jones se tenait dans le coin, à côté du drapeau. Ses yeux étaient dissimulés derrière de petites lunettes aux verres noirs. Il observait Jim et un sourire sans lèvres découvrait ses dents.

Jim savait parfaitement pourquoi il était venu. Il voulait s'assurer que Jim allait utiliser la poudre-souvenir, afin que Tee Jay soit remis en liberté. Jim resta où il était, au fond de la classe, tandis qu'Umber Jones continuait de le regarder fixement et de grimacer un sourire.

— Et si vous n'avez pas d'ancêtres ? demanda Russell Gloach. J'ai été adopté, vous savez, là. Qu'est-ce que vous êtes censé fêter, dans ce cas ?

Jim ne quitta pas des yeux Umber Jones.

— Tu peux fêter le fait que ta mère et ton père te désiraient tellement qu'ils t'ont donné leur nom. C'est exactement comme une nouvelle branche qui est greffée sur un arbre. Elle vient d'un autre arbre, bien sûr, mais à présent elle fait partie intégrante de l'arbre qui l'a acceptée. Tu fais partie du patrimoine des Gloach, maintenant : peu importent tes origines, et il se trouve que je sais que ta mère et ton père sont très fiers de toi.

Alors qu'il parlait, Umber Jones commença à glisser vers lui, sans même bouger les pieds. Il vint tout près de lui, et Jim voyait chaque marque sur son visage grêlé, chaque poil blanc qui sortait de sa peau noire comme la nuit.

— Vous n'allez pas me faire faux bond, hein, Jim ? demanda-t-il de sa voix rauque et grave.

— Je trouve que les anciens sont plus préoccupés par leur patrimoine qu'ils ne le sont par la mort du jeune garçon, intervint Amanda Zaparelli.

Elle s'exprimait avec une très grande assurance maintenant qu'on lui avait retiré son appareil dentaire.

— Non, dit Jim.

Amanda fronça les sourcils.

— Mais je croyais... Regardez ici, le passage où les anciens ouvrent la cassette...

— Vous avez vu ce qui est arrivé à votre amie, n'est-ce pas ? chuchota Umber Jones. Vous l'aviez envoyée là où elle n'était pas la bienvenue. La même chose pourrait vous arriver.

— Et merde, pourquoi me harcelez-vous ? demanda vivement Jim.

Amanda se retourna et lança un regard stupéfait à Sue-Robin Caulfield. Les autres se tournèrent sur leurs sièges et fixèrent Jim avec des expressions qui montraient qu'ils étaient très impressionnés. Jim avait toujours eu son franc-parler, mais jamais *à ce point.*

Jim pointa son index vers Umber Jones et déclara :

— J'ignore ce que vous essayez de faire, mais je trouverai un moyen de vous arrêter, nom de Dieu !

— Bravo, monsieur Rook ! lança Ricky Herman. Clouez le bec à Amanda une bonne fois pour toutes !

— J'espère que vous n'allez pas agir inconsidérément, monsieur Rook, répliqua Umber Jones. Avant que vous ayez le temps de dire le « Notre Père », je pourrais faire de vos élèves des morts et des moribonds. (Il parcourut les murs du regard.) Cette salle aurait besoin d'être repeinte, vous ne trouvez pas ? Que diriez-vous d'un joli rouge bien brillant ?

— Je le ferai, lui promit Jim. Attendez jusqu'à la récréation, et je le ferai.

— T'as entendu, Amanda ? fit Mark en éclatant de rire. À ta place, dès la sonnerie annonçant la récréation, je filerais à toutes jambes !

Umber Jones posa la main sur l'épaule de Jim.

— Je suis ravi d'entendre cela. Croyez-moi, monsieur Rook, vous allez être le meilleur ami que j'aie jamais eu. Vous et moi, nous allons accomplir de grandes choses !

Jim se rendait compte que tous ses élèves avaient les yeux fixés sur lui. Il baissa les bras et les tint plaqués le long de son corps.

— Foutez le camp de ma classe, dit-il à Umber Jones en serrant les dents.

— Pardon ? fit Umber Jones. Je ne suis pas sûr d'avoir compris.

— Foutez le camp de ma classe, dit Jim, beaucoup plus fort.

Ses élèves commencèrent à se tourner de tous les côtés, à se regarder entre eux et à dire :

— Moi ? Hein, c'est moi ? Il veut que *je* foute le camp ? Hé, monsieur Rook, c'est à *moi* que vous demandez de foutre le camp ?

— Je n'ai pas entendu, dit Umber Jones d'un ton sarcastique.

Jim s'emporta.

— C'est ma classe et ce sont mes élèves et je suis responsable de chacun d'entre eux. Vous avez causé suffisamment de chagrin comme ça, alors aidez-moi. Je ferai ce que vous voulez que je fasse. Mais sortez de cette salle avant que je fasse quelque chose que nous pourrions regretter tous les deux.

— Oh, non, objecta Umber Jones en souriant. *Vous* pourriez le regretter, pas moi !

Sur ce, il croisa les bras et traversa la salle en glissant, jusqu'à ce qu'il atteigne le tableau noir.

— J'ai l'œil sur vous, monsieur Rook, déclara-t-il. Ne l'oubliez jamais.

Puis son contour sembla trembloter, comme s'il n'avait guère plus de substance que de la fumée, ce qu'il n'était pas, bien sûr. Son ombre se déplaça sur le côté, se lova, tourbillonna, et se répandit sur la surface du tableau. Jim entendit un léger grondement sourd, et il disparut.

Jim s'avança d'un pas raide vers le tableau noir et le toucha du bout des doigts. La surface était dure, froide, et parfaitement normale. À ce moment, une ligne blanche incurvée apparut sur le tableau, tracée à la craie, puis une autre. Avec un crissement à n'en plus finir qui lui fit mal aux dents, le dessin d'un œil apparut, atteignant presque un mètre de largeur, et au-dessous, les mots VODUN VIVE.

Les élèves étaient totalement silencieux. Jim se retourna et les regarda. Il ne savait que dire. Ce fut seulement lorsque Mark s'exclama « Wouaah, c'était *super* ! » qu'ils se mirent brusquement à parler de nouveau et à se lancer des vannes.

— Comment avez-vous fait ça, monsieur Rook ? demanda Ricky. Vous ne vous êtes même pas servi de vos mains !

— Ce n'est pas comme toi, Ricky, lança Jane Firman. *Toi,* tu as les mains baladeuses !

Jim leva la main pour réclamer le silence, puis il dit :

— C'était un tour de passe-passe, d'accord ? Juste un tour de passe-passe. À la fin du semestre, si vous obtenez tous des notes au-dessus de la moyenne, je vous montrerai comment on fait.

Il ne pouvait pas leur parler d'Umber Jones. S'il leur en parlait, Dieu sait ce qu'Umber Jones était capable de faire. Mais il lui devenait de plus en plus difficile de taire sa présence, et commençait à pressentir que celui-ci agissait ainsi de propos délibéré : il se moquait de lui, le poussait à bout pour l'amener à craquer. Alors Umber Jones aurait un prétexte pour massacrer tous les élèves.

Pourtant, il aurait déjà pu les massacrer. Il n'avait pas besoin d'un prétexte. Il était invisible pour tout le monde, excepté Jim. Personne ne croyait à son existence, donc on ne pouvait pas l'arrêter. Jim se demanda s'il y avait certaines restrictions à son comportement — si, comme les vampires, il était obligé de dormir dans un cercueil rempli de la terre de son pays natal, ou s'il ne supportait pas les crucifix ni les gousses d'ail, ou encore s'il devait fuir la lumière du soleil.

La sonnerie annonçant la récréation retentit. Les élèves rassemblèrent leurs livres ; ils riaient et bavardaient. Jim leur tournait le dos et regardait par la fenêtre, pour vérifier qu'Umber Jones ne se trouvait pas dans la cour, prêt à leur faire du mal.

Six ans auparavant, Jim s'était marié sur un coup de tête, un mariage désastreux, et il n'avait pas eu d'enfants. Mais il n'avait pas besoin d'enfants à lui ; il en avait déjà. Beattie, Muffy, Titus et Ray. Durant les heures de cours, ils étaient sa famille. En dehors des heures de cours, tandis qu'il corrigeait leurs copies, ils étaient toujours avec lui, parce que chaque dissertation était comme une lettre, où ils tentaient d'expliquer ce qu'ils pensaient avoir appris de lui.

« Mark Twain dit à propos de Huck Finn “qu'il y avait des choses qu'il exagérait mais que, en grande partie, il disait la vérité”, mais, quand on y réfléchit, tout *Huckleberry Finn* est “exagéré” parce que c'est une histoire. Exagérer est une façon de dire quelque chose d'une manière dont les gens se souviendront. »

Il regardait toujours par la fenêtre lorsque Sharon X s'approcha de lui. Elle portait trois livres dans ses bras. Aujourd'hui, elle avait orné ses cheveux de dizaines de perles minuscules, et elle était ravissante.

— Je vous ai apporté les livres dont je vous avais parlé, déclara-t-elle. Celui-là, c'est le plus intéressant. *Le Rituel vaudou.* Il vous apprend à peu près tout ce que vous avez besoin de savoir sur le vaudou.

— Merci, dit-il. C'est très gentil à toi.

Il s'attendait à ce qu'elle parte ensuite, mais elle n'en fit rien. Elle resta à côté de lui comme si elle désirait lui dire autre chose.

— Je prendrai soin de ces livres, c'est promis ! lui dit-il.

— Vous l'avez vu tout à l'heure, hein ? lui demanda Sharon.

Il posa les livres sur son bureau et ne répondit pas.

— Il était ici, n'est-ce pas ? C'était à lui que vous parliez, et pas du tout à Amanda ! Je vous observais, et vous ne regardiez même pas dans la direction d'Amanda. Vous regardiez devant vous, comme si quelqu'un se tenait là. Et il y *avait* quelqu'un, n'est-ce pas ?

Jim la considéra d'un air grave.

— Je te répondrai seulement ceci, Sharon. Vous êtes en danger, tous, si je dis un seul mot.

— Mais il a dessiné cet œil sur le tableau, hein ? Vous étiez trop loin, ce n'était pas vous.

— Sharon, on laisse tomber, d'accord ? Je pense que tu connais l'expression « même les murs ont des oreilles ».

— C'était le mauvais œil, déclara Sharon. Et Vodun est le plus puissant des esprits du vaudou. L'inscription signifiait « Vodun est vivant ». Vous voyez cet œil uniquement lorsque Vodun vous surveille, afin de s'assurer que vous ne l'appelez pas en vain, ou que vous ne faites rien pour lui déplaire.

— Sharon, merci pour les livres... mais je ne dirai rien de plus.

Néanmoins, Sharon s'obstina. Elle prit *Le Rituel vaudou,* se lécha le pouce et feuilleta le livre rapidement.

— Il s'agit bien de voir quelqu'un quand personne d'autre ne peut le voir, exact ? Vous *voyez* ce type, mais nous autres, on peut pas le voir, d'accord ? Mais il existe un moyen qui vous permet de le démasquer, afin que tout le monde puisse également le voir.

— Vraiment ?

Jim commençait à perdre patience. Il aurait préféré consulter les livres de Sharon tranquillement. En outre, il devait sortir dans la cour et essayer de convaincre Ricky Herman d'aspirer une pincée de la poudre-souvenir. Cela ne marcherait pas, il en était certain. Lui-même ne se rappelait rien qui ne lui fût jamais arrivé. Mais c'était ce qu'Umber Jones voulait qu'il fasse, et il le ferait.

— Ici, regardez, dit Sharon. La poudre des morts.

— La poudre des morts ? demande Jim, distraitement.

Il continuait de regarder par la fenêtre, effrayé par chaque ombre. Était-ce les chênes agités par le vent, ou bien était-ce un homme avec un chapeau à la Elmer Gantry qui traversait la pelouse ?

— Bien sûr, écoutez. « Les esprits peuvent être vus uniquement par les *houngans* et par des personnes aux dons spéciaux. Sans quoi, ils sont invisibles. Mais les chasseurs d'esprits emportaient des sacs contenant la poudre des morts lorsqu'ils allaient exorciser huttes et maisons. Ils répandaient la poudre dans la pièce, et si un esprit était présent, la poudre se déposait sur lui et le rendait momentanément visible. »

— Laisse-moi regarder, dit Jim en prenant le livre.

Il revint en arrière et lut les deux pages précédentes. Sharon l'observait et jouait avec ses perles.

« Un *houngan* dispose de nombreux moyens pour mutiler ou tuer ses ennemis. S'ils utilisent la Fumée pour quitter leur corps matériel et s'introduire dans sa demeure, il peut jeter un sort à leur corps durant leur absence, lorsque celui-ci est inconscient et sans défense. Il peut jeter de nombreux sorts. Il peut plonger le corps dans un profond sommeil qui dure parfois plusieurs jours ou même des années. Il peut l'amener à étouffer ou à avoir une attaque. Il peut le paralyser ou le faire s'embraser. L'un des sorts les plus horribles est de *Se Manger*[1], lorsque la victime se dévore elle-même, littéralement.

« Si le corps matériel est tué, l'esprit sera contraint d'errer pour toujours dans le Monde Intermédiaire. Le corps matériel lui-même se décomposera très vite et tombera en poussière, la poudre des morts, comme cela est toujours rappelé dans le rituel chrétien lors d'un enterrement, “cendres aux cendres, poudre à la poudre”. »

— Est-ce que cela vous aide ? demanda Sharon.

Jim referma le livre et acquiesça.

1. En français dans le texte (*N.d.T.*).

— Cela donne un sens à quelque chose qui n'en avait pas. Je suis très content que tu m'aies apporté ce livre.

— Ce sont mes ancêtres, déclara Sharon avec fierté.

Jim sortit et se promena dans la cour, parlant à certains de ses élèves. Il se rendait bien compte qu'ils changeaient toujours de sujet de conversation dès qu'il s'approchait, mais c'est ce qu'il faisait aussi quand *il* était au collège. L'écart d'âge entre des adolescents de dix-sept ans et des adultes de trente-quatre ans représente à peu près quatre millions d'années-lumière. Mais Jim se montrait patient avec eux. Il connaissait un secret qu'ils ignoraient : dans dix-sept ans, *ils* auraient trente-quatre ans, eux aussi.

Il s'apprêtait à se diriger d'un pas nonchalant vers le banc où Ricky racontait à un groupe de filles ses exploits au volant de sa Camaro — un soir, il avait foncé sur Mulholland Drive à plus de cent vingt kilomètres à l'heure — lorsque John Ng l'aborda.

— Monsieur Rook... il s'est passé une chose bizarre en classe ce matin.

Il était visiblement embarrassé, mais Jim haussa les épaules et rétorqua :

— Je t'écoute. De quoi s'agit-il ?

— Cela s'est passé quand vous parliez d'une façon étrange.

— !Oui, et alors ?

John sortit de sous son T-shirt une chaînette en argent. Au bout de la chaînette, il y avait une pierre d'un noir terne.

— Regardez, dit-il.

Jim prit la pierre dans la paume de sa main.

— Formidable. C'est une très jolie pierre. À présent, John, excuse-moi, mais...

John le retint par la manche.

— Ce n'est pas une pierre, monsieur Rook. C'est un cristal. Il vient d'un *dzong,* un temple sacré bouddhiste. Il est censé me protéger du mal.

— Et ?

— Normalement, il est clair et brillant. Il devient noir uniquement lorsque je suis préoccupé par quelque chose. C'est la première fois qu'il devient aussi sombre.

— Et cela signifie quoi, quand il prend cette teinte foncée ?

— Cela signifie qu'un très grand mal s'est approché de moi. Cela s'est passé au moment où vous parliez d'une façon étrange.

Jim hésita, mais il comprit qu'il ne pouvait pas mentir. John s'agrippait à sa manche et il y avait une expression tellement inquiète sur son visage qu'il était obligé de lui dire la vérité... ou une partie de la vérité, au moins.

— Il y avait quelqu'un dans la salle de classe, insista John.

— Ma foi...

— Monsieur Rook, nous avons également des esprits qui vont et viennent, dans ma religion. Des moines qui peuvent quitter leur corps et se rendre au chevet des malades et des moribonds.

Jim jeta un regard à la ronde pour s'assurer que l'homme en noir n'était pas dans les parages.

— Oui, c'est vrai, dit-il, j'ai vu quelqu'un. L'homme que j'avais déjà vu lorsque Elvin a été assassiné. Je le voyais, mais aucun d'entre vous ne pouvait le voir. Je l'entendais, également, et je pouvais lui parler.

— Il est très maléfique, déclara John catégoriquement.

— Oui, et c'est pour cette raison que je ne veux pas t'en dire plus à son sujet. Moins tu en sauras, plus tu seras en sûreté.

— Qui est-ce ? lui demanda John.

— Je pense qu'il vaut mieux que je ne te le dise pas. Pas pour le moment.

— Mais que veut-il ? Pourquoi est-il venu ici, au collège de West Grove ?

— Désolé, je ne peux pas te le dire, non plus. Mais je fais de mon mieux pour le mettre hors d'état de nuire.

John ôta sa main, puis il dit avec une grande simplicité :

— Vous avez peur, n'est-ce pas ?

Jim hocha la tête.

— Oui, j'ai peur. Pas pour moi. Mais je ne veux pas que cet individu fasse du mal à mes élèves.

— Sauf votre respect, monsieur Rook, reprit John, si nous courons un danger, vous ne pensez pas que nous devrions être informés de ce qui se passe ? Nous, les élèves de votre classe ? Seul, vous aurez peut-être beaucoup de mal à vous débarrasser de cet esprit. Ensemble, nous serions forts. Mon père dit que le mal adore l'obscurité, mais qu'il se recroqueville quand on braque une lampe sur lui.

— Ton père est un homme plein de bon sens.

John s'éloigna pour rejoindre ses amis, et Jim resta seul, à réfléchir. Peut-être John avait-il raison, et fallait-il exposer au grand jour l'esprit-fumée d'Umber Jones. Puis il pensa à Elvin, à son sang s'écoulant de dizaines de blessures, et à Mme Vaizey, disparaissant dans sa propre bouche : il savait que, si jamais l'un de ses élèves était tué ou blessé, il ne se le pardonnerait jamais.

Au milieu de la vaste pelouse grillée par le soleil qui s'étendait le long des bâtiments du collège du côté est, il aperçut Ricky assis en tailleur. Celui-ci discutait et riait avec Muffy, Rita et Seymour Williams, un garçon sympathique et boutonneux, avec de grosses lunettes à la Clark Kent[1]. Jim toucha dans sa poche le petit sac de poudre-souvenir et dénoua la cordelette. Puis il s'approcha du groupe en adoptant ce qu'il espérait être une démarche désinvolte. En fait, il était tendu et serrait les dents.

Ricky leva la tête et se protégea les yeux du soleil avec la main.

— Tiens, monsieur Rook ! Que se passe-t-il ?

— Je, euh, j'ai trouvé quelque chose dans le vestiaire des garçons.

Immédiatement, Ricky devint cramoisi de culpabilité.

— Non, non, le rassura Jim. Ce n'est pas quelque chose qui t'appartient.

1. Alias Superman (*N.d.T.*).

Il tira de sa poche le sac de poudre-souvenir et le lui montra.

— C'est une sorte de poudre. Mais je n'ai pas voulu remettre ce sac à M. Wallechinsky avant de savoir ce dont il s'agissait. Inutile de faire un tas d'histoires si c'est inoffensif.

— Laissez-moi regarder ça, monsieur Rook, dit Ricky. Je suis l'expert de la classe en ce qui concerne les substances suspectes.

Il fit un clin d'œil à Seymour et celui-ci s'esclaffa. Jim subodorait que Ricky, Seymour et d'autres garçons fumaient de l'herbe de temps à autre dans les toilettes des garçons, mais il n'avait jamais été à même de les prendre sur le fait. Il lui tendit le sac et regarda pendant que Ricky ouvrait le sac et jetait un coup d'œil à l'intérieur.

— Ça ressemble pas à quelque chose que j'ai jamais vu, fit-il remarquer.

— À rien, le reprit Jim.

Ricky s'humecta le bout de son auriculaire, l'enfonça dans la poudre et le goûta. Il fronça le nez et s'exclama :

— Berk ! Ça a pas un *goût* que j'aie jamais connu jusqu'ici, non plus. On dirait un goût... d'herbes, et de feuilles, et un genre de...

Il s'interrompit, le regard brusquement dans le vague.

— Un goût... *d'hier.*

— Un goût *d'hier* ? se moqua Seymour. Ça ressemble à quoi, un goût d'hier ? À tes vieilles chaussettes de gym ?

— Renifle-la, l'encouragea Jim.

Il ne s'était jamais senti aussi coupable et irresponsable de toute sa carrière d'enseignant.

Ricky prit une pincée de la poudre et l'aspira par les narines, comme Jim l'avait fait. Immédiatement, il éternua violemment, plusieurs fois.

— Bordel de Dieu ! jura-t-il. C'est quoi, ce truc ?

— C'est peut-être le truc que Tee Jay fumait, dit Jim.

Il se mit à croupetons près de lui. Ricky le regardait fixement, les yeux mouillés de larmes.

— Tu sais... lorsque tu l'as vu derrière le bâtiment des sciences naturelles, au moment où Elvin a été tué. C'est là où il était, à onze heures cinq, non ? Par conséquent, il ne pouvait pas se trouver dans le bâtiment des chaudières.

— Hein ? fit Ricky.

Il tomba à la renverse et se cogna la tête sur le sol.

— Hé, qu'est-ce qu'il a ? s'écria Jane en se penchant vers lui.

Seymour se mit à quatre pattes et regarda Ricky avec inquiétude.

— Ricky ? dit-il. Ricky, tu m'entends, mec ?

Jim récupéra le petit sac et le rangea dans sa poche.

— Ne vous inquiétez pas... il fait de l'hyperventilation, c'est tout.

Il se mit à genoux à côté de lui et lui donna de petites tapes sur la joue.

— Ricky... hé, Ricky, tout va bien. Allons, Ricky, réveille-toi maintenant !

Tout en pensant : *Mon Dieu, j'espère qu'il ne lui est rien arrivé par ma faute...*

Ricky marmonna quelque chose puis il ouvrit les yeux. Il regarda les visages penchés vers lui et dit :

— Quoi ?

— Tu t'es évanoui, dit Jim. Tu as probablement aspiré trop fort.

Ricky se mit sur son séant et s'essuya le nez du dos de la main.

— Mince alors, ce truc est vachement *fort,* monsieur Rook ! Je sais pas ce que c'est, mais sûr que c'est pas de la coke !

— Je suis désolé, dit Jim. Je n'avais pas l'intention de te faire du mal.

Ricky éternua à nouveau.

— Bah, c'est pas grave. Mes sinus n'ont jamais été aussi dégagés de tout l'été !

— Je crois que je vais jeter ce sac à la poubelle et oublier cette histoire, déclara Jim. Quoi que ce soit, ce n'est certainement pas le genre de truc que l'on sniffe de son plein gré.

Il s'apprêtait à s'éloigner lorsque Seymour demanda :

— Hé, monsieur Rook... c'était quoi, ce truc à propos de Tee Jay ? Vous avez bien dit qu'il fumait derrière le bâtiment des sciences naturelles ?

— Oui, et alors ?

Seymour battit des paupières. Jim entendait presque les rouages cliqueter dans son cerveau.

— Ben... s'il fumait derrière le bâtiment des sciences naturelles, alors il n'a pas pu tuer Elvin, d'accord ? Il ne pouvait pas se trouver dans deux endroits en même temps !

— L'ennui, c'est que personne ne l'a vu, répondit Jim. Il *a dit* qu'il fumait derrière le bâtiment des sciences naturelles, mais la police n'a pas trouvé de témoins.

— Attendez une minute ! intervint Ricky. *Je* l'ai vu.

— Tu me fais marcher, dit Jim. Pourquoi ne pas l'avoir dit au lieutenant Harris ?

— Je ne sais pas. Je ne sais vraiment pas. Je ne l'ai pas fait, c'est tout.

— Tu es certain d'avoir vu Tee Jay fumer derrière le bâtiment des sciences naturelles entre onze heures cinq et onze heures quinze ?

— Sûr et certain. J'en mettrais ma main au feu ! Il a quitté les autres gars, puis il est allé derrière le bâtiment des sciences naturelles et il en a grillé une. Je l'ai vu pendant tout ce temps. Je suppose que je n'en ai pas parlé parce que je pensais qu'il aurait des ennuis si on apprenait qu'il fumait au collège.

— Ricky, dit Jim en le prenant par les épaules. Tee Jay a été arrêté pour meurtre. C'est infiniment plus grave que de fumer au collège.

Ricky pressa son poignet sur son front.

— Je sais pas pourquoi je n'ai rien dit auparavant. M'est avis que ça m'est sorti de l'esprit !

— Eh bien, maintenant que ça t'est revenu, nous ferions peut-être mieux de parler au lieutenant Harris et de voir ce que nous pouvons faire pour obtenir la remise en liberté de Tee Jay.

— Ouais, bien sûr.

Ricky n'arrêtait pas de secouer la tête, comme un chien ahuri. Seymour, Muffy et Jane échangeaient des regards déconcertés. Cela paraissait tellement invraisemblable qu'il eût fallu deux jours à Ricky pour se rappeler qu'il avait vu Tee Jay fumer au moment du meurtre. D'un autre côté, si son témoignage permettait la remise en liberté de Tee Jay, quelle importance ?

— Suis-moi, dit Jim. Allons voir le Dr Ehrlichman. Ensuite nous préviendrons la police.

Ils traversèrent la pelouse, côte à côte.

— C'est incroyable, non ? fit Ricky. Enfin, grâce à moi, Tee Jay va être relâché.

— Le lieutenant Harris va te passer un sacré savon, et comment !

— Je vais vous dire une chose, monsieur Rook. Il peut me tabasser, ça m'est égal. J'ai vu Tee Jay en train de fumer. Je le jure. Je l'ai vu de mes propres yeux.

Ils avaient presque atteint le bâtiment administratif lorsque Susan Randall franchit l'entrée principale, en grande discussion avec George Babouris, le professeur de physique. Elle portait un chemisier bleu à carreaux, le col relevé, comme Doris Day, et une jupe courte bleu marine. Jim ralentit le pas en s'approchant d'elle, et un large sourire apparut sur son visage. Il commençait à croire qu'elle l'avait évité à dessein ce matin, pour une raison ou pour une autre. Peut-être le taquinait-elle. Allons, elle l'avait embrassé et lui avait dit qu'elle l'avait toujours trouvé très séduisant et dominateur, non ?

Il gravit les marches, passa son bras autour de la taille de Susan et l'embrassa sur les lèvres.

— Bonjour, mon cœur. J'ai une bonne nouvelle à vous annoncer.

Susan lui donna une tape sur le bras et fit deux pas en arrière.

— Jim ! protesta-t-elle.

George Babouris, arborant une bedaine et une barbe noire, les regarda tous les deux, abasourdi.

Jim leva les mains comme s'il se rendait.

— Qu'est-ce qui ne va pas ? demanda-t-il à Susan. Je venais juste vous dire que...

— Vous m'avez *embrassée,* voilà ce qui ne va pas ! Vous m'avez embrassée sur la bouche !

Jim était désorienté. Hier elle avait été si passionnée, et maintenant elle le traitait comme s'il était une espèce d'obsédé sexuel.

— Écoutez, dit-il, vous n'avez pas besoin de souffler le chaud et le froid !

— Qu'est-ce que vous racontez ? Quand ai-je jamais soufflé le chaud ?

— Hier après-midi, vous n'aviez rien de la Reine des Neiges, croyez-moi !

— J'ai dit que cela m'intéressait de voir vos cartes, c'est tout. Vous appelez ça draguer ?

Jim se tourna vers George et lui lança l'un de ces regards complices que les hommes échangent entre eux.

— Elle voulait juste voir mes cartes ! fit-il en grimaçant un sourire.

Cette fois, Susan le gifla, de toutes ses forces.

— Bon sang, pourquoi m'avez-vous giflé ? s'insurgea-t-il.

— A votre avis ? Vous voulez que je vous dénonce au Dr Ehrlichman pour harcèlement sexuel ?

— Hé, pas si vite ! s'écria Jim. Hier après-midi, c'était « Jim, je suis tombée amoureuse de vous à la seconde où je vous ai vu ». Maintenant c'est « coups et blessures ». Que se passe-t-il ?

Susan le fixa d'un air incrédule.

— Mais c'est pas vrai ! Vous êtes un psychopathe ou quoi ?

Jim regarda autour de lui. George Babouris lui lançait un regard de travers plutôt bizarre, et même Ricky se tenait prudemment à l'écart. Il commençait à avoir le sentiment que quelque chose n'allait pas du tout et qu'il était foutrement en porte à faux avec tout le monde.

— Bon, d'accord, dit-il. Il s'agit probablement d'un malentendu.

Et il s'éloigna.

— Viens, Ricky, nous avons une affaire plus importante à régler.

8

Tee Jay fut relâché à dix heures ce soir-là. Le lieutenant Harris avait interrogé Ricky pendant plus de quatre heures. Celui-ci avait proposé de se soumettre au détecteur de mensonges, mais le lieutenant Harris savait qu'il ne pouvait pas faire comparaître Tee Jay devant un jury sans l'arme du crime, sans empreintes digitales ni empreintes de pas, et avec un témoin dont la déposition paraissait tout à fait sincère.

Jim attendit au commissariat central pendant tout ce temps, soutenu par trois tasses de café insipide et trois beignets sucrés. La mère de Tee Jay avait été dans l'impossibilité de venir, bien que Jim lui eût téléphoné et dit de s'attendre à une bonne nouvelle. Le frère de Tee Jay avait lui aussi refusé de venir et, jusqu'ici, Umber Jones ne s'était pas manifesté.

Le lieutenant Harris apparut dans le hall d'accueil. En bras de chemise, il se tamponnait le front avec un mouchoir roulé en boule. Tee Jay venait sur ses talons, accompagné de son avocat et de deux policiers en uniforme. Il dévisagea Jim comme s'il ne le reconnaissait pas.

— C'est bon, déclara le lieutenant Harris. Il peut partir, il est libre. Mais j'aurais préféré que son ami nous donne cette information la première fois que je l'ai interrogé. Les premières vingt-quatre heures de toute enquête sont toujours les plus importantes. À cause de lui, nous avons perdu quarante-huit heures !

— Voyons, lieutenant. Au moins, vous n'avez pas inculpé un innocent.

Le lieutenant Harris pressa son mouchoir sur sa nuque et regarda Jim comme si l'innocence de quelqu'un avait à peu près autant de rapport avec la justice pénale que le prix du poisson.

L'avocat de Tee Jay s'approcha de Jim et lui serra la main. C'était un Afro-Américain au torse puissant, aux cheveux impeccablement coupés et à la cravate en soie ornée de montgolfières.

— Je présume que vous êtes le professeur de Tee Jay ? demanda-t-il. Vous avez fait un travail formidable, en amenant Ricky. Sans son témoignage, j'aurais eu beaucoup de mal à défendre Tee Jay.

Il marqua un temps, puis il passa le bras autour des épaules de Jim et lui dit sur le ton de la confidence :

— Néanmoins, il ne serait pas inutile de surveiller Tee Jay de près. Ce garçon a une drôle d'attitude. Il tient de grands discours sur la culture africaine, le pouvoir des esprits et un tas de trucs de ce genre. Il m'a dit que je vendais mon âme en travaillant pour les Blancs. Et cela n'a rien à voir avec le Black Power. Il n'arrêtait pas de chanter et de psalmodier. Il a quasiment rendu cinglé tout le monde.

— Merci, dit Jim. Je pense être à même de m'occuper de ça.

— Vraiment ?

L'avocat attendit un moment, puis reprit :

— Vous n'avez pas l'intention de me dire ce dont il s'agit ?

— Non, désolé. On m'a demandé de me taire.

— Vous ne pouvez même pas me donner une indication ? J'aime bien savoir ce qui branche les jeunes d'aujourd'hui. Cela m'aide dans mon travail.

À ce moment, la porte battante s'ouvrit et Umber Jones entra. Il portait son chapeau à la Elmer Gantry. Le hall d'accueil sembla rétrécir immédiatement, et même les flics les plus grands eurent l'air de nabots.

— Voilà votre indication, déclara Jim en s'éloignant.

L'avocat lui lança un regard déconcerté, puis il

recula à son tour. La simple présence et la taille d'Umber Jones étaient écrasantes. Sa peau luisait sous les tubes au néon comme du bois noir ciré. Il aborda le lieutenant Harris et demanda :

— Mon neveu est libre de partir, lieutenant ?

— Maintenant, oui, répondit le lieutenant Harris. Nous serons peut-être amenés à l'interroger de nouveau. Dans l'intervalle, je vous demanderai de veiller à ce qu'il ne quitte pas l'agglomération de Los Angeles et à ce qu'il évite les ennuis. Je suis sûr que vous pouvez avoir une certaine influence en ce sens.

— Oh, j'ai beaucoup d'influence, fit Umber Jones en souriant.

Il fit craquer ses jointures, une à une, tandis que Tee Jay signait ses papiers de libération et récupérait sa montre, son argent et sa ceinture en cuir. Dès que Tee Jay eut terminé, il le prit par le bras et l'entraîna vers la porte. Il s'arrêta à la hauteur de Jim et dit :

— Vous avez fait ce qu'on vous avait demandé, monsieur Rook, et j'en suis ravi. Maintenant j'aimerais que vous fassiez autre chose pour moi.

Jim secoua la tête.

— Pas question, monsieur Jones. À cet instant précis, vous et moi cessons d'être amis. Il m'est impossible de prouver que vous avez poignardé Elvin et que vous avez tué Mme Vaizey, mais je désire ne plus jamais vous revoir ni entendre parler de vous.

— Je regrette que vous le preniez ainsi, dit Umber Jones. Je pensais vraiment que vous et moi serions des amis intimes jusqu'à la fin de nos jours. Néanmoins... si vous ne voulez pas être mon ami, vous pouvez bien faire deux ou trois commissions pour moi, n'est-ce pas ?

— Laissez tomber. Je ne ferai rien pour vous, plus jamais.

— Vous êtes sans doute impatient de voir vos enfants souffrir !

— Je vous ai déjà averti. Laissez mes élèves en paix !

— Vous m'avez *averti* ? Ha-ha-ha-ha-ha ! Et que comptez-vous faire si je les charcute un peu ? Si je leur fais de vilaines balafres ? Ou si je fais éclater leurs tympans pour qu'ils soient complètement sourds ? Ou si je les éborgne ? Ou si je leur donne la maladie du feu, de telle sorte qu'ils auront l'impression d'avoir été aspergés d'essence enflammée ?

— Je vous ai dit de les laisser en paix. Si vous leur faites du mal, je trouverai un moyen de vous mettre hors d'état de nuire, nom de Dieu !

— Oh non, vous n'en trouverez pas, monsieur Rook, parce qu'il n'existe aucun moyen. A présent... cessez vos fanfaronnades, cela ne convient guère à un homme exerçant votre profession. Tout ce que vous avez à faire, c'est attendre. Je vous enverrai un messager et il vous dira ce que vous devez faire.

— Allez donc vous manger, suggéra Jim d'un ton acerbe. Allez vous changer en poussière.

Umber Jones entraîna Tee Jay vers la porte. Durant cet échange de paroles, Tee Jay avait regardé Jim une seule fois, et son expression avait été très difficile à interpréter. Cependant, Jim était certain d'avoir entrevu une trace du Tee Jay d'autrefois, quelque chose derrière ces yeux indifférents — un léger battement de paupières indiquant qu'il n'était pas totalement sous l'influence de son oncle Umber.

Puis ils sortirent, et la porte vitrée montra brièvement à Jim un reflet de lui-même. Immobile, les mains dans les poches, il avait l'air harassé.

Le lieutenant Harris vint vers lui et renifla.

— De quoi s'agissait-il ?

— Juste quelques mots de remerciement de la part d'un oncle reconnaissant.

— À d'autres, monsieur Rook ! Je connais le langage du corps. À mon avis, cela ressemblait plutôt à un affrontement.

— M. Jones a une façon très énergique de manifester sa gratitude, c'est tout.

— Vous autres les intellectuels ! fit le lieutenant Harris. Et si ce type vous donnait un coup de poing sur le pif, comment appelleriez-vous cela ? Une expression de mécontentement ?

Tandis qu'il se dirigeait vers l'ouest sur Santa Monica Boulevard, Jim ne put s'empêcher de sourire en repensant à la remarque du lieutenant Harris. Il ne s'était jamais pris pour un intellectuel. Et il ne venait pas précisément d'une famille d'intellectuels. Son père vendait des assurances contre les tremblements de terre et, à la naissance de Jim, il venait de perdre son emploi. Jim avait grandi dans une maison où l'on portait des T-shirts jusqu'à ce qu'ils soient troués, où le dimanche on mangeait toujours du hachis de viande, avec pour boisson de l'eau du robinet : pas de Coca ! Il n'avait jamais beaucoup d'amis parce que ses camarades de classe n'avaient aucune envie de revenir chez lui manger du pain beurré sans confiture et regarder la télévision en noir et blanc.

La première ambition de Jim avait été de devenir célèbre en étant une vedette de westerns, comme Clint Eastwood. Ensuite il avait eu envie d'être agent secret, comme Napoleon Solo. Plus tard, il changea d'avis et décida d'être architecte. Mais, par-dessus tout, il voulait être riche. Il voulait donner à *ses* enfants du beurre de cacahuète à tartiner sur leur pain, et du Dr Pepper comme boisson tous les dimanches.

Alors qu'il était encore au collège, cependant, son père monta sa propre affaire d'assurances maritimes, et celle-ci prospéra tout de suite. Quand il termina ses études secondaires, ses parents avaient emménagé dans une vaste maison à Santa Barbara, et Jim fut à même de suivre des cours d'anglais à UCLA, avec la vague ambition d'être un écrivain célèbre. Il avait une voiture. Il avait de l'argent de poche à gogo. Il pensait être enfin heureux.

Mais, alors qu'il était étudiant de première année, sa cousine Laura vint passer quelques jours chez eux, et elle changea sa vie du jour au lendemain. La dernière fois que Jim l'avait vue, elle n'avait que six ans. Désormais, elle en avait dix-huit : c'était une blonde d'une beauté saisissante avec de longs cheveux brillants sur lesquels elle pouvait s'asseoir, et des yeux bleus qui l'hypnotisaient complètement. Ce qu'il ne comprenait pas, cependant, c'était pourquoi elle était si timide.

Elle semblait n'avoir aucune confiance en elle, et préférer rester à la maison à regarder la télévision, plutôt que de sortir et de s'amuser.

Jim décida d'être son boute-en-train. Il l'emmena se baigner, il l'emmena danser, il l'emmena à des soirées. Il était éperdument amoureux d'elle, à en perdre haleine, à tel point qu'il avait l'impression de se noyer, et il était clair que Jim lui plaisait, également.

Il lui écrivit un poème d'amour, intitulé d'une manière embarrassante *Ma tendre amie aux cheveux d'or.* Il le lui donna pendant qu'ils étaient assis sur la plage. Elle l'examina un moment puis elle le lui rendit sans rien dire.

— Tu ne l'aimes pas ? lui demanda-t-il.

— Je ne sais pas, avoua-t-elle. Je ne peux pas le lire.

C'était la première fois que Jim avait affaire à la dyslexie. Laura n'avait aucune pensée verbale. Tout défilait dans sa tête comme un film sans bande-son, et elle était parfaitement incapable d'associer les mots imprimés à des objets, à des actions ou à des idées. Au lycée, ses professeurs et ses camarades de classe la traitaient comme si elle était ignorante ou stupide. Un jour, l'un de ses professeurs avait déchiré son devoir devant toute la classe.

Elle avait souvent été punie pour être arrivée en retard, parce que les dyslexiques n'ont aucune notion du temps.

Le lendemain, Jim se rendit au département de psychologie de l'université et prit neuf ouvrages sur la dyslexie et le dysfonctionnement de la lecture. Il les lut tous puis se mit en rapport avec l'un des auteurs, le professeur Myron Davies de l'université de Boston. Avec l'aide du professeur Davies, il imagina un moyen d'apprendre à Laura à reconnaître des mots, en utilisant des tableaux, des schémas et des images.

Il lui apprit la phrase « Je sais sauter » en tenant une boîte de haricots blancs et en sautant d'une chaise de cuisine.

Laura resta chez les Rook durant toutes les vacances d'été et Jim lui apprit patiemment à lire des histoires, des poèmes et des articles dans des revues. Elle devint plus hardie, et plus sûre d'elle. À la fin des vacances, elle était à même de lire des pages entières de texte, même si cela lui prenait plus d'un quart d'heure.

Mais il ne lui fit jamais l'amour, pas une seule fois. En décembre, elle lui écrivit une lettre à l'occasion de Noël, disant qu'elle avait un nouveau petit ami et qu'elle était « follement amoureuse ». Mais elle disait également que Jim lui avait offert « un miracleu, une vie complaitement nouvel ».

Il avait fallu à Jim presque six mois pour oublier Laura, et il ne s'en était jamais remis, pas vraiment. Le jour de sa mort, il se souviendrait encore d'elle, sur la plage, avec ces petits grains de sable sur la peau. Mais, au moins, il savait ce qu'il avait envie de faire dans la vie. Il ne voulait plus être cow-boy de cinéma, ni architecte ou romancier. Il voulait venir en aide à ces enfants pour qui la lecture, l'écriture et les mathématiques étaient totalement incompréhensibles. Peu lui importait ce qui n'allait pas chez eux : s'ils bégayaient ou avaient des problèmes à la maison, ou autant d'attention qu'un moustique. Ils méritaient tous d'être sauvés, et Jim étudia pendant quatre années afin d'être capable de le faire.

Il arriva à la plage. Il se gara et prit dans le coffre le sac contenant les cendres de Mme Vaizey. Il descendit les marches et s'avança sur le sable. L'océan semblait agité ce soir-là, et les vagues déferlaient, maussades et lumineuses, tout le long du rivage depuis Palisades Park jusqu'à la jetée municipale.

Il s'approcha de l'eau et la mer reflua comme si elle avait peur de lui. Puis, alors qu'il levait son sac en plastique, elle revint brusquement et recouvrit ses chaussures. Il inclina le sac et la poudre s'envola dans le vent, dans l'obscurité, emportée au-dessus de l'eau.

Il avait vidé le sac presque entièrement lorsqu'il se rappela ce que Sharon lui avait dit, après le cours. *Il existe un moyen qui vous permet de le démasquer, afin que tout le monde puisse également le voir.*

La poudre des morts. Bien sûr ! *Le corps matériel se décomposera très vite et tombera en poussière, la poudre des morts.* Jim cessa de répandre les restes de

Mme Vaizey et pencha le sac vers les lumières de la jetée pour voir combien de poudre il restait. Assez pour remplir un gobelet à café, pas beaucoup plus. Pourtant il referma le sac soigneusement et le remporta jusqu'à sa voiture. Il avait le sentiment que cette poudre pourrait lui être utile. Il avait pris soin de Laura en effectuant des recherches sur la dyslexie et en parlant à des spécialistes. Il pouvait s'occuper d'Umber Jones de la même façon. Puisqu'il combattait quelqu'un qui pratiquait la magie, il devait lui aussi acquérir des connaissances en magie, apprendre à la pratiquer et se procurer les objets nécessaires. Sharon lui avait prêté ses livres, et à présent il avait également de la poudre des morts. Peut-être pouvait-il se procurer un bâton *loa,* en cherchant bien.

Il remonta dans sa voiture et mit le contact.

Tu sais ce que tu es ? se demanda-t-il à lui-même. *Tu es un cinglé de première, voilà ce que tu es* !

Quand il regagna son appartement, il trouva un message de Susan sur son répondeur.

« Veuillez m'excuser si j'ai réagi de façon excessive, mais je n'arrivais pas à croire que vous ayez fait ça. Je vous aime bien, Jim, et si je vous ai donné l'impression que c'était plus que de l'amitié, je dois vous présenter toutes mes excuses. Mais je crois qu'il est préférable que nous gardions nos distances à partir de maintenant, n'est-ce pas ? »

Il écouta le message trois fois. Il ne comprenait absolument pas ce qui s'était passé aujourd'hui. Hier, Susan avait paru tellement passionnée. Elle s'était blottie contre lui, elle lui avait dit qu'elle le trouvait exceptionnel, et elle l'avait embrassé, un vrai baiser avec la langue ! Aujourd'hui, il était censé garder ses distances. Il savait que les femmes étaient parfois inconstantes, mais ça, ça dépassait tout !

Oh tant pis, pensa-t-il avec résignation. Au moins, il n'aurait pas à faire tous les magasins de la ville pour acheter des cartes anciennes.

Il y avait un autre message, de la mère de Tee Jay.

« J'appelais simplement pour vous dire à quel point je vous suis reconnaissante de ce que vous avez fait, monsieur Rook. Vous avez sauvé mon garçon. Il est toujours avec son oncle Umber, mais au moins on ne l'accuse plus d'avoir tué ce pauvre Elvin, et c'est ce qui compte le plus pour moi. »

Et le dernier message venait de quelqu'un qui avait une voix étouffée, râpeuse et intransigeante.

« N'oubliez pas que vous m'avez fait une promesse solennelle, monsieur Rook, et on tient toujours une promesse solennelle. Mon messager va venir vous voir et il vous dira ce que vous devez faire. Surtout écoutez ce qu'il a à vous dire, et écoutez attentivement ! »

Jim se rendit dans la cuisine. Brusquement, il avait une faim de loup. Il ouvrit le réfrigérateur et contempla un moment son vieux morceau de gorgonzola. Puis il ouvrit le placard et contempla un carton de Golden Grahams périmé et trois boîtes de saumon. Ensuite il se dirigea vers le téléphone et pianota le numéro de Pizza Express.

— Fine et croustillante, et rajoutez des peperoni, des piments rouges et des anchois.

Il prit une douche et se changea, optant pour un polo violet et un pantalon de toile. Il s'installa sur le canapé et alluma la télévision. Il ne s'était jamais senti aussi désorienté de toute sa vie. La façon dont Elvin avait été tué, dont Mme Vaizey était morte, la fumée, les esprits et la menace d'affreuses tragédies... tout cela avait complètement sapé toutes ses convictions concernant la vie, la mort et le surnaturel. Il avait toujours été certain que la mort était la fin. Et l'on venait de lui montrer — de la manière la plus violente et la plus démentielle possible — que la mort était seulement un état différent.

Nerveux, il retourna dans la cuisine pour prendre une bière. Sur le carrelage, dans le coin, il y avait le sac contenant les cendres de Mme Vaizey, la poudre des morts. Il hésita un moment, puis sortit du placard un gobelet en porcelaine bleue, le posa par terre et y versa la poudre. Ensuite il recouvrit le gobelet d'un film transparent. Une façon foutrement bizarre de finir, pensa-t-il. Vous prenez un bain de soleil et vous sirotez un whisky, et un instant plus tard vous n'êtes plus qu'un petit tas de poudre dans le gobelet à café de quelqu'un.

— Il ne reste de toi qu'un tas de cendres, cita-t-il. C'est tout ce que tu es, et il en sera ainsi pour tous, même les grands de ce monde !

Il sourit, puis ajouta pour lui-même : *Élégie en souvenir d'une dame infortunée.* Comme c'est vrai !

Il but sa bière et regarda la télévision en changeant de chaînes. Il continuait de zapper lorsque la sonnette de l'entrée retentit. Formidable, la pizza ! Il alla jusqu'à la desserte et prit son portefeuille. La sonnette retentit à nouveau et il cria :

— D'accord, d'accord ! J'arrive, ne vous inquiétez pas !

Il se lécha le pouce et compta vingt dollars en se dirigeant vers la porte. Il continuait de compter quand il ouvrit la porte, et il était là.

Elvin.

Il se tenait juste devant la porte, vêtu d'un élégant complet foncé, comme s'il s'était mis sur son trente et un pour rendre à son professeur une dernière visite respectueuse. Mais son visage était déformé par vingt ou trente coups de couteau, il n'avait plus d'oreilles, et ses yeux étaient aussi aveugles que des cailloux. Ses plaies s'étaient en grande partie refermées, mais le col blanc et amidonné de sa chemise était souillé de plusieurs taches de sang couleur d'airelle, et ses yeux continuaient de pleurer.

Jim se tint à la porte. Il ne savait que dire. Il était tellement effrayé qu'il avait l'impression que sa peau avait rétréci, et que ses intestins avaient brusquement disparu, pour ne laisser dans son estomac qu'un vide de peur glacée.

— Bonjour, monsieur Rook, dit Elvin.

Sa voix était horrible, toute voilée et meurtrie, comme si sa langue était trop grosse pour sa bouche. Il entra d'un pas gauche et mal assuré, en traînant les pieds. Comme il s'avançait, ses blessures se rouvrirent, et Jim vit ses pommettes d'un blanc luisant.

— Tu es mort, Elvin, murmura Jim.

Il recula vers le séjour, se cogna contre une chaise mais parvint à se redresser.

— Umber Jones t'a tué. Tu es mort. Tu as le droit de reposer en paix, non ?

Elvin eut un sourire en coin et tourna la tête de côté autant que ses blessures le lui permettaient.

— Je ne vous ferai aucun mal, monsieur Rook. Je vous ai apporté un message, c'est tout.

— Je ne veux pas l'entendre, Elvin. Je veux que tu partes !

Elvin demeura immobile. C'était ses yeux aveugles qui troublaient Jim par-dessus tout. Ils étaient fendus en deux du haut en bas, et ses iris ressemblaient à des champignons coupés en deux.

— Je veux que tu partes, Elvin, répéta Jim. Je ne veux plus jamais avoir affaire à Umber Jones, et tu peux le lui dire de ma part.

— Vous devez écouter son message, insista Elvin.

— Je le lui ai dit au commissariat, c'est terminé !

— Il dit que vous êtes son ami, monsieur Rook. Il dit que vous êtes le seul ami qu'il ait jamais eu. Mais il a dit autre chose, également. Il a dit que, chaque fois que vous lui direz « non », l'un de vos élèves mourra, de la même façon que je suis mort.

Jim ne répondit pas et se passa la langue sur les lèvres. Sa bouche était tellement sèche qu'il avait l'impression de ne rien avoir bu depuis un an. Elvin déclara :

— Il y a un bar sur Vernon, Chez Sly. Il y a un type qui fréquente ce bar, un certain Chill. Son vrai nom est Charles Gillespie mais il n'aime pas qu'on l'appelle comme ça. Voici ce que vous devez faire : aller voir Chill et lui dire que vous travaillez pour Umber Jones et qu'Umber Jones sait qu'il vient de recevoir deux kilos de coke colombienne de première qualité. Alors dites-lui que dorénavant *il* devra travailler pour Umber Jones, lui aussi, et lui donner quatre-vingt-dix pour cent de ses bénéfices. Dites-lui aussi que vous lui ferez savoir plus tard comment et où il pourra effectuer ses versements. Et si jamais il se montre peu disposé à coopérer, prévenez-le qu'Umber Jones viendra le surveiller, jour et nuit, et remettez-lui ceci.

Elvin glissa une main mutilée dans la poche de sa veste et en sortit un petit morceau de tissu noir. Il le tendit à Jim, mais celui-ci ne le prit pas.

Aussi Elvin le posa-t-il soigneusement sur la table basse.

— Dites à Chill que les temps ont changé. Dites-lui qu'il ferait bien de changer avec eux, s'il tient à la vie.

Sur ce, Elvin tourna les talons et se dirigea d'un pas traînant vers la porte d'entrée. Il chercha à tâtons son chemin entre les chaises. Il ouvrit la porte puis hésita un moment.

— Vous feriez mieux d'y aller ce soir, monsieur Rook, suggéra-t-il. Umber Jones est un homme très peu patient.

Il franchit la porte et la referma tout doucement derrière lui. Jim trouva que c'était encore plus terrifiant que s'il l'avait claquée.

Durant un long moment il fut incapable de bouger. Il se tint au dossier du canapé, la tête penchée en avant, et inspira profondément et régulièrement. Il avait lu des articles sur les soi-disant « morts qui reviennent », mais il avait toujours accepté l'explication historique plutôt que le mythe magique. Les zombis étaient les victimes de propriétaires de plantations de cannes à sucre peu scrupuleux durant la grande pénurie de main-d'œuvre en Haïti, en 1918. On disait que les propriétaires avaient engagé des sorciers vaudou pour que ceux-ci administrent des drogues soporifiques à tout homme robuste en état de travailler — probablement un cocktail de tétrodotoxine, extraite du poisson-boule, de datura, une plante hallucinogène très puissante, et un extrait de crapaud *Bufo marinus,* qui procure une force phénoménale. Ces drogues faisaient baisser la fréquence du pouls et donnaient l'apparence de la mort — de telle sorte que l'on pouvait enterrer le futur zombi, et celui-ci pouvait rester dans le cimetière des jours durant, plongé dans une torpeur semblable à la catalepsie.

Ensuite le sorcier le déterrait, le ranimait et l'emmenait travailler dans une plantation de cannes à sucre — mais après avoir pris la précaution de lui trancher la langue. Ainsi, les « zombis » ne seraient jamais en mesure de protester ni d'expliquer ce qui leur était arrivé.

Mais Elvin... le cas d'Elvin était différent. Elvin avait été poignardé un nombre incroyable de fois. Son cœur, ses poumons et son foie avaient été transpercés. Son corps avait fait l'objet d'une autopsie complète, ce qui l'aurait tué même s'il n'avait pas été déjà mort. Pourtant il était entré ce soir-là dans l'appartement de Jim et il lui avait parlé.

Tant bien que mal, Jim reprit ses esprits. La première chose qu'il fit fut d'aller jusqu'à la porte d'entrée et de mettre la chaîne de sûreté. Puis il alla dans la cuisine et se versa un autre whisky. Ses mains tremblaient tellement que le goulot de la bouteille tinta contre le verre. Il but, avala et s'étrangla à moitié.

Finalement, il retourna dans le séjour. Il huma l'air. Elvin avait laissé une odeur étrange, très particulière, épicée et desséchée, comme celle d'Umber Jones, mais mêlée de la douceur sous-jacente de la chair en décomposition. Le petit morceau de tissu qu'Elvin avait essayé de lui donner était toujours posé sur la table basse. Il le prit et le retourna. Le tissu était rêche et très noir, comme s'il avait été découpé dans la soutane d'un prêtre. Des symboles et des mots étaient inscrits sur le tissu en un rouge terne, à peine visibles dans la lumière artificielle. Il ignorait l'effet que ce morceau de tissu produirait sur l'homme qui se faisait appeler Chill, mais cela ne lui semblait guère menaçant.

À présent il devait prendre une décision — aller parler à Chill ou non. Jim n'avait rien d'un lâche, mais la perspective de rencontrer un dealer sur son territoire et d'exiger quatre-vingt-dix pour cent de ses revenus revenait à tenter le sort, pour ne pas dire plus. D'un autre côté, que se passerait-il s'il ne le faisait pas ? Il était tout à fait sûr qu'Umber Jones n'hésiterait pas à exterminer ses élèves, les uns après les autres.

Il consulta sa montre. Quelques minutes après minuit. Il prit sa veste en toile bleue sur la patère près de la porte et l'enfila. De toute sa vie il n'avait jamais éprouvé autant de répugnance à faire quoi que ce soit, mais il n'avait pas le choix, tout simplement. Il jeta un rapide coup d'œil dans l'appartement, puis éteignit les lumières et ouvrit la porte. Une forme haute et noire se tenait sur le balcon, sa tête silhouettée par la lumière du globe électrique. Des papillons de nuit le heurtaient et voletaient tout autour de lui, tel le seigneur des mouches.

Jim put seulement dire « Ah ! ». Il recula maladroitement et resta là, bouche bée, à regarder fixement la forme.

Celle-ci s'avança. Elle tenait quelque chose dans ses bras, un livre ou une boîte.

— Je vous apportais votre pizza, mec, dit-elle d'une voix inquiète.

Jim alluma la lumière. C'était un adolescent efflanqué, avec une petite barbe rabougrie, une boucle d'oreille et un T-shirt Pizza Hut rouge et noir, qui lui présentait son dîner.

— Vingt dollars, mec, demanda-t-il en tenant fermement le carton.

Puis, tandis que Jim ouvrait son portefeuille et comptait l'argent, il fit remarquer :

— On dirait que vous venez de voir un fantôme.

Jim lui tendit l'argent, des billets tout froissés, et lui donna cinq dollars de pourboire.

— Eh bien, vous avez mis dans le mille ! murmura Jim.

Cela lui prit plus de vingt minutes pour trouver Chez Sly. C'était un bar en sous-sol, auquel on accédait par une porte sombre. Le nom *Sly* clignotait en lettres rouges au-dessus de la marquise. Il parvint à se garer au coin de la rue et revint à pied vers le bar. Le trottoir était encombré de jeunes gens qui allaient et venaient sans but, et d'hommes attentifs à la mine dure. Il y avait également beaucoup de prostituées dans le secteur, en shorts moulants, jupes courtes et perruques de toutes les couleurs imaginables.

L'entrée du bar était gardée par un Noir petit et trapu qui ressemblait à un Mike Tyson qui aurait reçu sur la tête un bloc de béton de huit tonnes.

— Désolé, mec. Le bar est fermé, déclara-t-il en levant la main, paume en avant.

— J'apporte un message, lui dit Jim.

— Ah, oui ? Je vois pas ton uniforme de la Western Union !

— Est-ce que Chill est là ? Charles Gillespie ? Le message est pour lui.

Le portier le dévisagea d'un air méfiant. Ses petits yeux brillaient.

— Personne l'appelle jamais Charles Gillespie, excepté sa mère. Alors t'aurais intérêt à faire pareil, mon vieux, autrement tu sais ce qui arrive au messager, que la nouvelle soit bonne ou mauvaise.

— J'ai un message pour Chill, répéta Jim en parlant très lentement et très clairement, comme s'il expliquait une poésie à ses élèves. Si Chill est là, j'aimerais beaucoup lui parler.

— Okay, c'est quoi, ton nom ? lui demanda le portier.

— Cela n'a aucune importance. L'important, c'est le message. Le signifiant et le signifié. Ne me dites pas que vous ne connaissez pas Noam Chomsky ?

— Noam Chomsky ? Il est jamais venu ici ! répliqua le portier d'un air méfiant.

Il décrocha un téléphone mural et parla dans le micro en couvrant sa bouche de la main pour que Jim n'entende pas ce qu'il disait. Après quelques hochements de tête et grognements, il raccrocha et grommela :

— C'est bon, tu peux entrer. Approche.

Il fouilla rapidement Jim, puis ouvrit la porte.

— Un bon conseil, déclara-t-il tandis que Jim descendait les deux premières marches. Chill est de très mauvaise humeur ce soir. Il s'est fait arracher une dent. Alors, tu comprends, évite de le contrarier !

Jim ne répondit pas et continua de descendre l'escalier étroit, moquetté de noir, en proie à une agitation grandissante. Les murs de chaque côté étaient tapissés de miroirs et il se voyait descendre un escalier sans fin, tel un homme en route vers l'enfer. Un autre garde du corps colossal, lunettes de soleil et costume bleu électrique, attendait en bas. Il laissa Jim franchir une porte battante qui donnait sur le bar lui-même, climatisé et agressivement éclairé en rouge et bleu. Un Blanc au visage grêlé était assis devant un piano noir et jouait *I Will Always Love You* comme s'il composait cette chanson au fur et à mesure. Une jeune Noire énorme dans une petite robe blanche se tenait sur une estrade de la taille d'un carton à chapeaux et hurlait les paroles.

Dans le coin le plus sombre de la salle, assis dans un box semi-circulaire, il y avait un Noir baraqué aux cheveux oxygénés, entouré de cinq autres Noirs qui présentaient un assortiment de coiffures : coupe afro, cheveux plaqués et coiffés en arrière, queues-de-cheval. Ils portaient tous du cuir noir et de grosses bagues en or. L'homme aux cheveux oxygénés était d'une beauté saisissante, d'une façon ébauchée et inachevée, comme une sculpture que l'on aurait ciselée à la hâte dans de l'ébène, puis abandonnée.

Jim se dirigea vers sa table, tira une chaise et s'assit. Les six hommes le regardèrent, tels six cobras prêts à se jeter sur lui.

— Lequel d'entre vous est Chill ? demanda Jim.

Il se rendait parfaitement compte qu'il était à deux doigts de commettre l'insulte suprême de l'irrespect.

— Je suis Chill, dit l'homme aux cheveux oxygénés, d'une voix étonnamment haute et à la prononciation précise. Tu as un message pour moi, messager ?

Le cœur de Jim battait si violemment et si lentement qu'il crut qu'il allait avoir une crise cardiaque sur-le-champ.

— J'ai un message de la part d'Umber Jones, répondit-il d'une voix mal assurée.

— Umber Jones ? Qui c'est, celui-là ? Je ne connais pas d'Umber Jones.

— Euh... c'est juste un message, reprit Jim. Umber Jones dit qu'il sait que vous venez de recevoir deux kilos de cocaïne de Colombie.

Chill se pencha en avant d'une façon menaçante. Il joignit les doigts et regarda Jim dans les yeux.

— Je te l'ai dit, mec. Je ne connais pas d'Umber Jones. Alors comment se fait-il que cet Umber Jones sache tellement de choses sur moi ?

— Il a... comment appeler cela ? Des moyens très spéciaux.

— Lesquels ? Mettre mon téléphone sur écoute ? Donner des bakchichs à mes intermédiaires ? Hein ? Cet Umber Jones, ce serait pas la flicaille, par hasard ? Ce serait pas un coup monté, dis-moi ? Parce que si c'est ça, messager, tu sortiras pas d'ici sur tes deux jambes !

— Je vous en prie, écoutez-moi, fit Jim. Umber Jones dit que les temps ont changé. Il dit qu'il prend la suite des affaires, dorénavant, et qu'il veut quatre-vingt-dix pour cent de ce que vous rapportera cette livraison. Il dit qu'il est d'accord pour vous laisser continuer, à condition que vous travailliez pour lui, et que vous ne lui fassiez pas d'embrouilles.

Chill regarda fixement Jim avec une incrédulité presque comique.

L'un de ses lieutenants se leva vivement, ses boucles d'oreilles oscillèrent, et il glissa une main à l'intérieur de sa veste en cuir. Mais Chill lança sèchement « Assieds-toi, Newton ! » et l'homme obtempéra, à contrecœur.

Jim poursuivit :

— Umber Jones vous fera savoir plus tard où lui remettre l'argent. Il a également dit que si vous touchez à un seul de mes cheveux, ou si vous refusez de faire ce qu'il demande, il y aura du vilain.

Chill secoua la tête lentement.

— De toute ma vie, mec, j'ai jamais rencontré quelqu'un qui a ton culot. Toi ou ce type, Umber Jones, s'il existe vraiment. Bon, disons les choses clairement : il veut que je lui donne quatre-vingt-dix pour cent de tout ce que je gagne ? Il empoche quatre-vingt-dix pour cent et j'empoche dix pour cent, c'est bien ça ?

Jim acquiesça. La chanteuse approchait de la fin de

I Will Always Love You et sa voix s'était changée en un hurlement hystérique.

— Et si je *lui donne pas* l'argent, il y aura... *du vilain* ?

— Oui.

— Oui, quoi ?

— Oui, il y aura du vilain.

— Tu veux dire oui monsieur, oui monsieur Chill, il y aura du vilain, monsieur. Et de quoi s'agit-il exactement ?

Jim glissa la main dans sa poche et en sortit le petit morceau de tissu noir. À présent il lui semblait que son cœur s'était arrêté. Il posa le morceau de tissu sur la table et Chill poussa sur le côté un cendrier rempli de coquilles de pistaches afin de l'examiner. Il le prit. Il le tourna et le retourna. Il se pencha en arrière sous un spot afin de lire ce qui était écrit dessus.

Puis il regarda Jim avec une expression circonspecte sur son visage.

— Où t'as trouvé ça ? demanda-t-il.

— Umber Jones me l'a donné, pour que je vous le donne. Je ne sais même pas ce que c'est !

— Tu sais pas ce que c'est ? Tu m'apportes une malédiction vaudou et tu sais pas ce que c'est ?

— Écoutez... je suis seulement le messager, dans cette affaire. Je ne suis pas catholique et je ne suis pas noir. Je suis professeur de collège. Tout ce que je sais sur le vaudou, c'est ce que j'ai lu dans des livres et des revues.

Chill abattit son poing sur la table et les coquilles de pistaches volèrent dans toutes les directions.

— Tu m'as apporté une malédiction vaudou ! vociféra-t-il.

Il brandit le morceau de tissu devant le visage de Jim, les yeux exorbités de rage.

— Tu sais ce que c'est ? Ceci a été découpé dans la soutane d'un prêtre catholique assassiné et l'avertissement a été écrit avec son sang ! Tu sais ce que cela dit ? Ici, regarde — *jama ebya ozias* — et ici, le signe de Baron Samedi, le seigneur des cimetières ! Tu oses m'apporter ça ? Tu *oses* m'apporter ça ?

— Je... on m'a demandé de le faire, c'est tout. Je n'avais pas le choix. Je dois à Umber Jones une sorte de faveur, c'est tout. Ne m'interrogez pas sur le vaudou. Ne m'interrogez pas sur les Stups. J'essaie seulement de rester en vie et de protéger des personnes qui me sont chères, d'accord ?

Chill le considéra pendant un très long moment. Cela sembla des heures. Puis il glissa la main dans la poche intérieure de sa veste et en tira un paquet de cigarettes. Il en porta une à ses lèvres. Immédiatement, quatre briquets entrèrent en action. Il les ignora tous et alluma sa cigarette lui-même.

— Qui c'est, cet Umber Jones ? Il est fatigué de vivre ou quoi ?

— Je ne le sous-estimerais pas si j'étais vous.

Chill fit rouler le morceau de soutane entre son pouce et l'index.

— Il connaît son vaudou, pas de problème. Parfois quelqu'un détache un éclat de bois d'un autel, ou vole une hostie consacrée, et les trempe dans du sang de poulet, et c'est un avertissement plus que suffisant. Mais ça... c'est comme une menace de mort. Et personne ne menace de mort Chill, crois-moi !

— Je l'ignorai, dit Jim. Il m'a demandé de vous apporter ceci et je l'ai apporté.

Chill grimaça un sourire et de la fumée sortit d'entre ses dents.

— Je ne sais pas ce qu'un type comme toi vient faire dans une affaire comme ça. Mais, à ta place, j'oublierais cet Umber Jones, quel qu'il soit, et je mettrais la plus grande distance possible entre toi et LA[1]. J'ai entendu dire que Nome, Alaska, était une ville très agréable à cette époque de l'année, tu piges ?

— Alors, qu'est-ce que je dois lui dire ?

— Dis-lui qu'il peut aller au diable !

Il dit cela aussi froidement que possible, comme cela convenait à un homme appelé Chill[2]. Pourtant Jim décela dans sa voix une inflexion qui trahissait une

1. Los Angeles (*N.d.T.*).
2. *Chill* : froid, fraîcheur (*N.d.T.*).

grande incertitude. Il avait entendu les mêmes paroles légèrement étranglées de la part d'innombrables « durs », au collège. Chill avait été sérieusement troublé par le morceau de tissu d'Umber Jones. C'était comme Billy Bones dans *L'île au trésor*, quand on lui remet la tache noire.

Jim attendit un moment, mais Chill écrasa sa cigarette dans le cendrier et ses lieutenants commencèrent à hausser les épaules et à prendre un air menaçant. Il était clair que l'entrevue était terminée. Jim se leva et sortit du bar au moment où la chanteuse attaquait *You're Simply The Best*. Elle chantait horriblement faux. Franchement, pensa Jim, si Chill avait l'intention de flinguer quelqu'un, il devait commencer par elle.

9

À la grande surprise de Jim, Tee Jay était là le lendemain matin, arborant un sweater Snoop Doggy Dogg et un air étrange, absent, sur le visage. Jim entra dans la salle de classe, un épais dossier sous le bras. Il le laissa tomber sur son bureau, et se tint immobile un moment. Il parcourut du regard les visages de ses élèves. Sue-Robin Caufield bavardait et faisait la coquette. David Littwin fixait sa table d'un air renfrogné comme s'il ne comprenait pas pourquoi cette table se trouvait là. Muffy Brown riait, la tête rejetée en arrière. Ray Vito, paupières mi-closes, était engagé dans un flirt latino avec Amanda Zaparelli... Il s'était pris d'un brusque intérêt pour Amanda maintenant qu'elle ne portait plus son appareil dentaire.

Jim se passa le dos de la main sur le menton. Il avait fait des cauchemars toute la nuit et ne s'était pas très bien rasé le matin. Ses cheveux avaient refusé de faire ce qu'il voulait qu'ils fissent et il n'y avait pas de chemises propres dans son tiroir. Il avait trouvé une chemise bleue à carreaux qu'il mettait habituellement pour bricoler sur sa voiture. Il manquait deux boutons, mais au moins elle était repassée.

— Bon, écoutez-moi... ce matin je suis heureux de saluer le retour de Tee Jay au collège et je suis sûr que vous partagez tous mon sentiment. Ce qui est arrivé à Elvin était une horrible tragédie, mais nous pouvons la supporter un peu plus facilement, maintenant que nous savons que l'auteur de ce crime n'était pas l'un de nous.

En disant « l'un de nous », il se tourna et appuya son regard sur Tee Jay. Ils étaient les seuls, l'un et l'autre, à savoir que Tee Jay *avait* été impliqué dans ce meurtre... et que, même s'il n'avait pas tué Elvin lui-même, il était présent lorsque Umber Jones avait poignardé plus de cent fois son meilleur ami. Mais Jim voulait néanmoins que Tee Jay sente qu'il faisait partie de la classe, qu'il avait une famille vers qui se tourner. C'était la seule manière possible de le libérer de l'influence de son oncle.

— Aujourd'hui nous allons lire *Pourquoi il caressait les chats,* de Merrill Moore. Page 128 dans votre *Poètes américains d'aujourd'hui.* Je veux que vous le lisiez d'abord en silence, pour voir ce que vous comprenez. C'est un poème difficile, étrange. Mais j'aimerais entendre ce que chacun de vous pense qu'il signifie.

Il caressait les chats pour une raison bien précise,
À savoir lorsqu'il entrait dans la maison il sentait
Que le parquet allait peut-être se fendre et les quatre murs fondre brusquement
En strict accord avec certaines lois magiques
Ce que, semblait-il, la sculpture au-dessus de la porte signifiait,
Les lois violées quand des hommes tels que lui intervenaient,

Mais il n'avait rien à perdre et rien à gagner,
C'est pourquoi il intervenait toujours...

Il lisait toujours le poème silencieusement lorsqu'il vit ce qui ressemblait à une fumée noire s'écouler depuis le rebord de la fenêtre. Elle s'éleva, tourbillonna doucement, décrivit des volutes. Petit à petit, la forme d'Umber Jones se matérialisa, indistincte et déformée au début, puis tout à fait nette.

Jim tenta de ne pas regarder dans sa direction, mais c'était impossible, parce que Umber Jones vint vers son bureau et se tint devant lui. Son visage donnait l'impression d'avoir été enduit de cendres et ses yeux étaient d'un rouge étincelant. Il ressemblait à un zombi, mais il parla avec son aplomb habituel, d'une voix rauque et menaçante.

— Vous avez fait ce que j'avais demandé, et parlé à l'homme nommé Chill ?

Jim hocha la tête. Il se rendit compte que Sharon avait levé les yeux de son poème et le regardait en fronçant les sourcils, comme si elle se doutait que quelque chose de bizarre se passait. Il ne voulait pas qu'Umber Jones pense que ses élèves étaient au courant de sa présence. Puis il lança un regard à Tee Jay, et il était parfaitement clair que celui-ci voyait son oncle aussi distinctement qu'il le voyait. Il adressa à Jim un petit sourire moqueur, comme s'il le mettait au défi de parler.

— Très bien, monsieur Rook... et qu'est-ce que Chill a répondu ?

Jim demeura silencieux. Umber Jones se rapprocha de son bureau et leva la main droite.

— Je n'ai pas très bien entendu, monsieur Rook. Peut-être devriez-vous parler un peu plus fort.

Jim continua de le regarder fixement, sans rien dire.

Umber Jones le considéra un moment, puis il commença à faire pivoter sa main droite. Il la dévissa et la retira, découvrant la lame qui était cachée à l'intérieur.

— Vous voyez ce couteau, monsieur Rook ? Il a le pouvoir de Ghede, lequel est l'assistant le plus proche de Baron Samedi. Lorsque Baron Samedi désire des corps, c'est Ghede qui les lui procure. Allons, vous n'avez pas envie d'être l'un de ces corps, n'est-ce pas ?

Il approcha le couteau du visage de Jim jusqu'à ce que la pointe touche presque son menton.

— Et si vous me disiez ce que Chill vous a répondu la nuit dernière ?

— Que vous pouviez aller au diable.

— Oui, bien sûr, fit Umber Jones. Vous ne pensiez tout de même pas qu'il allait renoncer à quatre-vingt-dix pour cent de ses bénéfices, uniquement parce qu'un obscur professeur de collège le lui demandait !

— Non, franchement, je ne le pensais pas.

Deux ou trois autres élèves levèrent les yeux.

— Mais vous lui avez donné le message, n'est-ce pas ? Et vous l'avez averti de ce qui arriverait s'il ne faisait pas ce qu'on lui disait ?

— Oui, je l'ai averti.

— Alors, la prochaine fois, lorsque vous irez le voir, il se montrera plus raisonnable, vous ne pensez pas ?

— Que voulez-vous dire ? Qu'avez-vous l'intention de faire ?

— J'ai l'intention de le *persuader,* monsieur Rook, de la manière consacrée par l'usage.

— Si quelqu'un d'autre est blessé..., commença Jim.

À ce moment, John Ng se leva brusquement, avec une expression de panique sur son visage.

— Monsieur Rook ! s'écria-t-il, et il montra son pendentif. Monsieur Rook, il est ici en ce moment, n'est-ce pas ? C'est à lui que vous parlez ! Regardez ma pierre ! Regardez-la ! Elle est devenue complètement noire !

Sharon se leva à son tour.

— Je *sens* sa présence, monsieur Rook ! Ne dites pas qu'il n'est pas ici !

Les autres élèves se tournaient d'un côté et de l'autre, déconcertés.

— Qui est ici ?... Mais qu'est-ce qu'ils racontent ?

— L'homme en noir ! hurla John. L'homme qui a tué Elvin ! Personne ne peut le voir, excepté M. Rook, mais il est ici ! Il est ici en ce moment même, dans cette salle !

Tee Jay se tourna sur son siège.

— Ferme ta gueule, espèce de timbré de Viet ! Tu dis n'importe quoi ! Quel homme en noir ?

— Il *est* ici ! glapit Sharon. Je sais qu'il est ici !

— Ferme-la, toi aussi, connasse ! lui lança Tee Jay. Tu es complètement folle ou quoi ?

— Tee Jay ! fit Jim.

À ce moment, il sentit quelque chose de froid effleurer son visage, et le livre de poèmes devant lui fut brusquement éclaboussé d'un léger jet de sang.

Il plaqua la main sur sa joue, choqué. Umber Jones

lui lançait un regard furieux. Ses dents ambrées étaient serrées en un rictus grotesque.

— Je vous avais ordonné de ne rien leur dire, mais vous n'avez pas pu vous en empêcher, hein ? Vous m'avez désobéi !

Le silence se fit brusquement dans la salle. Tous les élèves regardaient fixement Jim, les yeux grands ouverts. Du sang coulait entre ses doigts et dégouttait de son coude.

— Je ne leur ai rien dit, déclara-t-il. Ils ont été suffisamment sensibles et intelligents pour comprendre tout seuls !

Umber Jones sembla s'élever et grandir. Bientôt il mesura presque deux mètres vingt de haut. Son costume était noir, avec une veste noire boutonnée que Jim voyait nettement, bien qu'elle présente une certaine transparence. Il discernait faiblement à travers la veste le visage de certains de ses élèves, Ricky, Beattie et Sherma Feldstein.

— Maintenant qu'ils savent pour moi, déclara Umber Jones, ils ont peut-être besoin d'une petite leçon, à propos de ce qui arrivera s'ils parlent de moi à quelqu'un d'autre !

— Ne les touchez pas, ne touchez aucun d'entre eux ! répliqua Jim.

— Et qui m'en empêchera ?

— Écoutez, je ferai tout ce que vous voulez ! Vous voulez que je retourne parler à Chill ? Entendu, je le ferai. Mais ne touchez pas à mes élèves !

— Vous ferez tout ce que je veux, que je touche à vos élèves ou non. Vous êtes mon ami, monsieur Rook, vous n'avez pas oublié ?

Jim se leva d'un bond, renversant sa chaise, et voulut saisir le bras d'Umber Jones. Sa main passa à travers comme si c'était de la fumée. Umber Jones abattit la main et fendit la manche gauche de Jim. Puis il fit un mouvement de côté et entailla le bout du nez de Jim. Si celui-ci n'avait pas écarté sa tête à temps, Umber Jones lui aurait ouvert complètement la narine.

Tout ce que ses élèves voyaient, c'était Jim qui gesticulait et virevoltait tout seul, la manche fendue, et du sang qui giclait dans toutes les directions. Muffy se mit à crier, puis Jim fit une embardée et se cogna contre la table de Jane Firman, qui se mit à crier à son tour. Les garçons poussèrent des cris, effrayés.

— Tenez-le ! Tenez-le, merde ! Allez chercher M. Wallechinsky ! Empêchez-le de tomber !

Mais Tee Jay se leva brusquement et hurla :

— Non ! Vous entendez ? N'appelez personne ! Arrêtez ce raffut et restez à vos places !

Il s'ensuivit un silence soudain. Tous se taisaient, excepté Muffy qui continuait de renifler d'une façon monotone et pitoyable. Umber Jones s'éloigna de Jim. Il brandissait sa lame et ses yeux semblaient infectés de sang sous l'effet de la fureur et de la haine. Jim prit plusieurs Kleenex dans la boîte sur son bureau et les pressa sur sa joue. Il se sentait en état de choc et blessé, mais, par-dessus tout, impuissant. Il était censé protéger ses élèves, mais il en était incapable.

— Écoutez-moi bien ! dit Tee Jay. Quand vous quitterez le collège aujourd'hui, vous ne parlerez à personne de ce que vous avez vu. Parce que l'homme en noir dont M. Rook a parlé, il est *réel,* même si vous ne pouvez pas le voir. Je l'ai vu. Je l'ai vu le jour où Elvin est mort et je le vois en ce moment, clair comme le jour.

Il se tint au milieu de la salle et les regarda tour à tour.

— Peut-être que vous ne croyiez pas à son existence avant, mais regardez ces estafilades sur la joue de M. Rook et dites-moi d'où elles viennent. Si vous ne voulez pas que cela vous arrive, vous allez la fermer et ne rien dire rien à personne. Et si vous n'êtes toujours pas convaincus, allez donc à l'établissement des pompes funèbres et demandez à voir Elvin !

— Alors, qui est cet homme en noir ? lui lança Russell Gloach.

— Il ressemble à un fantôme, c'est tout.

— Un fantôme ? s'exclama Ray. Les fantômes, ça n'existe pas !

— Enfin, il ressemble plutôt à un esprit. Il n'est pas mort... il est sorti de son corps et se promène où il veut.

— Comment se fait-il que tu saches autant de choses sur lui ? demanda Sue-Robin.

— C'est l'esprit de quelqu'un que je connais. C'est pour cette raison qu'il est ici.

— Tu peux pas lui dire de nous laisser en paix ? fit Jane d'une voix pitoyable.

Ses yeux étaient remplis de larmes et elle était bouleversée.

Tee Jay secoua la tête énergiquement.

— Cet esprit n'est pas le genre d'esprit à qui l'on peut donner des ordres. Vous avez envie de vivre longtemps et paisiblement ? Alors vous témoignez du respect à cet esprit et vous lui laissez beaucoup d'espace. Vous comprenez ça ?

Jim s'avança. Sans un regard pour Tee Jay, il déclara :

— Écoutez, Tee Jay a raison. C'est dans votre intérêt. Vous ne devez dire à personne ce qui s'est passé ici aujourd'hui. Même à vos parents ou à votre ami intime.

— Mais que pouvons-nous *faire* au sujet de cet esprit ? demanda Beattie en parcourant la salle d'un regard craintif. On peut pas faire ce qu'ils faisaient dans ce film, lorsque la tête de la fille se met à tourner et à tourner ?

Jim regarda Umber Jones, mais celui-ci baissait la tête et son visage était caché par le bord de son chapeau à la Elmer Gantry.

— Nous ne pouvons absolument rien faire, répondit Jim.

Tous sentirent la défaite dans sa voix et ils se calmèrent.

Jim se tamponna la joue. Elle ne saignait plus, mais un pansement était nécessaire. Il aurait dû se rendre à l'infirmerie immédiatement, mais il n'avait pas l'intention de laisser ses élèves seuls avec Umber Jones.

— Reprenons ce poème, dit-il. Tee Jay, tu veux bien retourner à ta place ?

Tee Jay lui adressa un haussement d'épaules et se laissa tomber sur sa chaise. Jim regagna son bureau, releva sa chaise et s'assit devant son livre taché de sang.

Il leva les yeux vers Umber Jones, mais celui-ci demeura immobile, le visage toujours dissimulé, silencieux.

Les élèves chuchotaient et traînaient les pieds, mi-terrifiés, mi-abasourdis.

— Allons, reprenons ce poème, insista Jim. Il ne nous fera aucun mal si l'on fait ce qu'il dit, n'est-ce pas, Tee Jay ?

— Si vous le dites, monsieur Rook !

— Je veux que vous réfléchissiez tous à ce que le poète a tenté d'expliquer, commença Jim. À votre avis... est-ce que c'est réel, le parquet qui se fend et les murs qui se mettent à fondre, ou bien s'agit-il d'une allégorie ? Et si oui, quelle sorte d'allégorie ? Et que veut-il dire par « certaines lois magiques » ?

Ils ne répondirent pas. Ils savaient qu'Umber Jones était toujours là, même s'ils ne le voyaient pas. Mais, au bout de quelques instants, Umber Jones ôta son chapeau, se passa la main dans ses cheveux enduits de cendres et regarda Jim avec un sourire en coin.

— Chill vous a fait très peur, hein ? fit-il de sa voix traînante.

Jim l'ignora et pointa son doigt vers Greg, assis dans le coin.

— Greg, à ton avis... que veut-il dire par « certaines lois magiques » ?

Greg tordit son visage en dix expressions différentes avant de finir par répondre :

— Les superstitions, si vous voyez ce que je veux dire. Comme renverser du sel ou passer sous une échelle.

— C'est très bien, Greg. Les tabous, voilà de quoi il parle. Cela vient du mot polynésien *tabu,* qui signifie « objet sacré » ou « objet très important ».

— Vous devriez faire examiner votre joue, déclara Umber Jones. C'est une vilaine blessure.

— Ne m'interrompez pas, lui dit Jim, même s'il continuait de trembler. Quoi que vous fassiez, ces gosses ont néanmoins le droit de recevoir une bonne instruction.

Ils s'affrontèrent du regard un moment. Puis Umber Jones murmura :

— Entendu. Je vous enverrai un messager.

— Pas Elvin, s'il vous plaît. Laissez Elvin reposer en paix.

— Elvin ? Elvin n'a aucune envie de reposer en paix. Elvin est ravi d'aller et venir.

Jim ne sut pas quoi dire. Puis Umber Jones commença à frissonner et à s'estomper. En quelques instants, sa fumée s'était dissipée et avait disparu, comme s'il n'avait jamais été là.

— Il est parti ! s'écria John Ng. Regardez mon cristal. Il est clair !

— Il est vraiment parti ? demanda Rita.

— Oui, répondit Jim. Je pense que nous pouvons tous souffler un peu.

— Mais qu'est-ce qu'il *veut* ? insista Sherma.

— Ne t'inquiète pas pour ça, lui dit Jim. Mais je suis désolé que vous ayez tous été mêlés à cette affaire.

— Allez, Tee Jay, dis-nous ce qu'il veut, demanda vivement Russell. Apparemment, vous êtes comme cul et chemise, non ?

— Vous avez entendu M. Rook, répondit Tee Jay. Il ne veut pas que cela vous préoccupe. Tout ce que veut cet esprit, c'est de l'espace et du respect.

Il porta l'index à ses lèvres, comme Umber Jones l'avait fait quand il avait regardé par le panneau vitré de la porte.

— Et le silence.

Il se tourna vers Jim.

— Vous devez vous occuper de cette estafilade, monsieur Rook. Vous voulez que je vous accompagne à l'infirmerie ?

Quelque chose dans sa voix amena Jim à poser immédiatement son livre taché de sang et à dire :

— Entendu, Tee Jay. Écoutez, vous autres... cela ne me prendra pas très longtemps. Et si vous écriviez un poème sur vos propres superstitions ? Tout ce qui vous fait peur... briser un miroir, marcher sur les lézardes du trottoir, le chiffre 13...

Ils levèrent les yeux vers lui, toujours déconcertés et

bouleversés. Il quitta son bureau et s'avança entre les tables. Il toucha leurs épaules tour à tour, pressa leurs mains.

— Bon, quelque chose de très étrange et de très dangereux vient de se passer ici, déclara-t-il. Mais, aussi longtemps que nous ferons bloc tous ensemble... tout ira très bien.

Tee Jay se leva et le prit par le bras.

— Venez, monsieur Rook. Allons faire examiner votre joue.

Ils sortirent de la salle et s'avancèrent dans le couloir. Wallechinsky les croisa, la joue toujours recouverte d'un pansement adhésif, et Jim se cacha le visage avec sa main.

— Comment ça va, monsieur Rook ? fit Wallechinsky.

— En pleine forme, répondit Jim.

Ils tournèrent le coin au bout du couloir et Tee Jay s'arrêta.

— Monsieur Rook... il faut que je vous dise quelque chose. Je sais que vous me haïssez. Je sais que vous pensez que j'ai aidé mon oncle Umber quand Elvin a été tué, mais cela ne s'est pas passé comme ça !

Jim s'adossa au mur. Au loin, il entendait le couinement de chaussures de basket-ball sur un parquet ciré. Il ne se sentait pas particulièrement bienveillant ni disposé à écouter Tee Jay. Le col de sa chemise était poissé de sang et il continuait de trembler sous l'effet du choc. Néanmoins, Tee Jay semblait tout à fait sérieux et redevenu lui-même. Il n'avait plus rien à voir avec le jeune voyou fou de rage et proférant des jurons qui avait roué de coups Elvin dans les toilettes.

— Bon, d'accord, dit-il. Raconte-moi.

— Cela a commencé voilà six mois, quand mon oncle Umber a débarqué chez nous sans crier gare. Il a dit qu'il était rentré de voyage. Il avait parcouru l'Europe, l'Afrique et je ne sais quoi encore, et désirait renouer avec nous. Je ne me souvenais pas de lui. À vrai dire, j'avais deux ans quand il avait quitté LA. Ma mère ne l'aimait pas beaucoup, apparemment, mais il était le frère de papa, et qu'y pouvait-elle ? Je l'ai trouvé génial. C'était un drôle de type, et il me racontait un tas d'histoires complètement dingues sur les cérémonies vaudou, les autels faits d'ossements humains, et les prêtresses qui parlaient des langues que personne ne connaissait.

« Il m'a appris tout cela. Il m'a *montré*. Il m'a amené à comprendre que le vaudou est la seule religion véritable, vous voyez ce que je veux dire ? Et c'est forcément le cas, parce que c'est la seule religion qui est réelle. C'est la seule religion avec des *preuves* qui vous permettent d'y croire.

— Ma foi, je te l'accorde volontiers, fit Jim.

Il écarta la main de son visage et montra à Tee Jay le sang sur ses doigts.

— Je suis vraiment désolé, monsieur Rook, dit Tee Jay. Je ne voulais pas que cela arrive pour rien au monde.

— Et Elvin ? Tu as oublié Elvin ? Je suppose que tu ne voulais pas non plus que *cela* arrive, pour rien au monde ! Mais Elvin est mort, ou passe pour tel.

— C'est pour cette raison que je voulais vous parler, monsieur Rook. C'est seulement lorsque l'oncle Umber a tué Elvin que j'ai compris jusqu'où il était prêt à aller. Il m'avait prévenu qu'il allait obliger Elvin à faire preuve de respect. J'ignorais qu'il avait l'intention de le *tuer*, je le jure !

— Tu étais là quand ça s'est passé. Pourquoi n'as-tu pas essayé de l'arrêter ?

Tee Jay secoua la tête.

— Il est impossible de l'arrêter, monsieur Rook. Il peut invoquer toute la force de Vodun et de Baron Samedi et d'autres esprits dont vous n'avez jamais entendu parler. Vous savez... quand il vivait à Venice dans les années soixante-dix, il joignait péniblement les deux bouts, il lavait les voitures des Blancs et faisait la manche. Il s'est promis de ne plus jamais s'abaisser de cette façon. Il allait trouver le vrai pouvoir noir. Pas le pouvoir noir politique, mais le pouvoir noir *magique*. Et il s'est promis de revenir à Los Angeles un jour, et de prendre possession de tout. Il serait respecté et riche, et plus un seul Blanc ne pourrait claquer des doigts en le traitant comme un chien. Il ne permettrait à personne de lui manquer de respect, à lui ou aux siens.

— Et c'est pour cette raison qu'il a tué Elvin ?

Tee Jay déglutit et acquiesça de la tête.

— Elvin se moquait toujours du vaudou. J'essayais de lui faire comprendre que c'était la seule religion dont un Noir pouvait être fier. Mais tout ce qu'il faisait, c'était se moquer, encore et encore. Je pouvais supporter ça pour moi-même, mais quand il a commencé à manquer de respect à Baron Samedi, cela m'a rendu furieux. Il a dit : tu vas arracher la tête de poulets d'un coup de dents et te pavaner, le visage tout blanc et coiffé d'un haut-de-forme noir ? C'est à ce moment que je l'ai frappé. Je regrette de l'avoir frappé. Mais il n'aurait pas dû dire ça. Pas à propos de quelque chose en quoi je crois vraiment.

— Et que s'est-il passé ? lui demanda Jim. Ton oncle est venu au collège ? Comment savait-il que tu étais aussi en colère ?

— Je lui ai téléphoné, parce que j'avais peur que le Dr Ehrlichman me renvoie du collège. Il m'a demandé ce qui s'était passé, et je lui ai tout raconté. Il a dit qu'il allait régler ça, et il l'a fait, bien sûr. Ou sa Fumée l'a fait, en tout cas.

Tee Jay prit une profonde inspiration et Jim comprit, d'après sa voix étranglée, qu'il était au bord des larmes.

— L'oncle Umber m'a demandé d'attirer Elvin dans le bâtiment des chaudières. J'ai dit à Elvin que j'avais apporté des amphétes. Il est entré et l'oncle Umber a soufflé la poudre-drogue sur lui : Elvin a été paralysé, exactement comme s'il était mort. Il ne pouvait pas bouger. Il ne pouvait pas parler. Mais ses yeux me regardaient fixement, comme s'ils m'imploraient, vous savez ? Oncle Umber a dit qu'en Haïti, pour les punir, ils donnent cent douze coups de couteau aux blasphémateurs, un pour chaque *loa*.

Tee Jay s'interrompit durant un long moment, très ému, puis il reprit :

— C'est ce qu'il a infligé à Elvin, devant moi. J'étais terrifié, monsieur Rook. J'avais tellement peur. Je savais que, si j'essayais de l'arrêter, il me ferait subir la même chose. Il est prêt à tuer quiconque chercherait à contrecarrer ses projets !

— Pourquoi ne l'as-tu pas quitté, si tu étais tellement terrifié ? demanda Jim. Pourquoi n'es-tu pas retourné chez toi ?

Tee Jay baissa les yeux vers le sol.

— Il me l'a interdit.

— C'est tout ? C'est la seule raison ? Il te l'a interdit ? Allons, Tee Jay, je te connais mieux que ça !

— C'est une partie de la raison. Mais l'autre partie est... que je *crois* au vaudou. J'y crois vraiment. Le vaudou vous donne du pouvoir, et je sens ce pouvoir en moi. Dans mes mains. Dans mon esprit. Je ne me suis jamais senti aussi fort. Je ne me suis jamais senti aussi sûr de moi. Pour la première fois de ma vie, je sens que je suis quelqu'un d'important, avec un avenir, vous comprenez ? Je sens que je contrôle mon destin.

— Je vois. Tu as un avenir, et peu importe à qui tu fais du mal ?

— Je ne voulais pas la mort d'Elvin, monsieur Rook. Je le jure. Cela ne se reproduira pas !

— Et si Chill refuse de donner à l'oncle Umber quatre-vingt-dix pour cent de ses bénéfices ? Tu peux jurer que tu ne toucheras pas à un seul de ses cheveux ?

— Chill est un dealer, mec. Il connaît les risques.

— Oh, bien sûr ! Mais cela ne te donne pas *le droit* de le tuer. Cela regarde la police.

Tee Jay répondit, sans le regarder :

— Monsieur Rook... ce n'est pas facile. Je suis complètement coincé. Je vous respecte, d'accord ? Vous êtes le seul Blanc que je connaisse qui comprenne ce qui se passe dans ma tête.

Puis il leva les yeux et déclara :

— Mais le vaudou... c'est une telle sensation ! Il vous donne un tel pouvoir ! C'est le peuple noir qui puise aux sources de son patrimoine, non ? Vous nous dites toujours que nous devons être fiers de notre patrimoine, pas vrai ?

— Je n'ai pas de préjugés contre le vaudou, lui dit Jim. Je respecte le vaudou comme je respecte le catholicisme ou le shintoïsme ou toute autre croyance. Mais je n'ai pas de respect pour la violence, non plus que pour l'extorsion d'argent. Et par-dessus tout, je n'ai pas de respect pour le meurtre. Tu devrais aller voir le père et la mère d'Elvin et leur dire, *à eux,* à quel point tu te sens puissant, maintenant que tu as découvert le vaudou !

— Nous ferions mieux d'aller à l'infirmerie, répliqua Tee Jay.

— Je pense que je peux me débrouiller tout seul, merci, dit Jim.

Il commença à s'éloigner dans le couloir, laissant Tee Jay en plan. Celui-ci l'observa un moment, puis lança :

— Monsieur Rook ! Je vous en prie, ne me rejetez pas ! Je fais de mon mieux ici, je le jure !

Jim s'arrêta, mais ne se retourna pas.

— Je le promets, monsieur Rook. Je ferai tout mon possible pour que personne d'autre ne soit blessé !

— Et si ton oncle Umber décide de tuer quelqu'un d'autre ? Avec qui seras-tu ? Avec lui ou avec moi ?

— Il est le sang de mon sang, monsieur Rook. Vous devez comprendre ça !

— Parfaitement ! fit Jim, et il se dirigea vers l'infirmerie en claudiquant.

Le reste de la journée fut calme et tout à fait ordinaire. Tandis que les garçons se rendaient à l'atelier pour faire de la soudure et bricoler sur des voitures, et que les filles avaient un cours d'enseignement ménager, Jim donna à Jane Firman une leçon particulière sur la reconnaissance des mots, puis travailla avec David Littwin sur son bégaiement.

Il aimait bien David. Malgré ses problèmes d'élocution, David était toujours enthousiaste et coopératif, et ne se froissait jamais quand ses camarades se moquaient de lui. Jim n'avait jamais voulu faire comme si ses élèves n'avaient pas de handicaps. Tôt ou tard ils devraient affronter le monde extérieur, et celui-ci ne pardonnait pas les forts bégaiements, ni les accents prononcés, ni la lenteur d'esprit. Jim voulait insuffler à ses élèves la confiance sans leur faire croire que leur vie allait être facile et qu'ils seraient toujours entourés d'amis compréhensifs et de professeurs politiquement corrects. Un jour, un patron impatient demanderait à David s'il pouvait espérer une réponse avant Noël, et David devrait faire avec.

David avait réalisé d'énormes progrès depuis qu'il était arrivé en Spéciale II, mais Jim n'avait pas l'intention de le laisser croire que les gens attendraient indéfiniment pendant qu'il e-e-e-essayait de d-d-d-dire ce qu'il pensait.

À la fin de l'après-midi, on frappa à la porte de la classe. C'était Susan.

— Ecoutez, déclara-t-elle, lorsque j'ai dit que nous devrions garder une certaine distance entre nous, je ne voulais pas dire cinq mille kilomètres, et je ne voulais pas dire pour toujours.

— Excusez-moi, répondit Jim en fourrant une liasse de copies dans sa serviette en cuir et en la refermant vivement. J'ai été tout particulièrement occupé aujourd'hui.

— Vous vous êtes blessé au visage, s'écria-t-elle d'un air inquiet.

Elle s'approcha et toucha sa joue puis son nez.

— Comment est-ce arrivé ? Vous ressemblez à M. Wallechinsky.

— Ce n'est rien. Une vitre s'est brisée.

Elle le regarda en fronçant les sourcils.

— Quelque chose *ne va pas* ? lui demanda-t-elle.

Il pensait continuellement à la façon dont elle avait à demi fermé les yeux en lui disant qu'elle l'aimait : avec quelle fougue l'avait-elle embrassé, comme si elle voulait le dévorer vivant !

— Tout va très bien, répondit-il. J'ai eu une dure journée, c'est tout.

Il voulut quitter son bureau, mais elle ne bougea pas, lui bloquant le passage.

— Je ne veux pas que vous pensiez que je suis fâchée, lui dit-elle. J'ai toujours très envie de voir vos cartes, lorsque vous aurez un moment de libre.

— Susan, je n'ai pas de cartes, avoua-t-il. Ron Philips a semé la discorde entre nous, c'est tout.

— Pas de cartes ? (Elle battit des paupières.) Comment ça ? Et la carte tracée par Martin Frobisher du passage Nord-Ouest ?

Il secoua la tête.

— Vous avez *inventé* cela ? demanda-t-elle d'un ton incrédule. Mais pourquoi ?

Tandis qu'elle prononçait ces mots, elle trouva elle-même la réponse, bien sûr. Et elle devint toute rouge, comme une collégienne.

— Excusez-moi, murmura-t-elle. Je n'aurais pas dû vous poser cette question. C'était stupide de ma part. Bon... je me couvre de ridicule en ce moment. Je ferais mieux de partir.

Il saisit son poignet.

— Susan... je ne sais pas ce qui s'est passé entre nous. J'ignore pourquoi vous m'avez dit que vous m'aimiez passionnément, pour changer d'avis ensuite. Je suppose que les femmes ont le droit d'être versatiles, mais j'aimerais bien savoir ce qui vous a détournée de moi aussi brusquement. Était-ce mon haleine ? Vous avez rencontré Richard Gere au supermarché le lendemain matin ?

— Je suis complètement perdue, reconnut Susan. Vous semblez penser qu'il s'est passé quelque chose entre nous alors qu'il ne s'est rien passé. Vous m'avez raccompagnée chez moi, nous avons parlé de cartes anciennes, et c'est tout. Vous avez heurté une haie et trempé votre pantalon, point final !

— Nous ne nous sommes pas embrassés ?

— Nous avons échangé un petit baiser entre amis.

— Nous avons échangé un petit baiser entre amis, mais nous ne nous sommes pas embrassés ? Vous savez, avec la langue ?

— Avec la *langue* ! s'exclama-t-elle, stupéfaite. Jim... nous parlions du planisphère de Mercator, c'est tout. On ne passe pas directement du planisphère de Mercator à un baiser avec la *langue* !

Jim pressa sa main sur sa tête.

— J'ai dû louper quelque chose. Je pensais que nous

nous étions embrassés. Je pensais que vous aviez dit que vous m'aimiez et que nous nous étions embrassés.

Susan prit sa main.

— Jim... j'ai beaucoup de *sympathie* pour vous. Je vous *admire.* Tout ce travail que vous faites avec la Spéciale II. Mais je regrette... je n'ai jamais dit que je vous aimais. Et croyez-moi... surtout ne prenez pas ça mal... nous ne nous sommes jamais embrassés.

Cela lui revint brusquement. La poudre-souvenir. Il avait essayé la poudre-souvenir en imaginant que Susan était follement amoureuse de lui. Il se rappelait, maintenant. Pourtant, malgré cela, il continuait d'être totalement convaincu que Susan et lui *s'étaient* embrassés. C'était la sensation la plus étrange qu'il eût jamais connue. Il percevait encore la saveur de ses lèvres. Il percevait encore la douceur de ses cheveux et son haleine sur sa joue. *Je suis tombée amoureuse de vous dès que je vous ai vu.* Elle avait dit cela si distinctement qu'il se représentait chaque mot d'une vive couleur de fruit, comme un rouleau de Life Savers.

— Bon Dieu, murmura-t-il, complètement abasourdi.

— Écoutez..., dit-elle. Laissons passer un peu de temps. Ensuite nous pourrions peut-être dîner ensemble un soir. Ou faire un pique-nique.

— Bien sûr, répondit-il. (Il lui pressa la main.) Je crois que je ferais mieux de regagner mes pénates, à présent. Le félin répondant jadis au nom de Tibbles doit attendre son dîner avec impatience.

— Jim, s'écria-t-elle comme il sortait de la salle de classe.

Il s'arrêta et se retourna.

— Rien, fit-elle, et elle le laissa partir.

Tandis qu'il rentrait à Venice, l'air devint oppressant et des éclairs scintillèrent au-dessus des montagnes de Santa Monica. À mi-chemin de chez lui, il y eut un roulement de tonnerre assourdissant et les trottoirs furent immédiatement mouchetés par les premières gouttes de pluie. Bientôt l'eau tomba en cascade du toit de sa voiture et ses essuie-glace balayèrent frénétiquement le pare-brise. Lorsqu'il atteignit son immeuble, il se gara le plus près possible de l'escalier en béton et s'extirpa de son siège en se couvrant la tête avec un numéro du *National Geographic.* Tant pis pour les rites de fertilité des indigènes parlant le motu de Nouvelle-Guinée ; ils allaient être trempés jusqu'aux os.

Il gravit les marches jusqu'à son appartement. Myrlin l'observait depuis la fenêtre de sa cuisine, mais, lorsque Jim se retourna brusquement et lui fit le signe du mauvais œil, il baissa son store précipitamment.

Il y eut un second coup de tonnerre quand Jim ouvrit la porte d'entrée, et la pluie s'abattit avec une violence accrue ; elle dévalait le toit et débordait des gouttières. Jim alluma les lumières et laissa tomber son magazine trempé dans la corbeille à papier. Il laissa la porte légèrement entrebâillée. Quelques secondes plus tard, sa chatte apparut, se frotta contre ses jambes et miaula pour lui faire pitié.

— Ça va, j'ai compris, lui dit-il.

Il alla dans la cuisine, ouvrit son congélateur et sortit le plat de jambalaya[1] qu'il s'était fait voilà deux mois environ. Il n'avait pas particulièrement faim, après les événements de la journée, mais il allait devoir passer toute la soirée à corriger des copies et il savait que, s'il se contentait de grignoter, il se retrouverait à minuit en train de se confectionner un énorme sandwich tout à fait écœurant avec tout ce qu'il pourrait trouver dans le réfrigérateur — pickles, gorgonzola, prosciutto périmé et beurre de cacahuète — et resterait éveillé dans son lit jusqu'à l'aube, en regrettant d'avoir mangé ce foutu sandwich.

Il mit le plat de jambalaya dans le micro-ondes et le fit décongeler. Ensuite il fit sauter l'opercule d'une canette de bière et ouvrit une boîte d'aliments pour chats. Sa chatte entra en trombe dans la cuisine et avala de gros morceaux reconstitués de lapin avant

1. Ragoût de riz à la volaille, plat populaire en Louisiane (*N.D.T.*).

qu'il eût eu le temps de mettre tout le contenu de la boîte dans son assiette.

— Mais regarde-toi ! lui dit-il. Tu m'aimes uniquement parce que je te nourris, et Susan ne m'aime pas du tout.

Il se redressa et se regarda dans le miroir près du téléphone. Il toucha précautionneusement sa joue. Le couteau d'Umber Jones devait être plus affilé qu'un rasoir à manche, parce que la plaie, bien que profonde d'un demi-centimètre, s'était parfaitement refermée. L'entaille sur son nez était plus embêtante : il y avait une toute petite plaie semi-circulaire près du bout, et elle était légèrement béante. Il devrait éviter de se moucher pendant quelque temps.

Il emporta sa canette de bière dans le séjour. Il prit la télécommande et alluma la télévision. Les informations, le base-ball, les Simpson, encore du base-ball, des insectes répugnants filmés en gros plan, les informations. Un éclair crépita de l'autre côté de la fenêtre et l'image sur l'écran du téléviseur crépita également, puis se mit à sauter. Il se leva et tapa sur le téléviseur du plat de la main, mais l'image continua de trembler. À ce moment, Jim entendit sa chatte miauler à nouveau. Il se retourna et aperçut une forme assise sur son canapé. Une forme vague, mince, penchée en avant et tout juste visible. Elle n'avait guère plus de substance qu'une silhouette découpée dans un rideau de tulle.

Il la regarda fixement, effrayé, mais, à présent qu'il avait commencé à accepter l'existence d'esprits qui allaient et venaient, il était bien moins terrifié que lorsque Umber Jones était apparu pour la première fois. Il observa la forme un moment, attendant de voir ce qu'elle allait faire, puis s'en approcha prudemment. Il n'émanait pas d'elle la malveillance volcanique d'Umber Jones. Elle était assise, patiente et silencieuse, la tête baissée et les mains posées sur les genoux. Il s'agenouilla sur le tapis devant elle, puis avança la main pour la toucher, pour voir si elle allait réagir, mais il sentit seulement un léger picotement glacé, comme s'il avait trempé les doigts dans un verre d'eau gazeuse.

Le personnage redressa la tête. Son visage était très pâle et triste, ses yeux voilés par des ombres foncées. Mais Jim ne pouvait se méprendre sur son identité. Même lorsqu'un esprit a quitté son corps matériel pour toujours, on peut le reconnaître.

— Madame Vaizey, dit Jim. Est-ce que vous m'entendez, madame Vaizey ?

— Je vous entends, répondit-elle.

Il ne savait pas très bien si elle avait vraiment parlé ou non, mais comprenait ce qu'elle disait.

— Madame Vaizey... je regrette tellement ce qui est arrivé. Si j'avais su...

— Je connaissais les risques, Jim. Et à présent que je suis morte, je pense que vous pouvez m'appeler Harriet, non ?

— Umber Jones vous a surprise dans son appartement ?

Elle hocha la tête et déclara :

— Son esprit-fumée n'était pas là quand je suis arrivée. Son corps matériel était allongé sur le lit. Son visage était tout blanc, enduit de cendres, et seuls ses yeux étaient visibles. Son chapeau était appuyé sur l'oreiller près de lui, et il tenait son bâton *loa* dans la main, exactement comme Baron Samedi. J'ai voulu lui prendre le bâton *loa,* mais il était trop tard. Son esprit-fumée est revenu et m'a surprise, et je n'ai rien pu faire. Il a invoqué Ogoun Ferraille pour l'aider, et Ogoun Ferraille m'a obligée à me manger moi-même.

— La douleur...

— La douleur était plus effroyable que tout ce que vous pouvez imaginer. Heureusement, cela n'a pas duré très longtemps, et maintenant c'est terminé. Je ne souffrirai plus jamais.

— Que va-t-il vous arriver, à présent ?

— Je vais m'estomper et disparaître, Jim, comme le font tous les esprits. Le ciel n'existe pas. Au-delà de la lumière, il y a seulement une sorte d'affaiblissement, comme une photographie laissée au soleil. Un jour il ne reste que le plus pâle des contours, et puis plus rien.

— Vous me manquerez. Vous savez cela.

— Je vous remercie. Aussi longtemps que quelqu'un se souviendra de moi, je ne serai pas partie définitivement. Mais vous devez trouver un moyen de traiter avec Umber Jones, sinon il vous harcèlera jusqu'à la fin de vos jours.

— J'ai essayé de traiter avec lui, répondit Jim en tournant le visage pour qu'elle puisse voir l'entaille qui lui balafrait la joue. Regardez le résultat. Il a menacé de s'en prendre à mes élèves si je ne fais pas ce qu'il dit.

Il lui raconta ce qui s'était passé au collège le jour même, et elle écouta attentivement. Finalement, elle déclara :

— Vous devez vous emparer de son bâton *loa*. C'est la seule façon. Est-ce que vous pensez que vous pourriez persuader ce garçon, Tee Jay, de faire ça ?

— J'en doute fort. Il est bouleversé par la façon dont son oncle a tué son meilleur ami, mais il a très peur de lui. Je ne crois pas qu'il ait envie de s'attirer la colère de son oncle en volant un objet aussi sacré qu'un bâton *loa*.

— Cela ne m'étonne pas. Il s'est certainement converti au vaudou, sans quoi il ne serait pas en mesure de voir l'esprit-fumée de son oncle. À mon avis, *vous* devrez vous en charger.

— Vous voulez dire que je devrai m'introduire par effraction dans l'appartement d'Umber Jones ?

— Oui, à moins, comme moi, de vous rendre chez lui sous votre forme esprit. Mais assurez-vous qu'il ne revienne pas vous surprendre, comme il m'a surprise !

— Comment puis-je faire ça ? Je ne sais absolument pas comment sortir de mon corps.

— Ce n'est pas difficile. Vous faites un cercle de cendres et avec votre index vous tracez trois signes — la lune, le soleil et le vent. Ils guideront votre esprit hors de votre corps et l'y ramèneront, comme le balisage sur la piste d'envol d'un aéroport. Ensuite, tout ce que vous avez à faire, c'est vous allonger sur votre canapé et réciter les trois phrases du départ.

— Je ne connais pas les trois phrases du départ.

C'était ce truc ressemblant à du latin que vous avez dit ?

— Vous pouvez le dire dans la langue de votre choix. Avec certaines langues, cela marche plus vite, et vous êtes propulsé hors de votre corps presque tout de suite. Le créole, par exemple, et le yoruba sont plus efficaces, car ces langues ont des mots très puissants pour la magie.

— Mon yoruba est quelque peu rouillé !

— Alors dites-le en anglais : Libérez mon esprit... laissez-le aller où il désire. Faites que mon corps dorme sans lui. Libérez mon esprit... préservez-le du mal et des ténèbres.

Elle répéta ces mots trois fois et Jim les répéta après elle.

— Cela ne fait rien si vous les modifiez légèrement... c'est votre *volonté* qui vous libère, pas ce que vous dites.

— Une dernière chose, fit Jim. Ça *ressemble* à quoi exactement ?

— Vous aurez l'impression d'avoir ôté un lourd manteau que vous avez porté toute votre vie. Vous vous sentirez tellement libre que vous n'aurez pas envie de revenir. Vous volerez. Vous flotterez. Quand on a fait cela une première fois, on a hâte de recommencer.

Cela ne plaisait pas beaucoup à Jim. Jusqu'à l'apparition d'Umber Jones, sa vie avait été sans détours et plutôt heureuse. Il n'avait pas envie que ce bien-être soit perturbé par un désir étrange qu'il ne pourrait jamais satisfaire. Comme si, astronaute, il désirait pour toujours retourner sur la Lune.

— Si je peux voler... si je peux flotter... si je n'ai aucune substance matérielle, comment puis-je prendre le bâton *loa* ?

— Un esprit ne dépend pas de la substance. Un esprit est animé par la volonté. La force d'un esprit réside dans sa concentration, sans être gêné par la chair et le sang.

Le contour de Mme Vaizey commença à s'estomper :

— Attendez ! fit Jim. Une fois que j'aurai trouvé le bâton *loa,* qu'est-ce que j'en fais ?

Mme Vaizey articula quelques mots si faiblement qu'il ne comprit pas sa réponse. Ce pouvait être *l'emporter* ou *le briser.* Cela aurait pu être quelque chose d'entièrement différent. Elle devint tellement pâle qu'elle ressemblait à une ombre à peine visible sur le canapé. Puis elle disparut complètement.

Le félin répondant jadis au nom de Tibbles poussa un miaulement intrigué. Jim se leva et erra dans l'appartement. Il se demandait ce qu'il devait faire.

La sonnerie de la porte d'entrée retentit. Il alla ouvrir, sans ôter la chaîne de sûreté. C'était Geraint. Il portait une chemise aux couleurs criardes, vert et écarlate.

— Vous gardez ma mère chez vous ? demanda-t-il vivement.

— Votre mère ? Bien sûr que non. Où avez-vous été chercher ça ?

— Myrlin assure qu'il vous a vu parler avec elle.

— Et comment a-t-il réussi à faire ça ? Il voit à travers les murs ?

— Il passait sur le balcon et par hasard il a jeté un coup d'œil dans votre appartement.

— *Par hasard,* hein ? J'aurais dû m'en douter.

Jim ôta la chaîne de sûreté et ouvrit la porte toute grande.

— Vous voulez entrer et fouiller l'appartement ?

— Oh, non, non, répondit Geraint, mal à l'aise. Mais je suis très inquiet à son sujet. C'est la première fois qu'elle s'en va comme ça. J'ai cherché partout, mais que dalle !

— À votre place, je ne m'inquiéterais pas. Vous la connaissez. Où qu'elle soit, elle est heureuse, j'en suis sûr.

Geraint s'apprêtait à s'en aller lorsqu'il fronça le nez et huma l'air.

— C'est bizarre ! Je suis certain de sentir son parfum !

Jim savait ce qu'il voulait dire. Elle n'avait pas seulement laissé l'odeur de son parfum, mais aussi la vibration de ce qu'elle avait été. Il posa une main sur l'épaule de Geraint pour le réconforter.

— Je suis désolé, Geraint. Mais vous connaissez l'expression... prendre ses désirs pour des réalités.

10

Il parvint à manger la moitié de son plat de jambalaya et fit tomber le reste dans l'assiette de la chatte. Puis il prit une douche et se changea, optant pour un pull noir à col roulé et un pantalon noir. Il prit une paire de gants en cuir noir que sa mère lui avait offerts à Noël et qu'il n'avait jamais portés. Il coiffa en arrière ses cheveux mouillés et s'examina dans le miroir. D'accord, il n'avait jamais cambriolé quoi que ce soit, mais il *avait l'air* d'un cambrioleur.

Il ouvrit le placard de la cuisine et en sortit la boîte en plastique bleu où il rangeait ses outils, un assortiment hétéroclite. Il choisit un long tournevis et un mince grattoir à peinture. Il aperçut un morceau de fil de fer recourbé à l'aide duquel il avait ouvert un casier au collège, un jour où un élève avait égaré sa clé, et le fourra également dans sa poche, d'une manière optimiste.

Il prit sa voiture et se rendit à l'appartement d'Umber Jones. Il se sentait irréel, comme s'il n'était pas luimême. Il se gara en face de l'immeuble, derrière une camionnette de livraison de tapis. Une faible lumière ambrée luisait à travers les stores de la fenêtre d'Umber Jones, au premier, et Jim aperçut la silhouette de quelqu'un qui faisait les cent pas. Apparemment, c'était Tee Jay.

Jim consulta sa montre. Il était onze heures onze pile. Il se cala confortablement dans son siège et se prépara à une longue attente. Cela allait être foutrement hasardeux, mais il préférait s'introduire dans l'appartement d'Umber Jones pendant que celui-ci et Tee Jay dormaient lorsque Umber était sous sa forme matérielle plutôt que lorsqu'il était sous la forme de La Fumée, avec toute la force destructrice que le *loa* pouvait lui donner.

Il passa le temps en se récitant des poèmes. *Mais la mort répondit : « Je l'ai choisi. » C'est ainsi qu'il partit, et le silence se fit dans la nuit.*

De manière inattendue, la porte d'entrée de l'immeuble d'Umber Jones s'ouvrit et Tee Jay apparut. Il portait un coupe-vent en nylon bleu et blanc, et gardait les mains enfoncées dans ses poches. Il regarda à droite et à gauche, puis s'éloigna rapidement vers l'ouest.

Cinq ou six minutes s'écoulèrent, puis la lumière dans l'appartement d'Umber Jones s'éteignit. Umber Jones était peut-être allé se coucher. Jim décida de lui laisser une bonne demi-heure, puis de voir s'il pouvait s'introduire chez lui. Il y aurait quelques minutes de danger maximal pendant qu'il essaierait de localiser le bâton *loa*, mais, lorsqu'il l'aurait trouvé, Umber Jones ne pourrait plus rien faire.

Il attendit vingt minutes. La fenêtre d'Umber Jones était toujours plongée dans l'obscurité. Celui-ci devait dormir, à présent. Jim lui laissa encore trois minutes puis il descendit de voiture. Il ne verrouilla pas les portières, pour le cas où il serait obligé de s'enfuir précipitamment.

— Tu es complètement cinglé, se dit-il prosaïquement comme il traversait la rue. Ça ne marchera jamais. Il va se réveiller et il te coupera en morceaux. Et en plus, tu parles tout seul !

Mais quelle était l'alternative ? Continuer d'être « l'ami » d'Umber Jones... effectuer des courses pour lui et l'aider à extorquer de l'argent à des maquereaux et à des dealers, sous la menace constante que celui-ci tue ses élèves ? Ou bien surveiller l'appartement d'Umber Jones pendant des jours d'affilée et attendre qu'il le quitte sous la forme de la Fumée ? Et s'il revenait et surprenait Jim en train de voler son bâton *loa*, comme il avait surpris Mme Vaizey ? La perspective de se manger lui-même ne souriait guère à Jim, non plus que celle de terminer sa vie sous la forme d'un petit tas de poussière.

Il arriva devant la porte de l'immeuble d'Umber Jones. Il regarda autour de lui avec inquiétude, mais il n'y avait personne dans les parages, excepté un homme, ivre mort, qui était le sosie de Stan Laurel. Il s'appuyait contre un mur comme s'il en était éperdument amoureux, et de temps à autre braillait des paroles de *Moon River : Large de plus de seize cents mètres, j't'ai traversé à la nage...* La porte était vieille et pas très bien ajustée. Il y avait un interstice d'un bon centimètre entre le chambranle et la porte elle-même, et le bois semblait plutôt pourri. Jim prit son tournevis et l'enfonça dans la fente, près de la serrure. Puis il exerça une poussée, de toutes ses forces, et une partie du chambranle se fendilla. Ensuite il parvint à glisser la lame du tournevis dans l'interstice jusqu'à ce qu'il sente le pêne du verrou. Il s'apprêtait à forcer la serrure lorsqu'il eut brusquement la sensation d'un grondement sourd, comme si un chemin de fer souterrain passait sous ses pieds. Mais ici, à Venice, il n'y avait pas de chemin de fer souterrain, bien sûr !

Instinctivement, il s'éloigna de la porte. Le grondement s'accentua ; cela ressemblait plutôt à des roulements de tambours. Des tambours qui battaient furieusement, fiévreusement. La porte vibra. Jim tourna les talons et partit en courant. À quelques mètres de là, il aperçut un renfoncement de porte devant une librairie pour adultes. Il se plaqua contre le grillage de sécurité. Son cœur battait aussi follement que les tambours. À travers le grillage, la photographie fanée d'une fille dodue à la peau blanchâtre lui souriait, les yeux entourés d'une couche de mascara noir.

Au bout d'un moment, il se pencha en avant pour voir ce qui se passait. Le trottoir était désert, à l'exception de l'ivrogne qui avait réussi à progresser de quelques mètres. *J'attends... après la boucle du fleuve...*

Puis l'air devant l'immeuble d'Umber Jones parut onduler, comme l'air chaud dans le désert, au-dessus d'une grande route. La porte s'entrouvrit, et de la fumée commença à s'en écouler. Une fumée épaisse, noire. Jim se rejeta en arrière. Il savait parfaitement ce que c'était. La fumée se lova, tourbillonna et s'éleva lentement, avant de prendre la forme haute et foncée, aisément reconnaissable, d'Umber Jones. Il était sorti par une ouverture qui ne faisait pas plus de cinq centimètres de largeur.

Jim avait deux possibilités, à présent. Ou bien il restait et essayait de pénétrer dans l'appartement d'Umber Jones, ou bien il suivait ce dernier, où qu'il se rende, pour voir ce qu'il tramait. Il était plus logique de s'introduire chez lui. Après tout, une fois qu'il aurait le bâton *loa,* Umber Jones ne serait plus à même d'invoquer les esprits pour qu'ils lui donnent de la force. C'était ainsi que Jim comprenait les choses, en tout cas. Umber Jones aurait toujours la possibilité d'utiliser un pistolet ou un couteau, bon, et alors ? Jim avait eu des élèves qui, à l'âge de quinze ans, étaient capables d'utiliser des armes à feu et des couteaux, et qui de temps en temps les apportaient au collège, également ! Indépendamment de ce fait, Mme Vaizey était morte en tentant de lui apporter le bâton *loa,* et il avait le devoir moral de terminer le travail qui l'avait tuée. Il lui devait au moins cela.

Umber Jones commença à s'éloigner ; son costume noir battait comme les ailes d'un corbeau. Il passa près de l'ivrogne. Celui-ci ne pouvait pas le voir, bien sûr, mais il perçut manifestement qu'Umber Jones le frôlait, telle une ombre, tel un sombre courant d'air en été, parce qu'il pivota sur une jambe et regarda fixement le vide.

Umber Jones traversa la rue. Au même moment, un taxi arriva à toute allure dans sa direction ; sa suspension rebondissait sur la chaussée défoncée. Le taxi fonça droit sur lui. Ses phares brillaient à travers le corps d'Umber Jones, comme à travers une nappe de brouillard. Durant un moment, Jim pensa qu'Umber Jones allait être tué, mais le taxi le traversa. La fumée dont il était fait tourbillonna et virevolta, puis elle se reforma, et Umber Jones reprit sa traversée vers le trottoir d'en face comme s'il avait été heurté par une simple rafale de vent.

Il tourna le coin de la rue et disparut. Durant de longs instants, le courage manqua à Jim, et il demeura immobile, plaqué contre le grillage de la librairie pour adultes. Comment pouvez-vous combattre un homme qui est capable de sortir de son corps et de marcher dans les rues sous l'apparence d'une fumée ? Mais il trouva la réponse en lui : parce que tu dois le faire. Parce que dix-neuf adolescents comptent sur toi.

Parce que le bien doit l'emporter sur le mal. C'est la loi naturelle.

Il prit deux profondes inspirations. Puis il quitta le renfoncement de la librairie et revint vers la porte de l'immeuble d'Umber Jones. Il sortit son tournevis et continua de forcer la serrure. L'ivrogne l'aperçut et entreprit de se diriger vers lui d'un pas traînant.

— *J'attends après la boucle*..., cria-t-il à tue-tête. *Mon amie myrtille*...

La lumière dans l'appartement de M. Pachowski fut brusquement allumée, et les rideaux tirés. M. Pachowski ouvrit la fenêtre et lança :

— Qu'est-ce qui se passe en bas ? Fichez le camp immédiatement, sinon j'appelle les flics !

Jim s'écarta de la porte et leva la main en un geste conciliant.

— Excusez-moi... Je cherche le numéro 12002 !

— Vous n'y êtes pas du tout ! Le 12002, c'est trois rues plus loin, à l'ouest !

— Formidable, merci ! dit Jim.

Néanmoins, M. Pachowski resta là à l'observer tandis qu'il s'éloignait. Il leva la main à nouveau.

— Merci, répéta-t-il. Et bonne nuit !

Il retraversa la rue. L'ivrogne le suivit en faisant des embardées. Il continuait de chanter. Quand Jim remonta dans sa voiture, il s'approcha et s'appuya sur le toit. Jim baissa sa glace et lui lança :

— Allons, fichez le camp ! Trouvez-vous un endroit tranquille pour cuver votre vin !

L'ivrogne le fixa avec des yeux qui refusaient d'accommoder.

— Dites-moi un truc, bredouilla-t-il. J'ai jamais réussi à découvrir ça moi-même, et apparemment personne connaît la réponse. Bon sang, qu'est-ce que c'est, une amie myrtille ?

Il s'éloigna vers la nuit en titubant, les bras écartés, tel un épouvantail pris dans un cyclone. Jim mit le contact et démarra.

Il vit que M. Pachowski continuait de le surveiller attentivement. À présent il ne lui restait plus qu'à regagner son appartement et à chercher un autre moyen de mettre la main sur le bâton *loa* d'Umber Jones.

Mais il pouvait peut-être faire autre chose. Suivre Umber Jones, quelle que soit sa destination, et découvrir ce qu'il mijotait. Ce pouvait être extrêmement dangereux, mais d'un autre côté cela lui donnerait peut-être une indication très précieuse sur les points forts d'Umber Jones, et sur ses points faibles, éventuellement. Deux ou trois choses l'intriguaient. Umber Jones avait exigé que son existence demeure secrète, mais il était apparu à plusieurs reprises dans une salle de classe bondée, où Jim avait été incapable de dissimuler le fait *qu'il se passait quelque chose* de bizarre. Il aurait pu se manifester tout aussi facilement dans l'appartement de Jim, ou dans la rue, et les élèves de Jim n'auraient jamais perçu sa présence. Et il y avait autre chose : quand Umber Jones avait voulu donner à Jim ses instructions pour parler à Chill, pourquoi avait-il envoyé Elvin, au lieu de venir le trouver en personne... ou à tout le moins sous la forme de la Fumée ?

Jim tourna le coin de la rue où Umber Jones avait disparu. La rue était déserte, à l'exception de rangées de voitures garées et d'un homme qui promenait un chien à l'air hargneux. Jim prit à gauche et conduisit lentement jusqu'au croisement suivant. Il battait le rappel sur le volant. Umber Jones avait marché d'un pas rapide, mais il n'avait pas pu aller plus loin que quatre ou cinq pâtés de maisons. Jim s'arrêta au feu rouge... puis, lorsque le feu passa au vert, il tourna à droite.

Tandis qu'il longeait le pâté de maisons, il commença à se douter de l'endroit où Umber Jones se rendait. À présent, il se trouvait à trois rues seulement du bar Chez Sly, le quartier général de Chill et de ses acolytes. Chill avait déclaré qu'Umber Jones pouvait aller au diable. Umber Jones avait peut-être l'intention de lui rendre la politesse.

N'apercevant toujours pas celui-ci, Jim décida de tenter sa chance et de se rendre directement Chez Sly, aussi vite qu'il le pouvait. Il tourna brusquement à gauche au croisement suivant, ses pneus couinèrent comme des chats qu'on étrangle, puis il prit à droite. Il arriva devant le bar juste à temps pour apercevoir la silhouette vague et foncée d'Umber Jones qui tournait le coin de la rue.

Au même moment, il vit Chill et trois de ses gardes du corps sur le trottoir. Ils parlaient et riaient. Un autre homme était assis sur le capot d'une Cadillac Fleetwood verte et fumait un petit cigare. Umber Jones vint vers eux à une vitesse surnaturelle, sans ralentir son allure. Son visage était blafard, enduit de cendres, et ses yeux écarlates, comme s'il les avait frottés avec des cendres ardentes. Il s'approcha sur le trottoir, costume noir, chapeau noir à large bord. Bien sûr, Chill et ses gorilles ne pouvaient pas le voir. Il ne projetait même pas une ombre.

La prise de Jim se durcit sur le volant. Il ne savait pas très bien ce qu'il devait faire. Même s'il criait une mise en garde à Chill et à ses hommes, ils ne le croiraient pas, puisqu'ils ne voyaient pas Umber Jones. De toute façon, cela ne servirait à rien. Umber Jones était non seulement invisible, mais également intangible. Sa seule substance était le mal qui l'animait, mais son pouvoir était le pouvoir des *loa* qui l'aidaient, Ghede et Ogoun Ferraille.

De fait, Jim prit une profonde inspiration pour crier « Attention ! » mais sa voix ne fonctionna pas. Et il fut seulement en mesure de regarder avec horreur tandis qu'Umber Jones, faisant pivoter sa main, révélait au-dessous la lame de couteau.

Chill oscilla sur ses talons, les mains dans les poches, et éclata de rire. Le garde du corps qui se tenait à côté de lui portait une chemise noire et un gilet de soie blanc. Umber Jones fondit sur lui à toute allure et le frappa au ventre — une, deux, trois fois. Il s'appuya même sur l'épaule droite de l'homme pour assurer ses coups. L'homme fut trop saisi pour crier. Il resta là, les bras écartés, et baissa les yeux vers son gilet. Celui-ci était cramoisi, comme si l'on avait écrasé des fraises dessus. Puis, toujours silencieux, l'homme tomba à genoux. Il toussa et cracha un flot de sang, vacilla, puis s'affaissa sur le côté.

Les autres gorilles se tournaient dans tous les sens, leurs pistolets brandis, essayant de voir qui les avait attaqués. Au début ce fut comme s'ils s'accusaient réciproquement. Après tout, il n'y avait absolument personne à proximité. L'un d'eux recula et agita son automatique dans toutes les directions. Jim les entendait crier, et durant un moment il crut qu'ils allaient se mettre à tirer. Puis Chill leur hurla d'arrêter de se comporter comme des poulets décapités. Tout à fait de circonstance, songea Jim farouchement, pour des hommes attaqués par le vaudou.

Chill montra du doigt les immeubles d'en face et les gardes du corps, ôtant leurs lunettes de soleil, scrutèrent frénétiquement le côté opposé de la rue, cherchant à repérer un tireur embusqué. Puis l'un d'eux se mit sur un genou à côté de l'homme mortellement poignardé et déboutonna sa chemise ensanglantée. Il se tourna vers les autres et secoua la tête. Ce n'était pas des trous causés par des balles ; les blessures, ovales et ouvertes, avaient été causées par un couteau.

Pendant ce temps, Umber Jones tournait autour d'eux. Sa lame brillait, ses dents étincelaient, ses yeux étaient tellement écarquillés qu'il ressemblait à un dément. Il s'approcha du garde du corps qui était agenouillé près de l'homme tombé à terre, se pencha vers lui et passa le bras autour de sa gorge. Il donna l'impression de lui faire une prise de catch, puis il eut un mouvement rapide du bras et sa lame, tranchant la jugulaire de l'homme, sectionna à moitié sa pomme d'Adam. L'homme voulut se relever, mais le sang gicla si violemment de son cou qu'il aspergea le trottoir et les glaces de la Cadillac de Chill.

Celui-ci avait son compte. Il appela les deux gardes du corps encore en vie et ils s'engouffrèrent dans la voiture comme si le diable était à leurs trousses. Et c'était le cas. Avant que le chauffeur de Chill ait le temps de mettre le contact, la forme noire et fuligineuse d'Umber Jones se glissa vers la Cadillac et s'écoula littéralement à l'intérieur, par la glace arrière à moitié ouverte.

Le moteur de la Cadillac gronda brusquement. Les pneus crissèrent et de la fumée s'éleva en volutes épaisses depuis les ailes arrière. Puis la voiture démarra et fila dans la rue.

Elle n'alla pas très loin. Elle n'avait même pas atteint le bout de la rue lorsqu'elle fit une embardée et heurta dans un fracas assourdissant l'arrière d'un camion d'éboueurs stationnant en double file. Il y eut un moment de silence puis elle explosa. Une boule de feu orange s'éleva dans la nuit. La roue de secours embrasée fut projetée en l'air à plus de dix mètres avant de retomber sur le toit d'une voiture garée de l'autre côté de la rue.

Jim était persuadé que tous les occupants de la Cadillac avaient été tués. Mais la portière côté passager s'ouvrit brusquement et Chill s'affaissa sur la chaussée. Les cheveux sur l'arrière de sa tête fumaient. Il parvint à se redresser sur les mains et les genoux et s'éloigna de l'épave en se traînant comme un chien battu. La chaleur dégagée par la voiture en feu était si intense que la semelle de ses chaussures en daim jaunes s'enflamma brusquement. Finalement, il fut tiré et mis à l'abri par deux éboueurs, qui l'allongèrent sur le trottoir et le couvrirent de leurs vestes.

Jim demeura immobile et regarda la voiture brûler complètement. Il était le seul à voir le personnage au visage enduit de cendres et au chapeau à la Elmer Gantry qui contemplait la carcasse noircie, lui aussi, sans bouger, mais avec une expression réjouie de charognard.

À trois heures du matin, Jim fut réveillé par des coups discrets mais insistants. Il se redressa, sur le qui-vive, et écouta attentivement. Il y eut un instant de silence, puis il entendit à nouveau les coups discrets, comme si quelqu'un tapotait avec son ongle sur la fenêtre du séjour.

Il s'extirpa du lit. Le félin précédemment désigné sous le nom de Tibbles s'était blotti contre ses jambes. La chatte ouvrit un œil et lui lança un regard de vive irritation. Nu-pieds, il s'avança sur la moquette du séjour. Les stores en toile de coton étaient baissés, mais il y avait un clair de lune cette nuit-là, et Jim distinguait nettement l'ombre sur le balcon.

Il se tint devant le store durant un long moment, se demandant s'il devait le relever, ou bien faire comme s'il dormait et que rien ne pouvait le réveiller.

Puis il vit l'ombre lever le bras et tapoter à nouveau sur la vitre. Elle continuerait probablement de tapoter ainsi toute la nuit s'il ne répondait pas, et il était déjà assez épuisé comme ça. À son retour, il s'était endormi presque tout de suite, mais il s'était réveillé en sursaut dix minutes plus tard et mis à taper frénétiquement sur ses draps parce qu'il se croyait cerné par les flammes.

Il était parvenu à se rendormir peu après deux heures du matin. Et maintenant il était confronté à cela. Une ombre qui se tenait de l'autre côté de sa fenêtre et donnait de petits coups, patiemment.

Finalement, il se décida et releva le store. Immobile dans la clarté de la lune, il aperçut Elvin, si pâle que sa peau était comme lumineuse. Ses plaies ressemblaient plus que jamais à des bouches béantes de poissons morts. Il tapota sur la vitre une fois encore. Il souriait d'une manière étrange, sur la défensive, comme un aveugle sourit lorsqu'il pense qu'il s'approche d'un obstacle inconnu.

Jim se cacha le visage dans les mains. Il ne savait pas très bien pendant combien de temps encore il serait capable de supporter cela. Mais, lorsqu'il écarta ses mains, Elvin était toujours là, et il comprit qu'il n'avait pas le choix. Il devait ouvrir la porte.

Elvin s'avança dans son appartement en traînant les pieds et fit halte, le regard dans le vide.

— Salut, Elvin, dit Jim.

L'odeur de décomposition était bien plus forte à présent, et il trouva que l'aspect d'Elvin avait empiré. Pendant combien de temps la magie d'Umber Jones pourrait-elle obliger ce pauvre corps mutilé à aller et venir, pour apporter ses messages ?

— Umber Jones veut que vous retourniez voir Charles Gillespie, déclara Elvin d'une voix inintelligible. Il veut que vous lui répétiez exactement ce que vous lui avez dit la dernière fois. S'il refuse à nouveau, Umber Jones veut que vous lui remettiez ceci.

Il glissa une main blanchâtre et spongieuse dans la poche de sa veste et en tira un os d'aile de poulet attaché avec des cheveux, des plumes et un fil de couleur. Cela ressemblait à une énorme mouche artificielle. Jim regarda l'objet fixement, mais ne le toucha pas. Elvin attendit patiemment pendant un moment, puis il posa l'os sur la table basse.

— Une autre malédiction vaudou, je suppose, fit Jim.

— Un autre moyen de faire entendre raison à Charles Gillespie, répliqua Elvin.

Il se tourna pour partir, mais Jim cria vivement « Elvin » et il s'arrêta, lui tournant le dos. Ses cheveux étaient poissés de sang séché.

— Elvin... est-ce qu'il reste quelque chose en toi de ce que tu étais jadis, avant qu'Umber Jones prenne possession de toi ?

Il y eut un silence atrocement long, puis Elvin dit :

— Je ne comprends pas la question.

— Je veux seulement savoir si je parle à Elvin Clay, le vrai Elvin Clay, le garçon chéri de M. et Mme Clay, le frère d'Elvira, ou bien si je parle à un morceau de viande docile.

— Umber Jones est mon *houngan.* Je fais tout ce qu'Umber Jones me demande de faire.

— Je sais cela, Elvin. Mais ce que je veux savoir, c'est s'il reste quelque chose de *toi.* La moindre volonté. La moindre force. Une parcelle de ton esprit.

Elvin hésita. Malgré sa répulsion, Jim posa la main sur son épaule. Sa chair était anormalement molle sous sa veste. Jim sentait ses muscles en putréfaction glisser sur ses os. Elvin baissa la tête et les plaies autour de son cou s'ouvrirent comme si elles étaient capables de parler de leur propre initiative.

Puis il se retourna, et son visage — aussi horriblement mutilé qu'il soit — exprimait une prière presque enfantine.

— Pourquoi ne me laisse-t-il pas m'en aller, monsieur Rook ? Pourquoi ne me laisse-t-il pas mourir ?

— Je n'en sais rien, Elvin. Apparemment, il a besoin de toi, comme il a besoin de moi.

— Vous ne pouvez pas lui demander de me laisser partir ? Vous ne pouvez pas savoir l'effet que cela fait, de sentir que vous êtes en train de pourrir. C'est comme si quelque chose rongeait mes viscères, sans repos, et j'ai bien peur que ce ne soient des asticots.

Jim déglutit, puis il parvint à dire :

— Écoute, Elvin... je vais faire tout mon possible. Je te le promets.

Elvin lui adressa un petit hochement de tête, aveugle, pathétique. Puis, se retournant, il sortit lentement de l'appartement de Jim, qui le regarda descendre les marches à tâtons et s'éloigner dans la nuit. Dieu seul savait où il allait, et où il se trouvait quand Umber Jones ne l'envoyait pas porter des messages. Peut-être au cimetière. Ou dans une cave. Et que lui arriverait-il lorsque son corps serait tellement décomposé qu'il ne pourrait même plus marcher ?

Il prit l'os de poulet fétiche. Il s'en dégageait quelque chose d'indiciblement désagréable. L'os était vieux et desséché, mais il avait une odeur forte, déplaisante, comme une puanteur d'égout, qui lui rappelait tout ce qui lui avait donné des nausées au cours de sa vie. Il ne savait pas ce que Chill en penserait, mais lui-même en était terrifié.

Il ne pouvait songer à retourner se coucher. Il se rendit dans la cuisine et se prépara un café très fort. Il s'assit, regarda le fétiche avec lassitude et se demanda s'il parviendrait un jour à se libérer de l'emprise d'Umber Jones. Il était toujours assis dans la cuisine lorsqu'il entendit un bruit de régurgitation écœurant. Cela venait du séjour et cela ressemblait à quelqu'un qui suffoque sur son lit de mort.

Prudemment, il ouvrit le tiroir de l'argenterie et prit le plus gros couteau qu'il put trouver. Puis il sortit de la cuisine sur la pointe des pieds et se tint à l'entrée du séjour. Le bruit se reproduisit... des haut-le-cœur abominables et des râles.

Il se dit : *Allons, tu as réussi à regarder Elvin en face. Tu l'as même* touché. *Rien ne peut être pire que ça !*

Il avança la main et chercha le commutateur près de la porte. Il compta jusqu'à trois, puis, simultanément, il alluma la lumière, bondit dans le séjour, le couteau pointé en avant, et cria : *C'est bon !*

Le félin répondant jadis au nom de Tibbles leva la tête avec frayeur. La chatte venait de vomir son dîner sur le tapis. Jim la regarda fixement, son couteau à la main, et il fut très tenté de s'en servir. Mais aussi... ma foi, c'était entièrement sa faute. Il lui avait donné le restant de son plat de jambalaya. Il savait que les piments rouges la rendaient toujours malade.

Il retourna dans la cuisine pour prendre un seau et une serpillière humide. De toute sa vie il ne s'était jamais senti aussi harassé et découragé.

Lorsqu'il entra dans la salle de classe, le lendemain matin, il trouva tous ses élèves réunis par petits groupes, debout ou assis sur leurs tables, et discutant avec animation. Il laissa tomber bruyamment son porte-documents sur son bureau, puis demanda :

— De quoi s'agit-il ? Vous avez institué une assemblée législative ? Quelle est la motion aujourd'hui ? Cette assemblée estime-t-elle que tous les adolescents devraient rentrer leur chemise dans leur pantalon ?

Russell Gloach s'avança. Sa bouche était barbouillée de Twinkie, et il l'essuya du dos de la main.

— Non, m'sieur ! La motion est la suivante : Qu'allons-nous faire au sujet d'Umber Jones, l'oncle de Tee Jay ?

Tee Jay était là, lui aussi, assis au fond de la classe. Jim se dirigea vers lui et dit :

— Qu'en penses-tu, Tee Jay ? C'est ton oncle. Ce qu'il fait a un rapport direct avec ta religion.

— Il est allé trop loin, déclara Tee Jay. J'ignorais qu'il allait se mettre à bousiller des gens.

— Il est allé trop loin et tu ne sais pas comment le stopper ? Et si tu essayais de faire appel à ses bons sentiments ?

— L'oncle Umber n'a pas de bons sentiments.

— Vous ne pouvez pas demander à Tee Jay de tenir tête à son oncle, objecta Sharon. Il se ferait tuer, exactement comme Elvin.

David Littwin intervint :

— N-n-nous av-v. Avons essayé de trou-trou-trouver un m-m-moyen de nous débarrasser de lui.

— Des suggestions ? leur demanda Jim.

— On pourrait aller chez lui et lui flanquer une dérouillée, proposa Mark.

— Cela nous avancerait à quoi ? dit Ray Vito. Il a rien commis d'illégal, d'accord ? Enfin, nous ne pouvons pas le prouver. On se retrouverait tous en taule pour coups et blessures.

— On pourrait attendre qu'il ait quitté son corps, proposa Titus Greenspan, et condamner avec des planches la porte de son appartement pour l'empêcher de revenir.

— Ça ne marcherait pas, intervint Jim. Sous sa forme Fumée, il peut se glisser par n'importe quel interstice.

— Il y a un rituel vaudou dans l'un de mes livres, déclara Sharon. Il contient les mots et tout le tremblement. C'est la façon de jeter un sort sur quelqu'un pour que son esprit, lorsqu'il est parti, ne puisse pas revenir dans son corps matériel.

— Cela pourrait être très utile, lui dit Jim. Mais il y a une chose dont nous avons besoin par-dessus tout, c'est le bâton *loa* d'Umber Jones, le bâton qu'il utilise pour demander aux esprits de l'aider. Sans ce bâton, il n'a aucun pouvoir.

— Tu pourrais pas le faucher quand ton oncle dort ? demanda Ricky à Tee Jay.

Tee Jay secoua la tête.

— Si je le pouvais, je le ferais. Mais je n'ose pas le toucher. C'est un objet sacré.

— Sacré ou non, si c'est la seule manière de neutraliser ton oncle...

— Tu ne comprends pas, répliqua Tee Jay. Il est *sacré*. Il a été taillé dans un chêne fantôme qui a poussé dans un cimetière... un arbre qui s'est nourri de cadavres. Les cadavres appartenaient à Baron Samedi, par conséquent l'arbre appartient lui aussi à Baron Samedi... et cela veut dire que le bâton *loa* appartient également à Baron Samedi.

— Tee Jay, fit Beattie. Baron Samedi est l'un de ces trucs qui ne sont pas réels.

— Un mythe, précisa Seymour.

— Baron Samedi est aussi réel que toi et moi, Beattie, expliqua Tee Jay. Et lorsque j'ai commencé à étudier le vaudou, j'ai fait le serment solennel de ne jamais manquer de respect à son nom, de ne voler aucun objet lui appartenant et de ne pas braver sa loi. Si je tentais de voler ce bâton *loa* à mon oncle, je serais traqué par l'esprit le plus puissant dans tout ce foutu monde occidental. Je serais pas dans la merde ! Je vais te dire un truc, mec : je serais un sacré veinard si je finissais comme Elvin.

Il y eut un murmure de scepticisme de la part des autres élèves. Mais Jim leva la main pour réclamer le silence et dit :

— Écoutez... quoi que vous pensiez du vaudou, c'est la religion de Tee Jay et nous ne pouvons pas lui demander de trahir sa foi. Si son oncle et lui étaient musulmans, nous ne nous attendrions pas à ce qu'il désobéisse à la volonté d'Allah, même s'il s'agissait de stopper un meurtrier. Beaucoup de gens sont confrontés au même dilemme, vous savez, un prêtre catholique qui écoute la confession d'un tueur en série, par exemple. Je pense que nous pouvons nous estimer heureux : Tee Jay, quelles que soient ses croyances, a tiré un trait. Il a dit : ça suffit, plus de meurtres, et il est prêt à nous aider dans la mesure où il ne commet pas une hérésie.

La plupart de ses élèves ignoraient ce qu'était une hérésie, mais ils pigèrent ce qu'il voulait dire. Ils commençaient également à réaliser que Jim s'efforçait de ramener Tee Jay au sein de leur groupe, et qu'il leur demandait de ne pas faire le vide autour de lui. Tee Jay avait été attiré par le vaudou parce que, malgré sa popularité et sa décontraction apparente, il se sentait mis à l'écart et inférieur. À quoi bon être populaire et décontracté si vous ânonnez *Œufs verts et jambon* dans la classe de rattrapage d'un collège merdique comme West Grove ?

— Tee Jay pourrait peut-être nous aider en nous disant quand son oncle quitte son corps, fit remarquer Sharon. Alors on va là-bas et on prend le bâton *loa.*

— Vous ne pourriez pas entrer dans son appartement, dit Tee Jay. Lorsque mon oncle revêt la forme de la Fumée, il s'enferme à double tour. Il ne tient pas à ce que quelqu'un touche à son corps durant son absence.

— Tu ne pourrais pas nous faire entrer ?

— Pas question ! Il verrouille sa porte de l'intérieur et il met également cette barre de sûreté. Il faudrait un char pour entrer ! De plus, si je vous aidais à voler le bâton *loa,* je deviendrais votre complice, et je suis foutrement sûr que ça ne plairait pas du tout à Baron Samedi.

— Je me demande vraiment pourquoi tu as eu envie de croire à un salopard comme Baron Samedi, déclara Muffy. Comme s'il n'y avait pas déjà suffisamment de salopards dans le monde !

Jim intervint :

— Si nous ne pouvons pas entrer matériellement et prendre le bâton *loa,* nous devons entrer d'une autre façon. Je ne sais pas si vous êtes vraiment prêts à entendre cela, mais, étant donné que votre vie à tous est en danger, je pense que vous avez le droit de savoir.

Et, aussi succinctement et aussi simplement que cela lui était possible, il leur raconta ce qui était arrivé à

Mme Vaizey. Il leur raconta également ce qu'il était advenu d'Elvin.

Lorsqu'il eut terminé, la classe était tellement silencieuse que le Dr Ehrlichman jeta un coup d'œil par le panneau vitré pour s'assurer que les élèves étaient toujours là. Jim s'avança entre les tables. Il attendait leur réaction.

Jane Firman avait les larmes aux yeux.

— C'est réellement, réellement vrai ? lui demanda-t-elle.

Jim acquiesça. Ricky s'exclama :

— Quand cette vieille dame s'est avalée elle-même... merde, vous avez gerbé, hein ?

— Je n'en crois pas un mot, déclara Rita. C'est juste un test, n'est-ce pas ? Juste une comédie, pour nous faire réfléchir à des choses impossibles ?

— Vraiment ? demanda Jim. Et pourquoi ferais-je cela ?

— Pour nous instruire, d'accord ? Pour développer notre imagination.

— J'aimerais que ce soit le cas, lui dit Jim. Sharon, qu'en penses-tu ?

Sharon était très préoccupée.

— J'avais lu ça, en effet, des gens qui sont obligés de se manger. C'est unè punition quand on fourre son nez là où on ne devrait pas. Quand on marche sur un sol magique, quand on traverse un cimetière, ou qu'on assiste à une *banda* sans y être invité.

— Une *banda,* c'est une sorte de danse rituelle en l'honneur de Baron Samedi, expliqua Tee Jay. La plupart du temps, c'est plutôt sexy. Vous savez, les gens dansent à poil !

— Mais ce truc de se manger, murmura Sharon. Je n'aurais jamais cru que cela pouvait arriver vraiment.

— Il y a un tas de choses que tu ignores, lui lança Tee Jay. Tu n'arrêtes pas de parler de nos racines et de tout ça... et tu n'y connais rien !

Sharon s'apprêtait à répliquer vivement, mais Jim l'interrompit.

— C'est pour cette raison que nous avons besoin de ton aide, Tee Jay. Tu en sais plus sur ce sujet que n'importe lequel d'entre nous. Et même s'il t'est impossible de nous aider activement, tu peux au moins essayer de ne pas contrarier nos projets. C'est le moins que tu puisses faire, étant donné ce qui est arrivé à Elvin.

Tee Jay leva les mains de sa table comme pour dire : « Okay, on va la jouer tranquille ! »

Jim déclara :

— Je vous propose de faire la chose suivante : ce soir, si son oncle Umber sort sous la forme Fumée, Tee Jay peut m'appeler chez moi et me prévenir lorsqu'il sera parti. C'est tout ce que je te demande de faire, Tee Jay... rien d'autre... mais ce doit être nécessairement toi, parce que tu es la seule personne, à part moi, qui peut le voir. Dès que Tee Jay m'aura téléphoné, je tenterai de sortir de mon corps, en utilisant la technique que Mme Vaizey m'a apprise. Si j'y parviens tout de suite, il y a de grandes chances pour que je puisse m'introduire dans l'appartement de l'oncle Umber et m'emparer du bâton *loa* avant que celui-ci ne revienne.

— Et s'il vous surprend ?

— Alors je n'aurai pas à me préoccuper de ce que je mangerai ce soir, d'accord ?

11

Il se gara à une rue de Chez Sly et fit le reste du chemin à pied. Le portier se montra encore plus agressif que la dernière fois.

— Tu es foutrement gonflé, enfoiré ! À ta place, je serais à Nome, Alaska, depuis longtemps !

— Quel est cet endroit ? lui demanda Jim. Le Nome, Alaska, classe touriste ?

— Chill veut pas te voir. Chill veut voir personne.

— Dis à Chill que j'ai quelque chose pour lui. Un petit cadeau de la part d'Umber Jones.

Le cœur de Jim battait plus violemment que d'habitude, néanmoins il y avait quelque chose d'incroyablement excitant dans le fait de parler à des durs comme celui-ci et de savoir qu'il avait l'avantage. Pour la première fois de sa vie, il comprenait pourquoi des hommes basculaient dans le crime. C'était de l'adrénaline pure. Ces conversations concises, pleines de sous-entendus, qui pouvaient déboucher sur des actes de violence sans pitié — passages à tabac, rotules brisées à l'aide d'une batte de base-ball, meurtres —, cette crainte permanente de dire ce qu'il ne fallait pas, de se montrer faible ou irrespectueux, ou de pousser le bouchon un peu trop loin... C'était presque aussi excitant que d'enseigner, pensa-t-il en grimaçant un sourire.

Le portier parla au téléphone puis il dit :

— Okay... tu connais le chemin.

Jim descendit l'escalier obscur, et le videur le fouilla rapidement avant de faire signe d'entrer. Le même pianiste jouait des morceaux choisis de comédies musicales de Broadway. La chanteuse n'était pas là. Jim s'avança dans la salle à travers les lumières rouges et la fumée de cigarette, et Chill était assis dans son box, un bandage blanc sur la tête, comme un turban. Ses deux mains étaient enveloppées dans des pansements, semblables à des marionnettes. Il était flanqué de trois gardes du corps, visages impassibles et lunettes aux verres-miroirs. L'un d'eux n'arrêtait pas de consulter sa montre, comme s'il avait un rendez-vous urgent chez le coiffeur chargé de veiller sur sa mise en plis.

— Assieds-toi, dit Chill.

Jim s'exécuta.

Il s'ensuivit un long silence. Chill dit « Cigarette », et l'un de ses gorilles lui mit une cigarette entre les lèvres et l'alluma. Chill souffla de la fumée, se renversa sur son siège et déclara finalement :

— Cet Umber Jones... J'ai besoin d'en savoir plus sur lui.

— Désolé, je ne peux rien vous dire. J'apporte les messages, c'est tout.

— Ce que je voulais dire... est-ce qu'il serait intéressé par une petite négociation à l'amiable ?

— Non.

Chill grimaça comme s'il était constipé.

— Tu comprends, le problème... le problème qui se pose à nous ici...

— C'est que, quatre-vingt-dix pour cent, il n'en est pas question !

— C'est à vous de voir, répondit Jim. Mais je crois équitable de vous avertir que, si vous n'acceptez pas les conditions d'Umber Jones, les conséquences pourraient être passablement apocalyptiques. Pour vous, en tout cas.

— Ce qui signifie quoi ? Tu peux parler normalement ?

— Ce que je dis, *monsieur* Chill, c'est que vous et vos hommes auriez intérêt à faire ce qu'Umber Jones veut que vous fassiez, sinon vous allez vous faire botter le cul, et jc suis gentil.

— *Hé !* s'insurgea l'un des gorilles de Chill.

Mais celui-ci agita ses doigts-marionnettes pour le faire taire. Il se pencha en avant vers la table et dit :

— Et qui, si je peux poser cette question, va me botter le cul ?

Jim ne broncha pas.

— Les mêmes personnes qui ont mis le feu à vos cheveux, j'imagine.

— Tu sais qui ils sont ? gronda Chill. Tu crois pas que tu ferais mieux de me le dire ?

Il s'ensuivit un moment de tension maximale. Chill fixait Jim, les yeux écarquillés, et Jim soutenait son regard, calme et impassible.

Puis Jim sortit de sa poche le fétiche-os de poulet et le leva en l'air. D'abord Chill ne voulut pas le regarder, mais il fut bien obligé de le faire. Il battit des paupières, une fois, deux fois, puis détourna les yeux de ceux de Jim et accommoda sur le fétiche avec le genre d'expression que l'on voit normalement sur le visage d'un homme à qui son docteur vient de dire que l'excroissance sur son cou n'est pas une excroissance banale, mais une tumeur maligne, et qu'il lui reste moins de six semaines à vivre.

Ses gardes du corps reculèrent... maladroitement, mais avec une lâcheté évidente. Ils savaient, eux aussi, ce qu'était le fétiche, et ils ne désiraient pas être associés de trop près à un homme désigné pour une mort violente. L'un d'eux se signa. Un autre cracha et fit un signe dans l'air. Le troisième mit une main devant ses yeux afin de ne pas être obligé de *regarder* le fétiche.

— Un compromis est peut-être possible, protesta Chill sans beaucoup d'espoir dans sa voix.

— Non, fit Jim.

— Oh, allons ! Il faudrait que je rencontre cet Umber Jones... On pourrait discuter de toute cette affaire entre nous, d'homme à homme.

— Non.

Chill s'emporta.

— J'essaie de me montrer raisonnable, tu comprends ? J'essaie de faire des concessions ! Mais tu dois être juste ! C'est mon territoire ! Je travaille ici depuis quinze ans, mec. Tout le monde connaît le Chill. Comment ce type, Umber Jones, pourra-t-il prendre la suite des affaires ? Il y connaît que dalle !

— Il n'aura pas à le faire. Tu continues de faire tout le boulot et il touche son pourcentage. Ou bien tu acceptes, ou bien ce qui s'est passé hier soir recommencera.

Chill abattit son poing sur la table, ce qu'il regretta immédiatement : ses doigts étaient encore sensibles.

— Tu peux pas me prouver qu'Umber Jones a fait ça ! Il n'y avait personne dans la rue !

Jim brandit le fétiche vaudou et l'agita comme des maracas.

— Oh, mais si ! dit-il. Il y avait quelqu'un. Ce n'est pas parce que tu ne pouvais pas le voir que cela veut dire qu'il n'y avait personne. Tu as déjà entendu parler dc La Fumée ?

Le visage de Chill devint livide, et ses joues étaient presque aussi blanches que ses cheveux.

— La Fumée ? C'est de ça dont tu parles ? La Fumée ? C'est pas possible, mec. C'est juste une superstition.

— Oh, d'accord. Alors tes gardes du corps ont été poignardés par une superstition, hein ? Une façon plutôt inhabituelle de mourir.

Il brandit le fétiche. Chill était incapable de détourner les yeux. Il était clair qu'il était tout à fait terrifié.

— Range ça. J'ai même pas envie de *regarder* ça, mec !

— C'est un cadeau. Umber Jones sera très en colère si tu ne le prends pas.

— *Enlève ça, t'as compris !* hurla Chill. Dis-lui qu'il peut avoir ce qu'il veut ! Quatre-vingt-dix pour cent, cent dix pour cent !

Jim se pencha en avant, une main en cornet.

— Ai-je bien entendu ?

— Dis-lui qu'il peut avoir ce qu'il veut ! Tout ce qu'il veut !

Jim demeura silencieux pendant une seconde ou deux, puis il hocha la tête et déclara :

— D'accord, je le lui dirai.

Il se leva et traversa la salle. Tout le monde s'écarta prudemment pour le laisser passer, le personnel du bar et les consommateurs. Même le pianiste s'arrêta de jouer.

Il haïssait Umber Jones pour sa cruauté, sa cupidité et sa magie, mais en ce moment il ressentait un énorme flot de puissance et comprenait pourquoi Tee Jay s'était senti tellement attiré par le vaudou. C'était comparable à la jouissance sexuelle. Comme si l'on frappait un homme à terre. C'était une libération. Une victoire. Les dieux étaient de votre côté.

Il était assis dans la cuisine et mangeait des raviolis avec des monceaux de parmesan fraîchement râpé, lorsque le téléphone mural sonna. Il le décrocha et dit :

— Oui, qu'est-ce que c'est ?

— Monsieur Rook ? Ici Tee Jay. Oncle Umber vient de sortir de l'immeuble.

— Tu en es sûr ?

— Il s'est enfermé dans sa chambre il y a une vingtaine de minutes. Je surveillais la rue et j'ai vu son esprit-fumée se diriger vers l'ouest.

— Tu es sûr ?

— Si je suis sûr ! Je l'ai vu de mes propres yeux. Il a traversé la rue en flottant, là, vous savez !

Jim jeta un coup d'œil à la pendule de la cuisine. Il était vingt-deux heures quarante-sept. Le félin répondant jadis au nom de Tibbles était assis à ses pieds et se léchait les babines avec enthousiasme.

— Écoute, lui dit-il, tu n'aimeras pas les raviolis. Rappelle-toi ce qui est arrivé hier.

— Qu'est-ce qui est arrivé hier ? lui demanda Tee Jay.

— Oublie ça. Je parlais à une amie à moi.

— Venez tout de suite, dit Tee Jay. Je ne sais pas pendant combien de temps il sera parti.

— Entendu, répondit Jim. Mais ne compte pas trop

sur un résultat. Je n'ai encore jamais fait ça, et je n'y arriverai peut-être pas.

— Vous réussirez, monsieur Rook, j'en suis certain, affirma Tee Jay.

Jim avait déjà tracé un cercle de cendres à côté du canapé, avec ses propres symboles improvisés pour le soleil, la lune et le vent. Il s'allongea sur le canapé et se cala un coussin derrière la tête. Il se sentait ridicule, pour ne pas dire plus. Mais cela avait marché pour Mme Vaizey. Il n'y avait aucune raison pour que cela ne marche pas pour lui. Des tas de gens quittaient leur corps matériel la nuit et se promenaient sous la forme de fumée, d'esprits, de brises d'été. Pour quelle raison en serait-il incapable ?

Le félin répondant jadis au nom de Tibbles l'observa avec intérêt, paupières mi-closes, tandis qu'il commençait à réciter les mots que Mme Vaizey lui avait appris, ainsi que quelques ajouts personnels.

— Libérez mon esprit... Laissez partir mon esprit... faites que mon corps dorme sans lui... laissez-moi aller où je le désire... Préservez mon corps des ténèbres... laissez partir mon esprit... *laissez partir mon esprit...*

Il se sentait le cerveau vide, de façon étrange, comme s'il avait passé toute la soirée dans un bar à s'envoyer whisky sur whisky. Il leva les yeux vers le plafond, vers ses rides de plâtre des années cinquante, et il pensa *Laissez partir mon esprit...* Le plâtre se mit à onduler, vague après vague, et il continua de se répéter *Laissez partir mon esprit...* Le plâtre était la mer, le canapé sur lequel il était allongé, son canot, et à bord de son canot il ramait sur des eaux qui ondoyaient. Il s'éloigna de sa conscience présente, sortit de ses os semblables à une cage et de sa chair pesante et restrictive. Il se débarrassa du poids de son corps matériel et s'éleva dans les airs, littéralement.

Il se retourna comme s'il nageait, et se vit, étendu sur le canapé, les yeux fermés, les bras croisés sur la poitrine. Il s'approcha de son propre corps, qu'il contempla avec peur et fascination. Son visage semblait bizarrement déjeté, pas tout à fait lui-même. Puis il réalisa qu'il ne s'était encore jamais vu de cette façon, sauf sur des photographies. La plupart du temps, il se regardait dans des miroirs, où son image était inversée.

Sa chatte sembla se rendre compte qu'il se passait quelque chose d'étrange, parce que ses poils se hérissèrent, et elle recula de trois ou quatre pas indécis. Cependant elle ne regardait pas directement vers lui, ce qui voulait dire que les chats, tout comme les êtres humains, ne pouvaient pas voir les esprits.

La pendule de la cuisine indiquait vingt-trois précises, et il comprit qu'il devait partir. Il ne tenait pas du tout à ce qu'Umber Jones revienne et le trouve dans son appartement.

Il nagea à travers le séjour et se glissa par l'imposte qui était entrouverte de moins de dix centimètres. La sensation de ne pas avoir de substance matérielle était vivifiante. Mme Vaizey avait dit la vérité : il avait la sensation de se débarrasser brusquement d'un lourd manteau et de se retrouver entièrement nu. Il glissa le long du balcon et passa devant l'appartement de Myrlin. Par la fenêtre, il aperçut Myrlin : celui-ci se regardait attentivement dans un petit miroir et coupait les poils qui dépassaient de ses narines.

Il continua, descendit les marches et sortit de l'immeuble pour gagner la rue. Il constata qu'il pouvait glisser beaucoup plus vite qu'il ne pouvait marcher. En fait, il lui suffisait de *penser* qu'il voulait aller au carrefour suivant pour y arriver presque aussitôt, comme dans un truquage optique. Il flotta à travers les rues de Venice, traversa des chaussées et glissa le long de trottoirs. Parfois il passait à quelques centimètres des promeneurs, mais personne ne le voyait.

Il savait qu'il pouvait traverser une rue sans se préoccuper des véhicules qui fonçaient à toute allure, il ne risquait pas d'être blessé. Les véhicules le traverseraient, tout simplement, comme ils étaient passés à travers la fumée d'Umber Jones. Néanmoins, il ne se sentait pas suffisamment sûr de lui pour tenter le coup invisible et il respectait le signal ATTENDEZ ! comme les autres piétons. À l'angle de Mildred, il se tint derrière un homme coiffé d'un béret qui promenait son caniche. Le caniche sentit manifestement sa présence, parce qu'il n'arrêtait pas de geindre, de gratter le trottoir avec ses pattes et de lancer des regards inquiets autour de lui.

— Qu'est-ce que tu as, Sukie ? voulut savoir son maître. On dirait que tu viens de voir un fantôme !

Jim parvint enfin devant l'immeuble d'Umber Jones. Il s'éleva en l'air aussi légèrement qu'un cerf-volant en papier de soie et atteignit les fenêtres du premier étage. Par l'une d'elles, il aperçut Tee Jay. Assis sur le canapé, il regardait la télévision, le son coupé. De temps à autre, il consultait sa montre et jetait un coup d'œil vers la fenêtre. La première réaction de Jim fut de se baisser, mais bien que son initiation au vaudou lui permît de voir la Fumée, Tee Jay était tout à fait incapable de voir l'esprit de Jim.

Jim flotta jusqu'à la fenêtre de la chambre d'Umber Jones. Les rideaux étaient entrouverts, et la chambre n'était éclairée que par deux veilleuses à flotteur, en cire noire. Comme il s'approchait, cependant, Jim vit le corps d'Umber Jones allongé sur son lit. Son visage était enduit de cendres et grisâtre, et il était vêtu d'une redingote noire et poussiéreuse, avec des demi-guêtres grises et des chaussures vernies noires. Son haut-de-forme était posé sur l'oreiller à côté de lui. Dans sa main gauche il tenait un fétiche-os de poulet, bien plus compliqué que celui qu'il avait fait parvenir à Chill, orné de perles, de plumes et de touffes de poils. Dans sa main droite il tenait une longue canne faite d'un bois clair poli, surmontée d'un crâne en argent.

Le bâton *loa.* C'était autant un symbole de la sinistre autorité d'Umber Jones que la crosse d'un évêque ou le sceptre d'un roi. Jim avait lu tout ce qui avait trait aux bâtons *loa* dans les livres de Sharon — comment, transmis d'un prêtre vaudou à l'autre, ils n'étaient jamais la propriété d'aucun d'eux. Ils appartenaient au Baron Samedi, le seigneur des cimetières, et, techniquement parlant, ils devaient lui être rendus sur sa demande.

La fenêtre de la chambre d'Umber Jones était légèrement entrouverte, et Jim s'écoula par l'entrebâillement comme de l'eau chaude. La climatisation de la chambre avait été arrêtée, et il y régnait une chaleur presque insupportable. La pièce manquait d'air, et l'odeur d'encens était si forte que Jim crut qu'il allait suffoquer. Étrange, pensa-t-il, il n'avait pas de substance visible, et pourtant il éprouvait toujours le besoin de respirer. Même les esprits possèdent des sens, supposa-t-il.

Il s'approcha du lit et contempla Umber Jones. De façon déconcertante, ses yeux étaient grands ouverts, les pupilles aussi rouges que des grenats, mais son esprit n'était pas là. Il était parti quelque part dans la nuit, et ses yeux éteints ne cillaient pas.

Jim avança prudemment la main vers son corps plongé dans le coma et voulut saisir le bâton *loa.* Il le sentit, mais sa main le traversa. Il essaya à nouveau, mais à nouveau ses doigts furent incapables de le tenir. Il avait l'impression d'essayer d'attraper une anguille récalcitrante.

Puis il se rappela ce que Mme Vaizey lui avait dit : un esprit est animé par la *volonté,* et non par la force physique. La force d'un esprit réside dans la pureté de son essence, dans sa capacité à se concentrer sur ce qu'il désire, sans être limité par la chair et le sang.

Il plaça à nouveau sa main sur le bâton *loa,* et cette fois se concentra pour que le bâton se dégage de la prise d'Umber Jones et vienne à lui. Il le fixa avec une intensité accrue, lui ordonnant de faire ce qu'il voulait. Petit à petit, il sentit que le bâton revêtait une substance, lisse, dure et luisante. Au toucher, il ne donnait pas la sensation d'un vrai bâton, du moins pas pour lui : Jim pressentait que ses doigts pouvaient très bien passer à travers lui d'un instant à l'autre. Mais il continua de se concentrer — *lève-toi, lève-toi, foutu morceau de bois entêté* — et il fut à même de le dégager des doigts d'Umber Jones, centimètre après centimètre.

Si quelqu'un avait été présent, il aurait vu le bâton *loa* glisser hors de la main d'Umber Jones comme par magie. Il l'aurait vu s'élever en l'air et flotter maladroitement vers la fenêtre. Jim l'ignorait, mais il utilisait la même énergie psychique que les soi-disant *Poltergeists*, lorsqu'ils projettent des assiettes et des meubles dans une pièce.

Toute sa concentration lui fut nécessaire pour maintenir sa prise sur le bâton *loa* — ou, plutôt, pour obliger le bâton *loa* à rester dans sa main immatérielle. Mais, une fois qu'il l'aurait « porté » jusqu'à la fenêtre, il serait à même de le laisser tomber dans la rue en contrebas, et ensuite il lui suffirait de le cacher à proximité. Il pourrait revenir plus tard sous sa forme matérielle et le récupérer. Il ne savait toujours pas très bien ce qu'il devait en faire — le briser, le brûler ou le jeter dans l'océan — et aucun des ouvrages de Sharon ne mentionnait de quelle façon on détruisait un bâton *loa* volé. À son avis, la meilleure façon de s'en débarrasser consistait à le brûler et à disperser ses cendres, comme il avait dispersé les cendres de Mme Vaizey, que Dieu lui accorde le repos éternel !

Il atteignit la fenêtre et guida l'extrémité du bâton *loa* vers l'interstice. Il regarda en bas vers le trottoir pour s'assurer qu'il n'y avait personne dans les parages. Il n'avait pas envie qu'un passant ramasse le bâton et l'emporte, sans savoir ce que c'était.

Au moment où il s'apprêtait à le laisser tomber, cependant, il aperçut un petit mouvement foncé sur le trottoir d'en face. Il crut d'abord que c'était seulement l'ombre du store de l'épicerie fine Chez Amato. Puis — à sa grande frayeur — il vit une haute silhouette noire surgir de l'obscurité et se diriger à grands pas vers la porte de l'immeuble : celle d'Umber Jones, avec son visage enduit de cendres et ses yeux d'un rouge étincelant.

Jim perdit sa concentration et le bâton *loa* tomba sur la natte de jonc. Pris de panique, il s'agenouilla et tenta de le ramasser, mais il était trop préoccupé par l'esprit-fumée d'Umber Jones qui flottait vers le haut de l'escalier. Il essaya plusieurs fois de le saisir, mais ses doigts passèrent chaque fois à travers le bâton *loa*. Il entendit des voix dans la pièce d'à côté — celles de Tee Jay et d'Umber Jones — et il devina que Tee Jay s'efforçait de retenir l'esprit-fumée de son oncle le plus longtemps possible. Néanmoins, c'était peine perdue. À présent Jim ne *sentait* même plus le bâton *loa*, sans parler de le ramasser. Il devait penser à lui et prendre la fuite, avant qu'Umber Jones découvre qu'il était ici et se serve du pouvoir de Ghede pour l'obliger à se manger — ou pour le punir d'une autre façon tout aussi horrible et douloureuse.

Il s'apprêtait à s'écouler par l'entrebâillement de la fenêtre lorsqu'il sentit une main robuste et calleuse le saisir par l'épaule. Il fut retourné de force et giflé trois fois. Les gifles étaient silencieuses, mais elles furent si fortes que Jim eut l'impression que son cou avait été démis. Il fut saisi par les poignets et relevé brutalement, et il se retrouva en face de l'esprit-fumée d'Umber Jones.

À sa grande surprise, Umber Jones arborait un large sourire.

— Tiens, tiens... vous avez découvert comment quitter votre corps et vous déplacer comme le font les esprits ? déclara Umber Jones.

Jim tenta de se dégager, mais Umber Jones le tenait trop fermement.

— Qu'est-ce qui vous a amené ici, dans mon appartement ? lui demanda Umber Jones. Vous vouliez me rendre visite ? Une visite de politesse, c'est ça ?

Jim se débattit et se tourna de côté, mais Umber Jones continua de tenir ses poignets, implacable. Puis il parcourut la pièce du regard. Il examina la vitrine encombrée d'un bric-à-brac d'objets vaudou, les tables basses couvertes de fétiches, d'amulettes et de coffrets en argent.

— Vous n'êtes tout de même pas venu ici pour *voler* quelque chose, monsieur Rook ? Je me refuse à croire cela de votre part. Je pensais que le devoir d'un professeur était de faire observer nos valeurs morales... de donner l'exemple !

Il émit un reniflement sec, puis ajouta :

— Non, je ne pense pas que vous aviez l'intention de voler quelque chose. Il ne manque rien, pour autant que je sache !

Il jouait avec Jim, il se moquait de lui. Lorsqu'il s'était écoulé dans la pièce, il avait certainement vu que le bâton *loa* gisait sur le sol.

— Oh, attendez... mais qu'est-ce que c'est ? s'écria-t-il en baissant les yeux vers les pieds de Jim. N'est-ce pas ma canne que j'aperçois ? À votre avis, que fait-elle par terre ? J'espère que vous n'aviez pas l'intention de filer avec *ça,* Jim, parce que c'est une canne sacrée. Vous pouvez frapper à n'importe quelle porte avec cette canne et vous avez les esprits avec vous, autant que vous le voulez. Vous avez Ghede et Ogoun Ferraille. Vous avez même Vodun, si vous osez l'invoquer !

— Vous savez foutrement bien ce que je suis venu faire ici, répliqua Jim. Ces meurtres doivent cesser.

Umber Jones pencha la tête en avant et son nez toucha presque celui de Jim.

— Les meurtres ne cesseront, monsieur Rook, que lorsque les habitants de cette ville présenteront leurs respects à Umber Jones. Ils devront également me donner leur argent, et tout ce qui peut attirer mon regard.

— Vous avez perdu la raison.

— C'est bien possible, monsieur Rook. Mais votre situation est infiniment pire. Vous avez perdu votre corps.

— Vous pensez vraiment que vous pouvez obliger tous les maquereaux et tous les dealers de Los Angeles à vous remettre quatre-vingt-dix pour cent de leurs bénéfices ?

— Si je le pense ? Je le *sais.* Qu'est-ce que Chill a répondu aujourd'hui ? Ne me dites pas qu'il continue de refuser !

Jim demeura silencieux. Umber Jones lui adressa un long regard couleur de sang, puis il lâcha ses poignets. Il se pencha et ramassa son bâton *loa.* Il fit glisser sa main sur toute sa longueur, comme pour vérifier qu'il n'avait pas été faussé ou abîmé. C'était le bâton *loa* qui permettait à son esprit-fumée d'intervenir dans le monde matériel — de saisir des objets, de blesser des gens, de les tuer. Il se dirigea vers son corps sur le lit, écarta ses propres doigts et remit le bâton *loa* dans sa position d'origine.

— Je pensais que je pouvais vous faire confiance, déclara-t-il. Vous ne pouvez pas savoir combien vous m'avez déçu. Et vous faites également faux bond à vos élèves.

— Ne pensez même pas à toucher à mes élèves !

Umber Jones revint vers Jim et le domina de sa haute taille.

— Vous êtes incapable de m'en empêcher.

— Pourtant, je vous en empêcherai. Je trouverai un moyen, croyez-moi !

— Et si je vous obligeais à vous manger, comme j'ai contraint cette vieille dame, votre amie, à se manger ?

— Vous avez bien trop besoin de moi, répliqua Jim. Comment ferez-vous pour négocier avec ces dealers si vous ne m'avez pas ?

— Je peux toujours trouver un autre ami.

— Peut-être, en effet. Mais ce n'est pas facile, de trouver des amis, n'est-ce pas ? Particulièrement des amis que l'on peut faire chanter, comme moi.

Umber Jones lui fit un grand sourire.

— Vous avez raison. Mais je crois que vous avez besoin d'une petite leçon. Je crois que l'on doit vous apprendre l'obéissance et l'humilité.

Jim ne savait que dire. Il ne s'était jamais senti aussi terrifié de toute sa vie. Sous sa forme-esprit, en dehors de son corps, il se sentait nu et vulnérable, aussi faible qu'un nouveau-né en face de ce personnage fuligineux qui pratiquait la magie et jetait des sorts. Jusqu'à ce qu'Umber Jones l'eût giflé, il n'avait jamais soupçonné que des esprits pouvaient *toucher* d'autres esprits, encore moins leur faire du mal. Outre ce que Mme Vaizey lui avait dit, et ce qu'il avait lu dans les livres de Sharon et dans le *National Geographic,* ses connaissances concernant les esprits se limitaient au *Poltergeist* et à Casper le Fantôme.

— Qu'avez-vous l'intention de faire ? demanda-t-il à Umber Jones d'une voix crispée.

— Vous le saurez.

— Vous allez me laisser partir ?

— Vous l'avez dit vous-même. Trouver des amis n'est pas chose facile !

— Et cette petite leçon d'obéissance et d'humilité ?

— Qui vivra verra.

Sur ce, il tourna le dos à Jim et se dirigea à nouveau vers le lit. Il se tint à côté de son corps matériel et posa la main sur sa poitrine. Il se signa et murmura quelques mots incompréhensibles. Son corps matériel commença à respirer de plus en plus profondément, ses narines frémirent, les revers de sa redingote noire se soulevèrent et s'abaissèrent. Bientôt sa respiration se changea en d'énormes gémissements oppressés, tel un homme pris au piège dans un sous-marin.

L'image noire de l'esprit-fumée d'Umber Jones se mit à trembler. À chaque inspiration de son corps matériel, elle semblait attirée vers lui. Puis elle commença à se replier sur elle-même, et devint plus fuligineuse encore et plus immatérielle. Sous les yeux de Jim, le corps matériel d'Umber Jones *aspira* son esprit-fumée, petit à petit, jusqu'à ce qu'il ne reste plus, près du lit, que des volutes sombres, qui flottèrent et s'enroulèrent, puis furent aspirées à leur tour.

Jim entendit Umber Jones marmonner quelque chose, et ses doigts bougèrent, semblables à des araignées dérangées par la pluie.

Il était temps de partir. Jim se retourna et s'écoula par l'entrebâillement de la fenêtre, dans la nuit. Il flotta et descendit dans la rue. Les lumières de Venice scintillaient autour de lui. Il atteignit le trottoir et leva les yeux vers la fenêtre de la chambre d'Umber Jones. Celui-ci se tenait derrière la vitre. Sa silhouette se profilait sur la lumière ténue et tremblotante des veilleuses. Il l'observait.

Jim entreprit de rentrer chez lui. Il se glissait de rue en rue. Tout ce qu'il désirait, maintenant, c'était réintégrer son corps matériel avant qu'Umber Jones décide de lui donner une leçon. Apparemment, il ne serait pas obligé de se dévorer lui-même, Dieu merci ! Mais le fait de ne pas savoir quelle punition Umber lui réservait était presque aussi terrifiant.

Il parvint à son immeuble et s'écoula par la fenêtre. Il traversa le séjour. Le félin répondant jadis au nom de Tibbles dormait sur la moquette à côté du canapé.

Mais le canapé était vide. Le corps matériel de Jim avait disparu.

12

Il se glissa vers la chambre à coucher. Son corps n'était pas là, non plus. En proie à une panique grandissante, il se glissa vers la salle de bains. La baignoire était vide. La pomme de la douche fuyait et produisait son habituel *plink, plonk, plink, plonk.*

Il retourna dans le séjour. Il posa la main sur le canapé mais ne sentit pas la moindre chaleur. Il vit néanmoins que les cendres avaient été déplacées, comme si quelqu'un avait marché dessus. Sa chatte avait probablement perçu sa présence, car elle redressa la tête et ouvrit un œil.

Et merde, qu'allait-il faire, maintenant ? Était-ce là la punition que lui avait promise Umber Jones : emporter son corps matériel afin que son esprit ne puisse aller nulle part ? D'après ce que Mme Vaizey lui avait dit, un corps et un esprit pouvaient survivre seulement un temps très limité lorsqu'ils étaient séparés l'un de l'autre. Et si Umber Jones avait emporté et caché son corps, afin que Jim soit obligé de le supplier pour qu'il le lui rende ?

D'un autre côté, Umber Jones n'était peut-être pour rien dans cette disparition ? Et si Myrlin l'avait vu, allongé sur le canapé, plongé dans le coma, et avait appelé une ambulance pour le faire transporter à l'hôpital ? Dans ce cas, comment pourrait-il retrouver son corps ?

Il tourna et tourna dans le séjour. Personne ne pouvait le voir, mais, tandis qu'il tournait en rond, il déplaçait l'air. On peut toujours déceler les fantômes et les esprits. Ils élèvent et abaissent les températures, ils retardent les pendules. On peut sentir leur haleine, parfois on peut même la voir, particulièrement sur une vitre embuée.

Il décrivait toujours des cercles, avec frénésie, lorsqu'il entendit des petits coups familiers à la fenêtre du séjour. Ne pouvant pas ouvrir la porte, il s'écoula par l'imposte et s'assembla de nouveau sur le balcon, au-dehors. Elvin se tenait près de la rambarde ; il souriait tout seul. Il était encore plus décomposé que la fois précédente. Les plaies de son visage étaient grandes ouvertes et avaient commencé à suppurer — un pus visqueux et luisant qui avait séché autour de chaque blessure comme des croûtes autour d'un pot de mayonnaise. Des mouches à viande s'affairaient dans ses orbites, ce qui donnait à Jim l'impression que ses yeux brillaient et qu'Elvin pouvait voir.

— Je suppose que tu m'apportes un autre message ? fit Jim.

Elvin ouvrit et referma la bouche. Sa langue avait tellement gonflé qu'il lui était presque impossible de parler.

— Saurais-tu par hasard où est passé mon corps ? demanda Jim vivement. S'il s'agit de la punition imaginée par Umber Jones, alors tu peux lui dire que je regrette, que je ne toucherai plus jamais à son bâton *loa* et que je ferai tout ce qu'il veut que je fasse, à perpétuité, sans discuter. Mais il doit me rendre mon corps.

— La terre à la terre, les cendres aux cendres, la poudre à la poudre, chuchota Elvin.

— Mais de quoi parles-tu ?

Une mouche s'envola d'une orbite d'Elvin en produisant un bourdonnement sonore.

— J'ai emporté votre corps à l'endroit qui est le sien... l'endroit qui est celui de tout corps.

— Que veux-tu dire ? Au cimetière ?

Elvin hocha la tête.

— Tous les corps appartiennent à la terre, le vôtre aussi bien que le mien.

— Mon corps a été *enterré* ? C'est ça que tu essaies de me dire ?

— Mis dans une caisse et enterré, monsieur Rook. Mais ne vous inquiétez pas, j'ai dit quelques paroles de réconfort sur votre tombe.

Jim se sentit plus nu et transparent que jamais. Sortir de son corps avait été une sensation merveilleusement libératrice, mais à présent il commençait à avoir l'impression d'être resté trop longtemps dans un bain froid. Si un esprit pouvait grelotter, il grelottait. Il commençait à désirer ardemment son corps. Sa chaleur et sa sécurité lui manquaient, malgré toute sa pesanteur.

— Personne ne vous trouvera jamais, monsieur Rook, déclara Elvin. Vous devrez attendre qu'Umber Jones vous déterre.

— Et je vais attendre longtemps ?

— Un jour. Deux jours. Un mois et demi. Trois mois. Peut-être toujours.

— Mais mon corps ne survivra pas sans mon esprit !

— Rassurez-vous, monsieur Rook, je vais vous montrer l'endroit où vous êtes enterré. Ainsi vous pourrez vous glisser à nouveau dans votre peau.

— Même si je fais cela... comment puis-je survivre si je suis six pieds sous terre ?

— La poudre-drogue, répondit Elvin avec un sourire. J'ai soufflé de la poudre-drogue sur vous, pendant que vous étiez allongé sur le canapé. Vous n'avez pas besoin de manger. Vous n'avez pas besoin de boire. Vous avez à peine besoin de respirer. Vous êtes un zombi, monsieur Rook. Vous survivrez pendant des mois.

Jim ne trouva rien à répliquer.

Elvin s'approcha en traînant les pieds. Il dégageait une puanteur tellement immonde que Jim eût vomi s'il avait eu un estomac pour vomir.

— Suivez-moi, dit Elvin. Ce n'est pas très loin.

Il tourna les talons et s'éloigna sur le balcon.

Jim hésita un moment, mais Elvin se retourna et l'appela de la main.

— Venez, dit-il. Nous n'avons pas beaucoup de temps. Vous voulez récupérer votre corps, n'est-ce pas ?

À contrecœur, Jim le suivit en bas des marches. Au lieu de se diriger vers la rue, cependant, Elvin tourna à droite et s'engagea dans l'allée étroite qui menait à l'arrière de l'immeuble où étaient entreposées les poubelles. L'allée était sombre et mouillée en raison du robinet du jardin qui gouttait, et les pieds d'Elvin traînaient sur le ciment armé avec la démarche mal assurée des morts-vivants dans *Zombie.* Et merde, pensa Jim, parlez-moi de la vie qui imite l'art, si l'on peut considérer que *Zombie* soit de l'art !

Elvin traversa la cour et s'avança à travers un enchevêtrement de hautes herbes et de broussailles. Il atteignit un terrain vague de forme triangulaire situé entre l'arrière des garages et le mur en parpaings de l'immeuble voisin. L'endroit était sombre et indistinct, mais Jim vit que la terre desséchée et compacte avait été récemment remuée.

— Mon corps est *ici* ? s'exclama-t-il avec un sentiment de peur.

— Vous ne sentez pas sa présence, monsieur Rook ? Êtes-vous insensible à votre propre chair ?

— Bon, qu'est-ce que je fais maintenant ?

— Vous allez faire ce que les esprits font toujours lorsqu'ils s'en reviennent de leur errance. Vous allez vous glisser dans votre corps et vous reposer.

Jim demanda :

— Umber Jones *savait*-il que j'avais l'intention de sortir de mon corps cette nuit ?

— Umber Jones sait beaucoup de choses, monsieur Rook.

— Mais mes élèves étaient les seuls à savoir ce que j'avais l'intention de faire. Personne d'autre. Et *ils* ne l'auraient certainement pas prévenu !

— Ma foi, déclara Elvin, vous aurez tout le temps de réfléchir à cela.

Il n'était pas sarcastique. D'une certaine façon, sa voix sourde, obstruée, semblait presque triste, comme s'il désirait ardemment être couché, *lui,* dans un cercueil sous la terre, afin de reposer ses membres en décomposition.

Jim ne savait pas très bien ce qu'il devait faire. Il se tint sur les mottes de terre brisées et essaya de sentir où son corps se trouvait. Plusieurs minutes s'écoulèrent. Elvin l'observait patiemment. La nuit autour d'eux résonnait des bruits de la circulation. Puis Jim prit conscience de la chaleur qui émanait de sous ses pieds. Son corps était là, il le savait. Il le voyait presque par l'imagination. Il se laissa couler vers le bas. Il ferma les yeux et s'efforça de penser qu'il n'avait guère plus de substance que de l'eau chaude qui s'infiltre dans le sol. Comme il s'enfonçait de plus en plus, il sentit son esprit s'infiltrer entre les grains de terre, toujours plus profondément. En l'espace de quelques instants, une obscurité totale se referma sur lui.

Il atteignit le couvercle de son cercueil. C'était une simple caisse en pin, et il la pénétra, comme de la teinture pour bois. Il s'écoula vers son corps, vers son cerveau. Il tira sur ses mains comme on enfile une paire de gants. Il remplit ses poumons et son estomac, et allongea ses jambes jusqu'à ce qu'il atteigne ses orteils. Durant quelques secondes, la sensation de soulagement fut immense.

Durant quelques secondes seulement. Puis il comprit qu'il était pris au piège dans une caisse obscure, suffocante, les bras plaqués le long du corps, incapable de bouger. Une vague de claustrophobie le submergea, mais il ne pouvait même pas crier. Il était toujours paralysé par la poudre-drogue, les yeux et la bouche grands ouverts, et ses muscles faciaux étaient complètement bloqués. Du temps où il jouait au football, il s'était un jour décroché la mâchoire, mais ce qui lui arrivait maintenant était mille fois pire. Il était sous l'emprise d'une telle rigidité musculaire qu'il ne pouvait même pas exprimer son hystérie en haletant, en lançant des ruades ou en donnant des coups de poing. Il crut qu'il allait mourir.

Au bout de quelques minutes, cependant, il essaya de se calmer. Ce n'était pas facile. Le cercueil était si étroit que son nez touchait le dessous du couvercle. Son cerveau ordonnait à son cœur de battre plus vite, mais son cœur refusait. Il avait l'impression que la frustration d'être paralysé allait exploser en lui comme une bombe. Néanmoins, il se répétait continuellement : *tu es enterré, tu es paralysé, mais tu n'es pas encore mort. Arrête de paniquer et commence à réfléchir, sinon tu ne sortiras jamais d'ici... en tout cas, pas avant qu'Umber Jones daigne te déterrer.*

Tu sais pertinemment que des gens en Haïti ont survécu dans leur cercueil plusieurs jours après leur « enterrement ». C'est un fait établi. Tu peux survivre, toi aussi, si tu fais un effort pour ne pas perdre la tête. Tes poumons refusent de respirer, mais tout est pour le mieux. Tu dois maintenir ton métabolisme à un minimum absolu. Pas de lutte mentale, pas de crise de nerfs. Tu dois arriver quasiment à un tracé plat.

Il lui fallut une vingtaine de minutes pour parvenir à se calmer complètement. Il continuait d'avoir de petits accès de claustrophobie qui le faisaient frissonner spasmodiquement de la tête aux pieds. Finalement, cependant, il parvint à réprimer sa terreur et à apaiser son esprit telle une étendue d'eau vitreuse. Il allait survivre, il en était certain. Umber Jones avait trop besoin de lui pour le laisser mourir. On le punissait, tout simplement, parce qu'il avait tenté de voler le bâton *loa*. S'il était à même d'accepter cette punition calmement, alors il survivrait.

Il essaya de penser à ce qu'il pouvait faire. Il pouvait rester ici et attendre qu'Umber Jones vienne le déterrer, ou bien il pouvait tenter de s'échapper. Le problème, c'est que son corps était paralysé, et son esprit était incapable de la moindre activité physique, à part saisir un bâton. Maintenant il savait l'effet que cela faisait d'être un zombi, et pourquoi un si grand nombre d'entre eux se montraient dociles quand on finissait par les déterrer. Ou bien ils étaient complètement traumatisés, ou bien ils étaient tellement reconnaissants d'être délivrés qu'ils étaient disposés à faire tout ce que leur libérateur voulait qu'ils fissent. Il n'y avait rien de plus terrifiant, rien de plus solitaire, que d'être allongé, vivant, dans sa tombe, et d'attendre et d'espérer le bruit sourd d'une pelle.

Jim était à deux doigts de croire que Dieu l'avait abandonné.

À dix heures quinze, les élèves de Spéciale II commencèrent à s'impatienter. Mais pas à leur manière habituelle : en criant, en lançant des boulettes de papier et en tapant sur leurs tables. Cette fois, ils étaient silencieux et inquiets, ils se parlaient à voix basse, de temps en temps ils allaient jusqu'à la fenêtre pour voir si la voiture de Jim était arrivée sur le parking.

Russell Gloach piocha dans un énorme sachet de chips saveur barbecue.

— Vous ne croyez pas qu'il y a eu un problème ? demanda-t-il. L'oncle de Tee Jay est un salaud de première, non ?

Muffy consulta sa montre.

— Et où se trouve Tee Jay, hein ? Il est la seule personne qui pourrait nous dire ce qui s'est passé, et il est même pas là !

— Quelque chose a mal tourné, dit Russell, et des miettes de chips tombèrent de sa bouche. Quelque chose a mal tourné, vous pouvez me croire !

— Pourquoi t'es aussi pessimiste ? lui lança Seymour. M. Rook a pu être retenu par des ennuis mécaniques, des embouteillages, je sais pas, moi !

— Tu l'as déjà vu arriver en retard ? Il est jamais en retard.

— Il a peut-être trouvé le bâton et maintenant il essaie de le détruire.

— P-p-peut-être qu'on de-de-devrait l'appeler chez lui.

— David, c'est une excellente idée ! fit Sharon. Quelqu'un connaît son numéro ?

— Il est dans son bureau, déclara Ray.

— Comment sais-tu qu'il est dans son bureau ?

— Parce que je fouille *toujours* dans les bureaux des professeurs, pour voir ce qu'ils ont confisqué. Crois-moi, si tu veux des tablettes de chewing-gum, des canifs ou des revues porno, il n'y a pas de meilleur endroit que le bureau d'un professeur !

Ils trouvèrent le numéro de Jim dans le petit agenda relié cuir qu'il laissait toujours dans son tiroir de gauche. Sue-Robin sortit son téléphone cellulaire de son sac Moschino et pianota le numéro tout en mastiquant bruyamment un chewing-gum. Elle souffla une grosse bulle rose pendant qu'elle attendait. Le téléphone sonna et resonna, mais Jim ne décrocha pas. Finalement, Sue-Robin dit :

— Il ne répond pas. Il lui est certainement arrivé quelque chose.

— Alors qu'est-ce qu'on fait ?

— Allons vérifier au secrétariat, juste pour être sûrs qu'il n'est pas venu aujourd'hui. Ensuite... je ne sais pas... deux ou trois d'entre nous pourraient faire un saut chez Tee Jay. Tee Jay sait peut-être où il est.

Muffy alla s'informer auprès de Sylvia, la secrétaire du Dr Ehrlichman, mais Sylvia n'avait pas vu Jim.

— Ne vous inquiétez pas, c'est probablement sa vieille voiture qui a fait des siennes. Je vais dire au Dr Ehrlichman de vous apporter du travail pour vous occuper.

— Oh, non, non. Dites-lui que c'est inutile. Nous avons un tas de choses à faire.

Elle retourna dans la salle de classe. Les autres élèves attendaient impatiemment, mais elle fut seulement en mesure de secouer la tête.

— Bon, c'est parti ! déclara Sue-Robin d'un air décidé. Ray et Beattie, si vous alliez chez Tee Jay ? Demandez à sa mère l'adresse de son oncle, et ensuite allez voir si vous pouvez le trouver.

— Je suis obligée d'accompagner Ray ? demanda Beattie avec dégoût. Ray lui envoya un baiser italien dégoulinant et dit :

— Bien sûr. C'est moi qui ai la bagnole la plus rapide.

Beattie émit un reniflement méprisant.

— Les voitures rapides sont un pitoyable substitut du pénis !

— Les voitures rapides t'envoient en l'air plus rapidement, répliqua Ray.

— Exactement.

Ils continuaient de débattre de ce que les autres devaient faire lorsqu'ils entendirent un crissement et un grattement. Ils se turent brusquement et se regardèrent, stupéfaits. Puis, comme dans une chorégraphie parfaitement réglée, ils tournèrent tous la tête vers le tableau noir. Une craie flottait dans l'air devant le tableau et lui donnait de petits coups, semblable à une libellule d'une pâleur mortelle.

— Oh mon Dieu ! murmura Rita Munoz. C'est certainement l'oncle de Tee Jay, une fois de plus !

— Merde, j'espère bien que non ! dit Seymour. Qu'est-ce qu'on fait si c'est lui ?

La craie hésita puis tomba brusquement sur l'estrade, les faisant tous sursauter. Ensuite, avec beaucoup d'hésitation, elle s'éleva en l'air à nouveau, vers le tableau. Cela donnait l'impression qu'elle était tenue par quelqu'un d'invisible, quelqu'un dont les doigts manquaient de force.

— Hé, regardez ! s'exclama John Ng. Elle trace des signes. Elle écrit quelque chose.

Avec une lenteur atroce, la craie traça une sorte de crochet. Puis elle se déplaça légèrement sur le côté et traça ce qui ressemblait à un serpent, puis une sorte de cuve et un autre serpent.

J SUS.

— Qu'est-ce que ça veut dire ? fit Titus en fronçant les sourcils.

Mais la craie se déplaça sur le côté à nouveau et écrivit ce qui ressemblait à un 8.

— Je pige pas, dit Ricky. S'il s'agit d'un esprit qui essaie de communiquer avec nous, il ferait mieux de frapper une fois pour « oui » et deux fois pour « non » !

— Comment sais-tu que c'est un homme ? demanda vivement Beattie.

— Ouais... ce pourrait être une femme, d'accord. Le message est suffisamment stupide.

La craie avait recommencé à se déplacer. Cette fois elle écrivit un N, puis un T, puis un autre 8. Celui qui écrivait, quel qu'il soit, semblait prendre de l'assurance et de la force au fur et à mesure. J SUS 8NT8RR8.

— Je suis enterré, interpréta Titus. C'est ça que ça dit. Je suis enterré.

Cela continua, et l'écriture devint plus ferme. Tous regardaient, fascinés. *Je suis enterré derrière les garages chez moi. Apportez des pelles. Jim.*

Après le mot *Jim,* la craie tomba à nouveau sur l'estrade et se brisa. Ils demeurèrent silencieux un moment, puis se mirent brusquement à crier, à pousser des acclamations et à applaudir. Il était *ici*... l'esprit de Jim Rook était vraiment ici !

Sherma fit taire tout le monde, puis s'avança vers le devant de la salle en regardant à droite et à gauche.

— Monsieur Rook... nous savons que vous êtes ici. C'était merveilleux. Cela a été l'une des expériences les plus émouvantes de toute ma vie.

— Hé, laisse tomber les discours, et allons le déterrer ! lui lança Ricky.

Ils se dirigeaient vers la porte lorsque le Dr Ehrlichman apparut, un gros dossier sous le bras. Ils s'arrêtèrent, traînèrent les pieds et toussèrent. Le Dr Ehrlichman les regarda avec stupeur, puis déclara :

— Il reste encore une demi-heure avant la récréation. Où allez-vous comme ça ?

— Exercices pratiques sur le terrain, déclara Russell.

— Exercices pratiques *sur le terrain* ? Je ne suis pas au courant ! De toute façon, vous ne pouvez pas quitter le collège sans être accompagnés de M. Rook.

— Oh, nous devons retrouver M. Rook sur la plage. Nous allons nous imprégner du paysage et écrire un poème sur ce sujet. Vous savez, nos sensations, les petites vagues qui dansent et tout le reste.

— Ouais et les minettes en bikini, ajouta Mark.

Il mit les mains en coupe devant sa poitrine, puis fit

« unh ! » quand Russell lui donna un coup de poing dans le dos.

— Je regrette, dit le Dr Ehrlichman. Je n'ai pas donné à M. Rook l'autorisation d'organiser ces exercices pratiques. Jusqu'à ce que je puisse discuter de cette affaire avec lui en personne, vous devrez considérer que cette sortie est annulée. (Il renifla.) Je vous ai apporté des questions d'examen sur les mathématiques de base afin de vous occuper durant la prochaine demi-heure. Cela vous *amusera*, j'en suis sûr !

— Oh, non ! gémit Greg.

Pour lui, les mathématiques étaient à peu près aussi intelligibles que le sanscrit. Il peinait pendant des heures sur ses devoirs de mathématiques, et ce pour donner des solutions qui étaient, selon son professeur de mathématiques, non seulement fausses, mais aussi incroyablement *créatrices.*

— Nous ne pouvons pas laisser M. Rook nous attendre sur la plage, intervint Ray. Il va se demander ce qui nous est arrivé !

— Très bien... Dans ce cas, vous et John, allez à la plage et avertissez-le de ce changement de programme. Faites aussi vite que possible. Vous autres... veuillez vous asseoir. Je vais distribuer les questions d'examen.

Il y eut d'autres gémissements, des murmures de protestation et divers bruits avec les lèvres, puis les élèves regagnèrent leurs places de mauvaise grâce. Depuis la porte, Ray fit un rond avec son pouce et l'index, puis il fit le geste du médius levé à l'adresse du Dr Ehrlichman. Dans son dos, bien sûr. Ray était irrévérencieux, mais il n'était pas suicidaire.

Il leur fallut un moment pour trouver le terrain broussailleux derrière les garages, mais, quand ils le firent, ils comprirent qu'ils étaient arrivés au bon endroit. Il y avait un entassement de grosses mottes de terre desséchées et la forme d'une tombe était aisément reconnaissable.

Ils avaient emprunté — non officiellement — deux pelles à long manche dans la cabane à outils du concierge, mais ils ne commencèrent pas à creuser tout de suite. Ils se tinrent devant le monticule et échangèrent des regards inquiets. En classe, ils avaient trouvé que déterrer M. Rook serait une aventure supergéniale. Mais maintenant qu'ils étaient sur les lieux, devant sa tombe, ils hésitaient, en proie à une violente agitation. Et s'ils le déterraient et qu'il était mort ? Et s'il n'était pas mort, mais atrocement mutilé ? Et si tout cela était une méprise et qu'il ne s'agissait pas du tout de lui ? Que raconteraient-ils à la police ? « Le message d'un esprit est apparu sur le tableau noir de notre classe et nous a demandé de déterrer son corps » ?

— Peut-être qu'on devrait pas faire ça, mec, murmura Ray.

John tâta prudemment le sol avec le bout de sa pelle.

— Et s'il est vraiment enterré ici, et qu'il est toujours vivant ? Nous ne pouvons pas le laisser comme ça !

Ray se mordilla l'ongle du pouce.

— Je vois pas comment il *pourrait* être vivant, d'accord ?

— C'est très possible. Ceci est du vaudou... et ces types du vaudou, ils peuvent maintenir en vie des gens même quand ils sont enterrés.

— Je sais pas, mec. Et si on prévenait les flics ? Tu sais, un appel anonyme.

John réfléchit un moment encore. Puis il glissa la main sous sa chemise et en sortit son pendentif. Il le leva vers le soleil et la pierre étincela, aussi brillante qu'un diamant.

— Je crois que tout est okay, dit-il. Cet endroit a une aura tout à fait positive. Il n'y a rien de maléfique ici... et rien de mort, non plus.

— Je suis censé croire une pierre ? répliqua Ray.

— Tu as vu comme elle est devenue toute sombre lorsque l'oncle de Tee Jay est entré dans la salle de classe, non ? Je me fie à elle, même si tu ne le fais pas !

— Bon, d'accord, creusons.

Au-dessous d'eux, serré dans son coffre en foncé pin, Jim entendit les premiers coups sourds de leurs pelles, et il pensa *merci, mon Dieu !*. Il se sentait épuisé, comme s'il avait couru un marathon olympique. Toute son énergie lui avait été nécessaire pour que son esprit sorte de son corps et s'élève à travers la terre. Il avait été seulement à même de se glisser très lentement à travers les rues, et avait failli renoncer avant d'être arrivé à mi-chemin du collège de West Grove. Il avait fait halte sous l'autoroute, persuadé que le vent du matin allait l'emporter, par lambeaux transparents, vers l'océan et l'oubli.

Il était parvenu à trouver la volonté nécessaire pour écrire son message sur le tableau noir en pensant à Umber Jones, à ce qu'il avait fait subir à Elvin et à Mme Vaizey, ainsi qu'à *lui*. Sa rage l'avait porté. Mais ensuite il avait été tout près de s'effondrer, et c'était à peine s'il se rappelait comment son esprit avait réussi à se traîner péniblement jusqu'à son immeuble et à s'enfoncer sous terre de nouveau.

Les bruits sourds continuaient, sans trêve. À présent qu'il était sur le point d'être délivré, il commença à éprouver une vague grandissante de noir claustrophobie. Il avait envie de marteler avec ses poings le couvercle de son cercueil. Il avait envie de hurler qu'il était là. Et s'ils s'arrêtaient de creuser et s'en allaient ? Et s'il ne s'agissait pas du tout de l'un de ses élèves ? Et s'il était déterré par un inconnu, qui pensait qu'il était mort ?

Et s'il s'agissait d'Elvin, ou bien d'Umber Jones ?

Les pelles heurtèrent le couvercle du cercueil. Puis il entendit un bruit de raclement, et des voix étouffées. Au bout de quelques minutes, une pelle fut introduite de force sous le couvercle. Dans un fort craquement, le couvercle fut soulevé. De la terre lui tomba sur le visage, et ses yeux furent agressés par la lumière éblouissante du soleil.

Ray et John, que Dieu les bénisse ! Agenouillés près de lui, ils le scrutaient, les yeux écarquillés. Il ne s'était jamais aperçu que Ray essayait de se laisser pousser la moustache.

— Il est mort ? fit Ray. Sûr qu'il *a l'air* mort !

John prit son pendentif à nouveau. Il l'appuya prudemment sur le front de Jim et le tint ainsi pendant un moment. Puis il le leva et l'examina.

— La pierre est claire, déclara-t-il. Il a peut-être l'air mort, mais il est toujours en vie. Emmenons-le avant que quelqu'un nous aperçoive.

Pour sortir Jim de son cercueil, ils durent déployer des efforts qui étaient presque comiques. Ses muscles étaient tellement rigides que ses coudes refusaient de se plier, et ils ne pouvaient pas passer ses bras autour de leurs épaules pour le porter à eux deux. Ils furent obligés de le sortir du cercueil et de le transporter comme s'il était une statue. Haletant par suite de l'effort, ils contournèrent les garages jusqu'à l'endroit où Ray avait garé sa Caprice. Ils le firent glisser sur la banquette arrière. Tandis que John allait récupérer les pelles, Ray fouilla dans les poches de Jim. Portefeuille, emploi du temps au collège, clés. Il trouvait cela particulièrement déconcertant, la façon dont Jim le fixait de ces yeux injectés de sang au regard fixe. Mais il lui donna de petites tapes sur l'épaule et dit :

— Vous faites pas de bile, monsieur Rook ! On vous a déterré. Maintenant on va vous retaper.

John revint et mit les pelles dans le coffre.

— Et maintenant, on va où ? voulut-il savoir.

— Je pense que nous ferions mieux de l'emmener chez lui, ce sera plus commode. Ensuite on appelle les autres et on décide de la suite des opérations !

John jeta un coup d'œil vers la banquette arrière, où Jim était allongé, complètement raide.

— Tu crois qu'il nous entend ?

— J'en sais rien. Et merde, je sais même pas s'il va s'en tirer ! Mais nous devons faire tout notre possible, d'accord ? Il s'est efforcé de prendre soin de nous. Maintenant c'est notre tour de prendre soin de lui.

Ils parvinrent tant bien que mal à porter Jim en haut des marches jusqu'au balcon et à le traîner vers la porte de son appartement. Les chaussures de Jim raclaient le sol en ciment armé. Ils ouvrirent la porte et entrèrent. Le félin répondant jadis au nom de Tibbles miaula et tourna autour de leurs chevilles tandis qu'ils le portaient vers le canapé. Ils l'allongèrent sur le dos, puis John se pencha vers lui et appliqua son oreille contre sa poitrine.

— J'avais raison. Il est vivant. On entend tout juste les battements de son cœur.

— Alors, qu'est-ce qu'on fait ?

— On le laisse récupérer, je pense. J'ignore ce qu'on lui a donné, mais les effets finiront bien par se dissiper.

Du bout de ses doigts, Ray essaya de fermer les paupières de Jim. Il parvint à fermer l'œil droit, mais l'œil gauche demeura ouvert et les fixa de manière accusatrice de dessous une paupière tombante. Du moins, son regard *semblait* accusateur, mais en fait Jim voulait leur faire comprendre qu'il était toujours conscient, qu'il était toujours parfaitement en vie.

Par-dessus tout, il voulait qu'ils préviennent leurs camarades — particulièrement Sharon, avec sa connaissance des sorts et de la culture africaine. Il était enfermé dans cette implacable paralysie physique, mais il savait qu'il y avait certainement un moyen d'y mettre fin. Après tout, que faisaient les sorciers vaudou, lorsqu'ils devaient ranimer leurs zombis ? Il s'agissait d'un charme chimique, et il y avait forcément un antidote chimique, même s'il était à base de crânes pulvérisés, de toiles d'araignées et de têtes de poulets offerts en sacrifice.

— J'appelle les autres, d'accord ? dit Ray. Nous devons prendre une décision collective, si tu vois ce que je veux dire. M. Rook n'est pas simplement *notre* professeur, à toi et à moi. Il est le professeur de tous les autres.

Il marqua un temps, puis avoua :

— De plus, je sais foutrement pas quoi faire !

Il décrocha le téléphone et composa le numéro du collège de West Grove.

— Allô ? dit-il en baissant sa voix d'une octave. Est-ce que je pourrais parler à Sue-Robin Caufield ? Je suis son père. Oui, c'est urgent, je le crains. Sa grand-mère vient d'avoir une crise cardiaque très grave. Oui. Elle ne passera peut-être pas la nuit.

Pendant ce temps, John s'assit au bord du canapé et regarda Jim avec un mélange de perplexité et de compassion.

— Monsieur Rook ? Est-ce que vous entendez ce que je dis ? Est-ce que vous pouvez parler ? Vous pouvez me dire comment vous vous sentez ?

Jim le fixa de son œil gauche. Il le voyait et l'entendait, mais il ne pouvait pas dire un seul mot. Sa langue lui donnait l'impression d'être en balsa et les muscles de ses joues restaient complètement bloqués. Il voulait parler, il avait tellement envie de dire quelque chose, mais son système nerveux avait littéralement oublié comment on s'y prenait pour parler.

— Nous allons réunir toute la classe, lui dit John. Nous allons trouver l'oncle de Tee Jay et lui donner une leçon qu'il n'oubliera pas de si tôt !

Jim était allongé, rigide, un œil ouvert et l'autre fermé. Tout ce qu'il pouvait faire, c'était attendre que les effets de la poudre-drogue d'Umber Jones se dissipent, ou bien que quelqu'un lui procure un moyen de les neutraliser. Si Elvin avait dit la vérité, il était tout à fait possible que les effets se prolongent des jours durant ou même des semaines.

Ray raccrocha et revint vers le canapé. Il saisit l'épaule de Jim et la serra avec force.

— J'espère que vous m'entendez, monsieur Rook ! Tout va bien se passer, la classe au grand complet sera là dans un moment. Nous allons faire en sorte qu'Umber Jones cesse ses agissements, une bonne fois pour toutes ! Personne n'enterre *notre* professeur. *Personne.*

Il prit dans ses bras le félin répondant jadis au nom de Tibbles et lui caressa la tête. Jim l'observait, immobile. Tout à coup, Ray s'exclama :

— Merde ! Mais bien sûr ! Je comprends, maintenant.

— Tu comprends quoi ? demanda John.

— Je comprends ! *Pourquoi il caressait les chats.* Tu sais, le poème. C'est parce que le monde entier s'écroulait autour de lui, et caresser les chats, c'était la réalité, tu piges ? Tu caresses un chat et il ne te donne rien en retour, alors pourquoi prends-tu plaisir à le caresser ? C'est parce que les gens donnent quelque chose pour rien, parfois, et ils sont heureux.

John Ng prit un air très solennel.

— Si tu le dis, Ray.

La lumière du soleil brillait à travers les stores, et cela donnait au visage de Jim un rayonnement intense, comme s'il était plus près des anges que de la terre. Dans son esprit, cependant, il commençait à éprouver un mieux général, une nouvelle sensation de détente. Il parvint à ouvrir les deux yeux, et sentit les côtés de sa bouche fléchir un peu, comme la marionnette d'un ventriloque. Il était toujours incapable de parler, et ses bras et ses jambes demeuraient toujours complètement paralysés, mais il savait à présent qu'il n'allait pas mourir.

Il essaya de dire « merci beaucoup », et cela ressembla plutôt à « mah-hou ». Mais peu lui importait. Il sortait rapidement de sa paralysie. Il n'était plus enterré dans son cercueil. Il était revenu chez lui, entouré de gens qui se préoccupaient de savoir s'il était vivant ou mort, et c'était l'un des meilleurs remèdes au monde.

— Mah-hou, répéta-t-il.

John regarda Ray, le visage grave.

— Bon sang, qu'est-ce qu'il a dit ? lui demanda Ray.

— Il a dit « Mah-hou ».

— Oh. D'accord. « Mah-hou », fit Ray.

Il s'agenouilla à côté du canapé, agita les doigts, et dit :

— Ohé, monsieur Rook ! Est-ce que vous m'entendez ? Mah-hou, monsieur Rook ! Mah-hou !

13

Les autres élèves de la classe arrivèrent une vingtaine de minutes plus tard.

— Nous n'avons même pas demandé la permission ! annonça Muffy, les yeux brillants d'excitation. Nous sommes partis, carrément ! Personne n'a demandé où nous allions. Et personne n'a essayé de nous arrêter.

— C'était génial, dit Russell. On est venus en convoi, ouais ! Six voitures et une camionnette, pare-chocs contre pare-chocs. Génial !

Ils se réunirent autour du canapé sur lequel Jim était allongé. Il leva les yeux et vit leurs visages. Les lents d'esprit, les dyslexiques, les obèses, les perturbés. Les adolescents qui ne seraient jamais brillants. Les adolescents qui ne seraient jamais célèbres. Ils étaient rebelles, la plupart du temps. Ils rudoyaient les élèves plus avantagés, et causaient du désordre partout où ils allaient. La Spéciale II avait toujours été synonyme d'ennuis, au collège. Mais Jim avait appris que, s'il montrait à ses élèves qu'il s'intéressait à tout ce qu'ils essayaient de faire, même si cela pouvait sembler stupide ou maladroit à un professeur non spécialisé, alors ses élèves en venaient à participer, eux aussi. Ils ne connaissaient pas l'orthographe, ils ne savaient pas faire une addition, ils étaient incapables de dessiner un chien sans qu'il ressemblât pour finir à un concasseur d'ordures. Mais Jim encourageait chacun de leurs efforts. « Bon, d'accord, ne l'appelons pas "Fido".

Appelons cela... un concasseur d'ordures. » En échange, ils étaient ici, alors qu'il était paralysé, pour tenter de le remettre sur pied.

— Monsieur Rook ? dit Sue-Robin.

Elle était tellement penchée vers lui qu'il voyait seulement ses grands yeux bleus et la naissance de ses seins au doux parfum.

— Vous êtes toujours vivant, monsieur Rook ?

— Spire, fit Jim, les dents soudées.

Il essayait de dire « je respire », mais cela n'avait aucune importance. Il devait respirer, en effet, pour être en mesure de parler.

Sharon X était dans la cuisine. Elle feuilletait frénétiquement les livres qu'elle avait prêtés à Jim.

— Ah, voilà ! conclut-elle en levant la main.

— Quoi ? fit Ricky.

— C'est écrit ici... le truc qu'ils utilisent pour vous ramener à la vie. Ça s'appelle la mixture *vive*.

— Ils indiquent la composition ? demanda Russell.

— Ma foi, c'est plutôt vague, répondit Sharon. Un machin appelé sanguinaire et un truc appelé bétoine, mélangé avec du sang de poulet et du céleri.

— Ça semble appétissant, déclara Titus. Et où vas-tu trouver ça ?

— Il y a une boutique de plantes médicinales deux rues plus loin, dit Muffy. Ma tante Hilda y allait souvent pour acheter de l'huile de musc et du bois de myrte. Elle faisait un petit feu chaque matin afin de bénir sa journée.

— Parfait, dit Russell. J'emmène Sharon là-bas. Vous autres... voyez ce que vous pouvez faire pour le ranimer. Il commence à parler, non ? Vous pourrez peut-être le faire bouger.

Jim était toujours allongé sur le canapé, complètement rigide. Son visage était aussi blanc qu'un masque en carton-pâte, et ses yeux étaient cernés de rouge. L'ensemble de son organisme restait bloqué par la tétrodotoxine — 160 000 fois plus forte que la cocaïne. Néanmoins, il avait des chances de revenir à la vie. Dans les années 1880, un joueur japonais avait été lui aussi intoxiqué par la tétrodotoxine après avoir mangé du poisson *fugu,* et il avait repris connaissance à la morgue plus d'une semaine après avoir été déclaré mort. Mais Jim avait été aussi intoxiqué par du datura, et par du *bufo marinus.* Il était un zombi typique — blafard, rigide et immobile — attendant de manifester sa gratitude à celui qui le ramènerait à la vie.

Sue-Robin lui caressa le front.

— Ne vous inquiétez pas, monsieur Rook. Vous allez vous en tirer. Vous serez rétabli en un rien de temps et vous pourrez continuer à nous bassiner avec tous vos poèmes !

Jim battit des paupières. Il leva les yeux vers le sourire de Sue-Robin et pensa que, si une remarque pouvait lui garantir qu'on allait le ramener à la vie, c'était bien celle-là. Il se souvint de Sue-Robin, assise au fond de la classe, les yeux brillants de larmes, tandis qu'il lisait à haute voix *Les Pêches sauvages* d'Elinor Wylie. Cela l'avait bassinée, hein ? Il ne lirait plus jamais de poèmes. Elle pourrait lire pendant les cours des bandes dessinées, *Igrat, Hell's Assassin,* la belle affaire !

Il ignorait combien de temps s'était écoulé lorsque Sharon revint. Il l'apercevait dans la cuisine, sous le tube au néon à la lumière crue. Ses cheveux étaient ornés de perles, et elle s'affairait à réduire en purée des racines et des poudres, avec le pilon et le mortier qu'il utilisait habituellement pour écraser des grains de moutarde. Il dormit les yeux ouverts. Il entendit des voix aller et venir. Le félin répondant jadis au nom de Tibbles sauta sur le canapé à côté de lui et ronronna bruyamment dans son oreille. Cela ressemblait plus à un râle de mort qu'à un ronronnement.

Puis sa tête fut relevée par la main de Sharon et quelque chose d'aigre-doux et de liquide fut versé entre ses lèvres. Il sentit que cela lui coulait dans le cou et sur le col de la chemise, mais il s'en fichait complètement. Il reposa la tête sur le coussin et ferma les yeux. Il ne réalisa même pas à quel point c'était important, le fait d'être en mesure de fermer les yeux.

Il dormit... et, pendant qu'il dormait, ses orteils se détendirent et ses jambes bougèrent de côté. Il leva brusquement un bras et le posa sur sa poitrine. Ses élèves étaient assis autour de lui et l'observaient. Ils ne parlaient pas beaucoup et faisaient circuler les bières qu'ils avaient trouvées dans son réfrigérateur. Sharon se tenait à l'écart. Elle était tout à fait silencieuse, car elle connaissait le risque qu'elle avait pris en faisant boire à Jim la potion *vive.* La bétoine et la sanguinaire auraient pu le tuer, au lieu de le ramener à la vie. La sanguinaire était tellement dangereuse que les initiés l'étiquetaient toujours sous un faux nom. Si l'on disposait en cercle des feuilles de bétoine, elles étaient censées écarter tous les esprits maléfiques, mais la bétoine prise en boisson pouvait causer la mort à la suite de violents vomissements.

Les heures passèrent. Ils regardèrent la télévision, fumèrent et lurent tous les numéros de *Playboy* de Jim.

— Pas étonnant qu'il soit l'un de ces hommes qui méprisent les femmes ! déclara Beatrice.

— Oh, voyons, protesta David Littwin, ce n'est p-p-pas parce que tu n-n-n'as pas de grosses dou-dou-dou...

Myrlin risqua un coup d'œil par la fenêtre pour voir ce qui se passait, et dix-huit paires d'yeux le dévisagèrent. Il regagna son appartement précipitamment et baissa les stores.

— Doudounes, dit David Littwin.

Ils se tournèrent tous vers lui et le regardèrent avec stupeur.

À trois heures de l'après-midi, Jim se redressa lentement.

— Bon Dieu ! dit-il en pressant ses poignets sur son front.

— Qu'y a-t-il ? s'exclama Sue-Robin.

Elle se dirigea en hâte vers le canapé et gara avec empressement son petit derrière à côté du sien.

— Je vais très bien, lui dit-il. J'ai l'impression d'avoir bu toute la nuit, c'est tout.

Il leva la main et se massa la nuque. Puis il s'étira et voulut se mettre debout, mais il n'y parvint pas tout à fait. Il parcourut du regard les élèves de Spéciale II et ne put s'empêcher de sourire avec fierté.

— Ainsi vous avez réussi. Vous m'avez sauvé la vie.

Ils hochèrent tous la tête vigoureusement.

— Ray et John vous ont déterré, mais on avait lu le message !

Jim jeta un regard à la ronde. Il se sentait encore engourdi, et curieusement détaché, mais l'élixir de Sharon avait brisé le carcan de sa paralysie, sans aucun doute !

— J'ai tout bousillé, reconnut-il. J'ai réussi à sortir de mon corps et à me rendre chez Umber Jones en flottant dans les airs, mais il m'a fallu trop de temps pour prendre le bâton *loa.* Lorsque vous êtes un esprit, vous n'avez pas de mains, pas au sens matériel. Il faut *vouloir* que cet objet se trouve entre vos doigts, sinon il ne vient pas. Même chose avec cette craie. Vous avez vu ce film, *Ghost,* avec Patrick Swayze, quand il essaie de saisir des objets ? C'était exactement la même chose. J'ai réussi à écrire avec cette craie uniquement à force de volonté. Rien à voir avec la force musculaire.

« Mais l'ennui, alors que j'essayais de voler le bâton *loa* d'Umber Jones, c'est que celui-ci s'est emparé de mon corps matériel, sur ce même divan, et m'a enterré. Avec l'aide d'Elvin, bien sûr. Quand j'ai voulu réintégrer mon corps, il n'était plus là.

— Bon sang, vous avez dû flipper un max ! s'exclama Ricky.

— Et comment ! Mais Elvin m'a montré l'endroit où mon corps était enterré, et j'ai été à même de me glisser dedans. Ne me demandez pas comment j'ai fait. Disons que je me suis infiltré dans le sol, comme un liquide. Mme Vaizey m'avait dit que, si je parvenais à sortir de mon corps juste une fois, je n'aurais plus qu'une envie... recommencer. Mais après ce qui s'est passé aujourd'hui, plus jamais ça, oh non !

— Alors vous n'avez pas le bâton *loa* ? demanda Sharon.

Jim secoua la tête.

— Nous devrons trouver un autre moyen.

Il consulta sa montre et dit :

— J'ai besoin de faire un petit somme. Si vous voulez rester ici, vous êtes les bienvenus. Commandezvous une pizza ou ce que vous voudrez. Ensuite nous parlerons de ce que nous allons faire.

Un peu après six heures, alors qu'ils buvaient du café et se racontaient des histoires de fantômes, Jim apparut dans le séjour et tapa légèrement dans ses mains pour attirer leur attention. Il avait pris une douche et s'était changé. Ses cheveux étaient encore mouillés, et il portait sa chemise rose à carreaux et ses lunettes Armani.

— Okay... je crois que je suis tout à fait remis. Je suis encore un peu raide, mais qui ne le serait pas, après avoir vécu son propre enterrement ? J'ai fait quelques rêves, mais c'est tout. Rien de trop effrayant, à part une apparition cauchemardesque du Dr Ehrlichman en tenue sexy. La prochaine fois que vous le verrez, ne lui parlez pas de bas résille et de porte-jarretelles, d'accord ?

Ils éclatèrent de rire, mais ils étaient conscients de la tension de Jim, ainsi que de sa fatigue.

Beaucoup plus sérieusement, il continua :

— Nous avons affaire ici à des pratiques vaudou très graves. Pas la peine de jouer les sceptiques. Umber Jones a des pouvoirs surnaturels *stupéfiants*. Avec son bâton *loa,* il peut invoquer plus de deux cents esprits différents. Il peut aussi se promener dans les rues sous la forme d'une fumée et tuer des gens sans que ceux-ci le voient.

« J'ai réfléchi à la façon dont il m'a surpris chez lui la nuit dernière. Je ne parvenais pas à comprendre comment il avait su que j'avais l'intention de sortir de mon corps. Mais lorsque je me suis retrouvé dans ce cercueil, enterré, j'ai eu largement le temps de méditer là-dessus, vous savez, avec tout l'avantage du silence complet et de l'obscurité complète. Votre esprit travaille avec une lucidité tout à fait incroyable, quand aucun stimulus extérieur ne vient plus distraire votre attention. Pas d'avions qui passent dans le ciel. Pas de prostituées qui font grincer les ressorts du matelas dans la chambre du premier étage.

À nouveau, ils éclatèrent de rire... non parce qu'il était drôle, mais tout simplement parce qu'ils étaient soulagés de le voir reprendre la situation en main. Une classe perd toute sa cohésion sans un professeur, même si celui-ci est tout à fait décontracté.

— Bon, faisons l'appel en famille, poursuivit Jim. Tout le monde est là ?

— Tout le monde, excepté Tee Jay, répondit Seymour.

— Ma foi, je m'y attendais, lui dit Jim.

— Vous vous y attendiez ? Pourquoi ?

— Réfléchis un peu. Vous saviez tous que j'avais l'intention de sortir de mon corps hier soir et d'essayer de m'introduire dans l'appartement d'Umber Jones... mais je ne comptais le faire que si son esprit-fumée était parti se promener quelque part. Tee Jay était le seul à savoir que son oncle était sorti, et à quel moment. Par conséquent, Tee Jay était le seul à savoir très précisément quand j'allais sortir de mon corps pour aller chercher le bâton *loa*. Il a envoyé Elvin ici pour enterrer mon corps, et voilà !

— C'était un piège, murmura Sharon.

— Exactement, acquiesça Jim. C'était un piège. Je voulais croire que Tee Jay n'était pas totalement dominé par Umber Jones. Je voulais croire que son intérêt pour le vaudou était une simple toquade d'adolescent, et que cela lui passerait très vite. Mais il savait ce qu'il faisait quand il m'a téléphoné hier soir... et, bien que je répugne à le dire, je pense qu'il savait ce qu'il faisait quand Elvin a été tué. Cela n'avait rien à voir avec la bagarre dans les toilettes. Il faisait un sacrifice humain à Vodun.

— Nom de Dieu ! s'exclama Mark.

— Il est dit dans l'ouvrage de Sharon que la façon la plus rapide de se convertir au vaudou et d'être accepté par les autres adeptes est de faire un sacrifice humain.

— Tout de même. Nom de Dieu !

— Alors, qu'est-ce qu'on fait ? demanda Titus en clignant des yeux derrière les verres de ses lunettes.

— Si vous êtes d'accord, nous allons nous attaquer

à ce problème ensemble. J'ai compris aujourd'hui que je n'y arriverais pas tout seul. J'ai besoin de mes élèves pour me donner un coup de main !

Ils échangèrent des regards entre eux.

— Ce sera sans moi, déclara Jane. S'il s'agit d'affronter des fantômes, pas question !

— Hé, pas de problème, vous pouvez compter sur moi, déclara Russell.

— Sur moi itou, dit Mark.

David Littwin leva la main :

— Vous p-p-p. Pouvez. C-c-c.

— Merci, David, répondit Jim.

Il ne voulait pas être désobligeant, mais il n'avait pas toute la nuit devant lui.

Tous, excepté deux d'entre eux, voulaient être de la partie. Jane était timide et atteinte d'une grave dyslexie. Greg Lake devait rentrer chez lui de bonne heure parce que ses grands-parents passaient quelques jours à la maison. Jim savait que les parents de Greg étaient très sévères : cela expliquait ses grimaces faciales. Il ne désirait pas introduire plus de stress dans la vie du jeune homme.

Finalement, il leva la main pour réclamer le silence et déclara :

— Nous allons nous occuper d'Umber Jones sur deux fronts. La prochaine fois qu'il sortira de son corps, un groupe devra suivre son esprit-fumée et le tenir occupé, pendant qu'un deuxième groupe, deux ou trois d'entre vous, s'introduira dans son appartement pour s'emparer de son bâton *loa.* Ils devront également réciter l'incantation qui empêche un esprit-fumée de réintégrer son corps matériel. Il n'aura plus de bâton *loa* pour appeler les *loa* à son aide. Il ne pourra plus retourner dans son corps. Au bout d'un moment, il s'estompera et disparaîtra, comme tout un chacun s'estompe et disparaît quand il meurt.

« Le groupe qui suivra l'esprit-fumée pourrait se répartir en deux groupes plus petits. J'irai avec l'un des deux car je suis à même de le voir. L'autre groupe emportera la poudre-fantôme de Mme Vaizey. Si vous soupçonnez qu'il se trouve près de vous, en lançant un peu de cette poudre, vous devriez le rendre visible.

« Nous disposons de trois téléphones cellulaires, d'accord ? Parfait... cela nous permettra de rester en contact.

— Et pour Tee Jay ? demanda Sharon. Vu la façon dont il a parlé du vaudou, il pourrait être foutrement puissant, lui aussi.

— Écoute, primo nous ne savons pas où il est, secundo il est possible que je me trompe à propos du sacrifice, et il n'a peut-être pas prévenu Umber Jones que je sortais de mon corps. Il fait toujours partie de la classe, jusqu'à preuve du contraire. Chaque chose en son temps, d'accord ?

Ils surveillèrent l'immeuble d'Umber Jones à partir de huit heures du soir. Dans la voiture de Ray, il y avait Ray, Sharon et David Littwin. Dans la voiture de Jim, garée quelques emplacements derrière eux, il y avait John Ng, Beattie McCordic et Muffy Brown. De l'autre côté de la rue, tournée dans la direction opposée, il y avait la Mustang Mk II de Russell, où avaient également pris place Sue-Robin Caufield et Seymour Williams. Jim avait confié à Russell le gobelet à café contenant la poudre-fantôme, avec la défense expresse de l'avaler.

Dans la voiture de Ray, ils mangeaient des Big Macs, la bouche ouverte, et buvaient bruyamment des milk-shakes à la fraise. Sharon avait emporté son livre sur le rituel vaudou afin d'être en mesure de réciter les paroles qui empêcheraient l'esprit-fumée d'Umber Jones de réintégrer son corps. Les mots étaient écrits dans un dialecte africain très ancien, et c'était à peine si elle pouvait les prononcer. Elle ne cessait de les répéter, à tel point que Ray s'exclama :

— Bon sang, Sharon, arrête ça ! On dirait que tu fais des bulles dans ton bain !

Babai babatai m'balatai... hathaba m'fatha babatai...

Jim était épuisé, mais résolu à aller jusqu'au bout. Renversé sur son siège, il portait des Ray-Ban et une casquette verte de l'équipe de base-ball de West Grove, pour le cas où Umber Jones l'apercevait depuis le trottoir d'en face. Il était peu probable qu'il le reconnaisse... d'autant qu'il croyait certainement que Jim était toujours six pieds sous terre, dans une caisse étroite en pin, subissant une punition bien méritée pour avoir tenté de voler son bâton *loa*. Néanmoins, Jim ne sous-estimait pas la subtilité d'Umber Jones, ni celle de Tee Jay, si celui-ci l'avait vraiment trahi.

Plus d'une heure passa, et Jim commença à se dire que c'était râpé pour ce soir. Il avait demandé à tous ses élèves de téléphoner à leurs parents pour les prévenir qu'ils rentreraient très tard — une étude pratique en anglais — et il s'était occupé de leur dîner.

Beattie McCordic ne mangeait jamais de pizza ni de hamburgers et, à sa grande gêne, son estomac s'était mis à gargouiller, bien que John ne cessât de lui répéter :

— Ne t'en fais pas. Même ton estomac a le droit de s'exprimer.

— Oh, laisse-moi tranquille.

À ce moment, la porte de l'immeuble d'Umber Jones s'ouvrit brusquement, et un homme de haute taille au costume sombre, coiffé d'un chapeau à large bord à la Elmer Gantry, apparut. L'homme *ressemblait* à Umber Jones, mais était-ce bien lui ?

— Tu le vois ? demanda-t-il à Beattie. Sur le trottoir d'en face, là-bas... il passe devant la cabine téléphonique... devant les poubelles...

Beattie scruta le trottoir.

— Je ne vois personne. Il n'y a personne là-bas.

— Parfait... alors c'est lui, sans aucun doute, dit Jim. Si tu l'avais vu, il aurait pu s'agir d'un complice. Bon, c'est parti !

Beattie emballa le moteur et déboîta en faisant une embardée.

— Ne roule pas trop vite, lui dit Jim. Il vient de passer devant cette épicerie. C'est ça. Et reste à distance, sinon il va s'apercevoir que nous le suivons. Mais je ne pense pas qu'il soit sur ses gardes. Il ne sait pas que quelqu'un peut le voir.

Umber Jones arriva au bout du pâté de maisons et traversa la chaussée sans se soucier des voitures qui arrivaient. Un camion passa à moins de dix centimètres de lui, sa fumée tourbillonna, mais il ne sursauta même pas.

— Continue, continue, ralentis un peu, dit Jim. Il suit toujours la même direction, mais je pense qu'il va probablement tourner à droite sur Colonial.

Beattie conduisait pour permettre à Jim de se concentrer sur leur poursuite. Jim faisait un passager plutôt crispé, mais il devait se tenir prêt à bondir hors de la voiture d'un instant à l'autre, afin de suivre l'esprit-fumée d'Umber Jones si celui-ci disparaissait dans un immeuble, une boutique ou un restaurant. Il voulait également avoir à sa disposition une voiture « de fuite », si jamais quelque chose tournait mal. Il n'était pas armé — c'était inutile, une arme n'aurait eu aucun effet sur un esprit-fumée — et ses relations avec Umber Jones lui avaient appris que le courage résidait parfois dans la fuite.

— C'est bien ça, murmura Jim. Il tourne à droite.

Il pianota le numéro du portable de Sue-Robin.

— Nous le suivons sur Colonial, direction nord-ouest. On se retrouve à l'angle de Colonial et de Warren, d'accord ?

— À votre avis, où va-t-il ? demanda John.

— Je n'en sais rien... mais il prépare un mauvais coup, c'est sûr !

La Fumée tourna à gauche puis à droite de nouveau, et remonta une rue bordée de boutiques fermées et d'hôtels minables. Devant l'hôtel Glencoe, deux hommes s'entretenaient avec une fille en mini-jupe à paillettes. L'un des hommes, une armoire à glace, portait un costume blanc. L'autre homme était plus mince, avec des cheveux gominés et plaqués en arrière, et des lunettes de soleil. Le type mince faisait des remontrances à la fille au sujet de quelque chose, car il n'arrêtait pas de la menacer du doigt. De temps en temps, il levait la main en l'air comme s'il était suffisamment en colère pour la frapper.

— Et merde, dit Jim. C'est reparti pour un tour !

Le personnage-Fumée arriva rapidement dans la rue, et comme il s'approchait de l'entrée de l'hôtel, il sembla prendre de l'ampleur. Bientôt il fut encore plus baraqué que M. Armoire à Glace. Jim ne vit pas sa main pivoter, mais la lumière du réverbère accrocha l'éclair de son couteau.

Cette fois, il devait intervenir — que les hommes aient mérité ou non ce que la Fumée avait l'intention de leur faire. Il baissa sa glace et cria :

— Hé ! Attention, derrière vous !

Immédiatement, le type mince aux lunettes de soleil plongea derrière la fille. Très chevaleresque, pensa Jim. M. Armoire à Glace se retourna vivement, son poing à moitié levé, au moment où la Fumée arrivait sur lui et lui donnait un coup de couteau, le frappant au flanc.

— Que se passe-t-il ? glapit Beattie. Regardez cet homme !

Du sang gicla sur le costume de M. Armoire à Glace tandis qu'Umber Jones le poignardait à maintes reprises. Personne excepté Jim ne pouvait voir la Fumée. Tout ce qu'ils voyaient, c'était un homme puissamment bâti qui exécutait une danse saccadée sur le trottoir, et son costume qui se couvrait de taches rouge vif. Il fit une dernière embardée puis s'écroula de tout son poids sur le trottoir.

Umber Jones se tourna vers la voiture de Jim. Il y avait une expression tout à fait terrifiante sur son visage. Ses yeux flamboyaient de fureur, ses joues étaient enduites de cendres. Durant un moment, Jim crut qu'il allait se jeter sur eux. Il brandit son couteau ensanglanté et fit même deux ou trois pas vers la voiture. Puis, brusquement, il s'immobilisa. Jim l'entendait presque penser tout haut. Si Jim s'était échappé de son cercueil et l'avait suivi avec certains de ses élèves... que faisaient les autres élèves, en ce moment ?

Il montra les dents et cria :

— Soyez maudit, Jim Rook ! Je vous tuerai pour ça !

Puis il tourna les talons et repartit en toute hâte dans la direction d'où il était venu.

— Suis-le ! cria Jim, oubliant que Beattie ne pouvait pas voir Umber Jones.

— Où ça ? Où ça ?

— Fais demi-tour ! Vite ! Il repart vers son appartement !

Des sirènes de police commencèrent à retentir dans le lointain tandis que Beattie effectuait laborieusement un demi-tour en sept manœuvres au milieu de la rue. Jim saisit son portable et pianota le numéro de Sue-Robin. Il y eut une série de crachotements, puis il entendit la voix de Sue-Robin :

— Oui ? Oui ? Je vous entends pas, monsieur Rook !

— Tu m'entends, maintenant ? Parfait ! Retournez tout de suite à l'appartement d'Umber Jones, et mettez la gomme !

Ensuite il fit le numéro de Ray, mais n'obtint aucun contact.

— Vous le voyez toujours ? demanda Beattie d'une voix éperdue.

— Cela n'a plus d'importance, maintenant... il nous a vus. Retourne à son appartement aussi vite que tu le peux. J'essaie de joindre Ray, mais je n'ai rien !

Ray, Sharon et David se dirigeaient vers l'arrière du supermarché Dollars & Sense. Ils s'avançaient prudemment entre des caisses d'oranges, des cageots de légumes et des piles de sacs de pommes de terre. Le supermarché était encore ouvert. Par une fenêtre munie d'un grillage, ils apercevaient l'arrière de la tête d'un jeune homme qui parlait au téléphone. Sharon buta par mégarde contre un cageot, et le jeune homme se retourna pour jeter un coup d'œil au-dehors. Mais il n'y avait pas de lumière dans l'arrière-cour et, se détournant de la fenêtre, il reprit sa conversation au téléphone. Ils se baissèrent et se dirigèrent rapidement vers l'escalier de secours peint en noir.

Ils montèrent l'escalier en faisant le moins de bruit possible. Ils savaient qu'ils ne donneraient pas l'éveil au corps d'Umber Jones, mais Jim les avait prévenus au sujet de M. Pachowski, et il était tout à fait possible que Tee Jay soit là, lui aussi. Quand ils atteignirent le palier du premier étage, Ray montra du doigt la chambre à coucher d'Umber Jones et chuchota :

— C'est là. Il ne nous reste plus qu'à entrer et à faucher le bâton !

Il s'approcha de la fenêtre à guillotine et essaya de relever le cadre.

— Elle est v-v-verrouillée ? demanda David.

— Non seulement verrouillée, mais fixée avec des vis.

— Qu'est-ce qu'on fait ?

— On utilise une technique italienne très subtile, transmise de père en fils depuis des générations !

Sur ce, il retira sa chaussure à bout pointu, ramena son bras en arrière et brisa la vitre avec sa chaussure.

— B-b-bon Dieu de merde, Ray ! s'exclama David en se bouchant les oreilles avec ses mains.

Le verre brisé tinta bruyamment dans la cour en contrebas, mais Ray remit tranquillement sa chaussure et leur adressa un haussement d'épaules.

— Ce n'est pas le genre de quartier où tout le monde arrive en courant au premier bruit de verre cassé. En fait, les gens se mettent probablement à courir dans la direction opposée !

Il ôta les éclats de verre qui restaient dans le cadre de la fenêtre. De l'autre côté, il y avait un épais rideau noir, et il fut obligé de l'écarter afin d'enjamber le rebord de la fenêtre. Il donna trois coups secs. Et c'est alors qu'il le vit, là-bas, allongé sur son lit, avec les veilleuses de cire noire qui flottaient près de lui... le corps d'Umber Jones.

— Le bâton... je le vois, dit Sharon d'une voix sifflante. Vas-y, Ray, tu entres et tu le prends, je récite les paroles, et on se tire d'ici en vitesse !

Ray se glissa prudemment par la fenêtre et s'avança dans la chambre. Il regarda Umber Jones avec fascination.

— Merde, ses yeux sont ouverts, mais il ne me voit pas. Ça fout les jetons, non ?

— Contente-toi de prendre le bâton ! le pressa Sharon.

Ray avança la main et saisit le crâne en argent sur le pommeau du bâton *loa*. Au même moment, la porte de la chambre fut ouverte si violemment qu'elle heurta le mur et vibra, et Tee Jay entra en trombe. Il saisit Ray par le col de la chemise et le projeta à terre.

— *Tu oses toucher à la propriété sacrée de Baron Samedi* ! rugit-il.

Il ne parlait pas du tout comme Tee Jay. C'était comme si sa voix était composée d'une centaine de cris au ralenti — rauques et angoissés, mais totalement autoritaires. Il ne ressemblait pas beaucoup à Tee Jay, non plus. Son visage était entièrement badigeonné de blanc, à l'exception de cercles noirs peints autour des yeux, et d'un mince trait noir sur les lèvres. Il était torse nu, et sa peau était percée de dizaines de tout petits crochets barbelés, chacun orné de touffes de poils teints en rouge ou de plumes de poulet. Dressé au milieu des nuages de la fumée d'encens, il ressemblait à un visiteur de l'enfer.

Ray se remit debout.

— Écoute, mec, dit-il, je cherche pas la bagarre, mais nous devons avoir ce bâton. Ton oncle peut pas continuer de tuer des gens. Tu le sais !

Tee Jay le regarda fixement. Ses yeux ressemblaient à des scarabées d'un noir luisant. Puis, brusquement, il abattit son poing et envoya Ray valdinguer contre le montant de la porte. Ray bascula de côté et se cogna la tête sur le rebord d'une table basse.

Tandis que Tee Jay s'approchait pour le frapper à nouveau, Sharon parvint à se faufiler par la fenêtre. Elle tendit la main vers le bâton *loa*, mais Tee Jay avait certainement senti sa présence. Il pivota sur lui-même et la frappa sur la tempe avec la main ouverte. Elle tomba par terre, étourdie.

— Toucher le bâton *loa* est un blasphème ! vociféra-t-il.

— Tee Jay ! l'implora-t-elle. Je suis Sharon !

Il l'ignora. Il empoigna Ray pour le relever, mais celui-ci était sans connaissance, et une grosse bosse se formait sur le côté de sa tête. Tee Jay le laissa retomber sur le tapis.

— Tu ne bouges pas, dit-il à Sharon. Mon oncle sera bientôt de retour, et alors tu découvriras ce que nous faisons subir aux blasphémateurs !

Sharon voulut se traîner vers la fenêtre, mais il s'avança et la gifla de nouveau.

— Tu restes où tu es, salope ! J'attendais ça depuis longtemps !

De l'autre côté de la fenêtre, David était plaqué contre le mur. C'était à peine s'il osait respirer. Il ne pouvait même pas demander de l'aide, parce que c'était Ray qui avait le portable. Il écouta, attendit, et pria le ciel pour que Tee Jay ne regarde pas au-dehors.

— Ce n'était pas ta faute, dit Jim. Je n'aurais pas dû te dire de conduire si vite.

Ils se trouvaient à deux rues seulement de l'immeuble d'Umber Jones, mais la police les avait arrêtés pour excès de vitesse, et maintenant ils attendaient, en proie à une tension à peine supportable, pendant qu'un policier ventru dressait une contravention à Beattie et déclarait d'un ton pédant :

— N'oubliez jamais ça, ma petite. Quand on roule à quinze kilomètres au-dessus de la vitesse autorisée, il vous faut trente-cinq mètres de plus pour vous arrêter. Il y a des gosses par ici, à cette heure de la nuit, et des gens qui ont trop bu d'alcool. Vous n'avez pas envie de tuer quelqu'un uniquement parce que vous avez une minute de retard à votre rendez-vous, hein ?

Jim grimaçait et serrait les poings. *Bon Dieu, laisse tomber le sermon sur la prévention routière et on fiche le camp d'ici !*

Mais, avant de détacher la contravention de son carnet, le policier recula puis fit très lentement le tour de la voiture. Il jeta un coup d'œil aux pneus, vérifia les feux de position, donna de petits coups sur la carrosserie, comme s'il avait l'intention d'acheter la voiture.

— Bon, ça va, dit-il finalement en tendant à Beattie sa contravention. Et rappelez-vous la règle d'or.

— La règle d'or ? demanda Beattie d'un air anxieux.

Allez, pensa Jim. *Allez, allez, allez !*

— Mieux vaut être en retard dans ce monde qu'en avance dans l'autre.

Oh, c'est pas vrai !

Ils s'éloignèrent tout doucement, sous le regard du policier. Ils tournèrent le coin et Beattie appuya sur l'accélérateur. Les pneus arrière hurlèrent comme des cochons qu'on égorge, et laissèrent sur l'asphalte des traces de caoutchouc brûlé longues de six mètres.

Russell, Sue-Robin et Seymour étaient déjà arrivés devant la porte de l'immeuble d'Umber Jones.

— Aucun signe de Ray et de Sharon, dit Seymour. J'espère qu'ils ont réussi à prendre ce bâton.

Russell essaya d'ouvrir la porte, mais elle était solidement verrouillée.

— Le mieux, c'est de rester là et d'attendre. Ce type est peut-être de la fumée, mais même une fumée a besoin d'un interstice de rien du tout pour entrer.

— J'ai peur, murmura Sue-Robin.

Russell ôta le film transparent qui recouvrait le dessus du gobelet à café.

— Et voilà ! Tu n'as plus besoin d'avoir peur. S'il s'approche de nous, nous pourrons le voir.

— Et ensuite ?

— J'en sais rien. On file à toutes jambes, je suppose.

Sue-Robin risqua un coup d'œil à l'intérieur du gobelet et fronça le nez.

— Tu penses que ça marche vraiment ? Après tout, c'est juste les cendres d'une vieille femme, non ?

— Monsieur Rook semble penser que ça marchera.

Il prit une pincée de poudre entre son pouce et l'index, et la renifla.

— Ça n'a pas d'odeur particulière.

— Un peu de respect, Russell. Tu *respires* quelqu'un !

Russell jeta la poudre-fantôme. Au même moment, il eut la certitude d'apercevoir fugitivement quelque chose dans l'air devant lui... quelque chose qui ressemblait à des doigts désincarnés. Il se rejeta en arrière contre la porte, et il était suffisamment corpulent pour la faire vibrer.

— Que se passe-t-il ? Qu'est-ce que tu as ? demanda Sue-Robin, terrifiée.

— *Il est ici !* dit Russell d'une petite voix étranglée. *Il est ici, juste devant nous !*

Sue-Robin s'empara du gobelet et lança en l'air la poudre-fantôme. Durant quelques secondes terrifiantes, ils visualisèrent la silhouette d'Umber Jones, deux mètres de haut, son couteau brandi. Il serrait les dents et son visage était convulsé par la fureur.

Il disparut, mais Russell s'écarta de la porte d'un bond, au moment où l'épaule de sa chemise était lacérée.

— Reculez ! hurla-t-il à Sue-Robin et à Seymour. On reste pas là ! On fout le camp !

La porte fut secouée d'une façon inquiétante, puis il y eut un bruit de succion prolongé, comme si un courant d'air passait au-dessous. Russell ne pouvait pas le voir, mais Umber Jones venait de s'écouler sous le bas de la porte et était entré. À présent il se dirigeait vers le premier étage.

— Quel est le numéro de Ray ? cria Russell. Dis-lui qui Umber Jones est revenu !

Sue-Robin se démena avec son portable, mais même quand elle parvint à faire le numéro de Ray sans se tromper, elle n'entendit absolument rien.

— Oh, merde ! fit Russell. On contrôle plus la situation !

Ils entendirent une voiture arriver à toute allure, puis le grincement de freins. Ils se retournèrent et virent Jim, accompagné de Beattie et de John.

Jim examina l'épaule de Russell. Elle saignait un peu, mais la blessure était superficielle.

— Que s'est-il passé ? demanda-t-il. Où est-il maintenant ?

Russell montra de la tête l'appartement d'Umber Jones.

— Je crois que nous avons loupé notre coup, monsieur Rook. Tout ce que nous avons réussi à faire, c'est de le mettre en boule. Et il est vraiment furax, croyez-moi !

Une fenêtre au premier s'ouvrit et M. Pachowski jeta un coup d'œil au-dehors.

— Qu'est-ce qui se passe en bas ? Fichez le camp immédiatement, sinon j'appelle les flics !

Jim l'ignora. Il donna un violent coup de pied dans la porte avec son pied gauche, puis un autre. Le chambranle se fendilla, mais la porte tint bon.

— Hé ! Qu'est-ce que vous faites ? glapit M. Pachowski. C'est du vandalisme ! C'est un acte criminel !

— Oh, la ferme, espèce de vieux gâteux ! lança Sue-Robin.

Jim donna un autre coup de pied dans la porte, mais elle ne cédait toujours pas.

— Attendez ! fit Russell. Écartez-vous et laissez faire un spécialiste !

Il recula de six ou sept pas, puis fonça sur la porte, l'épaule en avant, de toute sa masse. Ses cent dix kilos de chair et de muscles arrachèrent la porte de ses gonds et la projetèrent dans le hall.

— Allons-y, dit Jim. J'espère que nous n'arriverons pas trop tard !

Ils arrivèrent devant la porte de l'appartement d'Umber Jones. Elle était entrouverte de deux ou trois centimètres. Tee Jay l'avait sans doute laissée ainsi pour que l'esprit-fumée de son oncle puisse rentrer plus facilement. À l'intérieur, ils voyaient seulement la petite lueur tremblotante de bougies. Ils entendaient également des voix.

Jim poussa tout doucement le battant. Il se retourna vers Russell, Sue-Robin et Seymour, et posa son index sur ses lèvres.

— Chut ! Suivez-moi.

Ils traversèrent sans bruit le séjour obscur en direction de la chambre à coucher. Malgré sa corpulence, Russell se déplaçait avec une grâce étonnante. La porte de la chambre était grande ouverte, et Jim aperçut les pieds d'Umber Jones dans leurs chaussures vernies, noires et poussiéreuses, posés sur le lit. Les bougies décrivaient des cercles et dansaient dans leurs soucoupes ; elles faisaient pivoter la lumière sur les murs. Il s'approcha. Par une fissure dans le montant de la porte, il voyait Tee Jay, le dos tourné, orné de touffes de poils et de plumes. Il apercevait également une partie du chemisier de Sharon. Ray était étendu par terre, le visage très pâle, évanoui.

Jim se rapprocha tout doucement afin de voir au-delà du chambranle de la porte. Et il était là, l'esprit-fumée d'Umber Jones, debout à côté du lit où était allongé son propre corps, dans le coma. Dieu merci, il n'avait pas encore décidé son esprit-fumée à rentrer en lui.

— Nous allons commencer, déclara Umber Jones. Cent douze coups de couteau à chacun. Un grand, très grand sacrifice à Vodun et à Baron Samedi.

— Mourir pour Vodun est le plus grand honneur, dit Tee Jay à Sharon. C'est la mort la plus douloureuse de toutes... tellement douloureuse que tu accueilleras avec plaisir Baron Samedi quand il viendra te chercher.

— Je t'emmerde ! fit Sharon.

Mais Jim vit qu'elle était complètement terrifiée. Il tourna la tête vers Russell, Sue-Robin et Seymour.

— Russell, chuchota-t-il, tout près de l'oreille de celui-ci. Tu vas foncer dans la pièce et plaquer Tee Jay. Moi, je m'empare du bâton *loa*. Si je ne réussis pas, tu t'en charges, Sue-Robin. Une fois que tu as le bâton, tu files à toutes jambes. Tu cours jusqu'à la voiture et tu démarres, d'accord ? Tu t'en vas aussi loin et aussi vite que tu le peux !

— Tu es consciente, dit Umber Jones à Sharon. Tu mourras la première.

Jim vit qu'il faisait pivoter lentement sa main droite et laissait apparaître son couteau. *Okay,* pensa Jim. *Maintenant ou jamais.* Il donna une petite tape sur l'épaule de Russell, dit : « En piste ! » et ils foncèrent.

Russell fit irruption dans la pièce et projeta Tee Jay à terre en lui faisant l'un des plus beaux plaquages que

Jim eût jamais vu. Sharon poussa un cri. Umber Jones se retourna, les yeux grands ouverts de surprise et de fureur. Il abattit son couteau vers le visage de Jim, mais celui-ci parvint à baisser la tête de côté.

Il tendit la main vers le bâton *loa,* mais Umber Jones frappa à droite et à gauche, et le blessa au tranchant de la main.

— Cette fois je vais te tuer, mon ami, cracha-t-il. Cette fois je vais t'enterrer définitivement !

Jim chercha à saisir à nouveau le bâton *loa,* et à nouveau l'esprit-fumée d'Umber Jones taillada l'air devant lui. Mais, pendant ce temps, Sue-Robin se glissa sous le lit, leva une main et dégagea le bâton des doigts d'Umber Jones.

L'esprit-fumée d'Umber Jones poussa un beuglement de rage et fit le tour du lit pour l'attraper. Mais Sue-Robin cria : « Attrapez, monsieur Rook ! » et elle lui lança le bâton.

Jim attrapa le bâton et le lança à Seymour.

— Fiche le camp, Seymour ! hurla-t-il.

Immédiatement, Seymour disparut de l'embrasure de la porte, traversa le séjour en courant et sortit sur le palier, où il entra en collision avec M. Pachowski.

Umber Jones voulut se lancer à sa poursuite, mais Jim pensa brusquement : *Si j'ai réussi par un acte de volonté à sortir de mon corps... si j'ai réussi par un acte de volonté à amener mon esprit à tenir des objets solides... alors je suis capable par un acte de volonté de stopper Umber Jones.* Alors que celui-ci se précipitait vers la porte, Jim l'intercepta et lui donna un coup de poing à la mâchoire, puis dans le ventre. Totalement pris au dépourvu, Umber Jones tomba à la renverse contre le mur et lança un regard stupéfait à Jim.

Jim voulut le frapper à nouveau, mais cette fois son poing ne traversa que le vide. Néanmoins... il avait retenu Umber Jones suffisamment longtemps. Il entendit un crissement de pneus dans la rue quand Seymour démarra à toute vitesse.

Umber Jones regarda fixement Jim pendant un long, très long moment. Ses yeux enfoncés brillaient de haine. Puis il entreprit de se diriger lentement vers son lit, où était allongé son corps matériel.

— Un jour, mon ami, je trouverai un autre bâton *loa*, et alors je reviendrai m'occuper de toi. Je te le promets !

Il se tint près de son corps et posa la main sur sa poitrine. À ce moment, David Littwin se glissa par la fenêtre et surgit dans la pièce. Il ignora tout le monde et se dirigea carrément vers le corps d'Umber Jones. Oreilles décollées, la lumière luisant à travers elles. Expression solennelle.

— Fais attention, David, dit Jim.

L'esprit-fumée d'Umber Jones n'avait plus de bâton *loa*, et il ne pouvait plus invoquer les *loa* pour qu'ils l'aident à tuer des êtres humains, néanmoins il était préférable de se montrer prudent.

Pourtant David pointa son index vers le corps d'Umber Jones et articula, d'une voix forte et claire :

— *Babai babatai m'balatai... hathuba m'fatha habatai.*

L'esprit-fumée d'Umber Jones le regarda d'un air incrédule. Puis il se tourna et regarda fixement Jim. Son visage exprimait une horreur absolue.

— Il m'a jeté un sort ! Ce gosse m'a jeté un sort ! Je ne peux plus retourner dans mon corps, plus jamais !

Il se rua d'un côté de la pièce à l'autre... une tornade de fumée qui n'avait plus aucun pouvoir ni aucune influence. Finalement, il se blottit dans le coin opposé. Il frissonnait de peur et de désespoir.

Jim s'approcha de lui et dit :

— Espérons que tous les gens que vous avez tués se montreront plus indulgents que vous ne l'avez jamais été !

Sur ce, il tourna violemment le bouton de réglage du climatiseur sous la fenêtre.

— Non, chuchota Umber Jones tandis que le moteur se mettait à ronronner. Je veux garder ma forme... Je veux garder mon âme.

Mais il ne pouvait rien faire. Le climatiseur commença à érailler les pans de sa veste, puis il aspira les manches. Petit à petit, Umber Jones s'affaissa en une spirale de fumée tourbillonnante, aussi immatérielle qu'un mauvais souvenir, et il fut entraîné à travers les orifices du climatiseur.

Jim se dirigea vers Russell, lequel était toujours assis sur Tee Jay et l'empêchait de bouger.

— Je te remercie, Russell, pour ton exploit tout à fait remarquable. Merci à *toi*, Sharon, pour avoir été aussi bien informée de ton patrimoine. Et merci à *toi*, Sue-Robin, pour ton esprit d'initiative et ton lancer mémorable !

Il passa le bras autour des épaules de David et déclara :

— Quant à toi, David, tu es dispensé de tes séances d'orthophonie pour le restant du semestre !

Il aperçut Susan alors qu'il traversait le parking après la fin des cours. Elle vint rapidement vers lui et l'embrassa sur les lèvres.

— Salut ! dit-elle. Où avez-vous l'intention de m'emmener, ce soir ?

— Je ne sais pas. Je songeais à un barbecue Chez Rook. Darnes de saumon et une petite salade ?

— Ça me semble parfait.

Bras dessus bras dessous, ils se dirigèrent vers la voiture de Jim.

— Vous avez eu des nouvelles de Tee Jay ?

— Il doit passer une foultitude d'examens psychiatriques. Son oncle l'avait vraiment foutu en l'air ! Mais, comme on dit, avec le temps...

— Il croyait vraiment être un sorcier vaudou ?

— Oh, oui ! Et en un certain sens, il l'était. Il était jeune et robuste, vous comprenez. Il avait une aura qui débordait d'énergie et de vie. Les esprits adorent cette énergie... c'est pour cette raison que les fantômes apparaissent si souvent à de jeunes enfants, plutôt qu'à des personnes âgées.

— Je ne sais vraiment pas de quoi vous parlez.

— Oh, cela n'a plus d'importance à présent, déclara-t-il en ouvrant la portière côté passager pour Susan.

Toutefois, il comprenait maintenant pourquoi

Umber Jones était apparu si souvent dans sa salle de classe. Son âme noire et desséchée s'était délectée de toute cette jeunesse. Il l'avait littéralement dévorée, et cela l'avait rendu plus fort. Le passé se nourrissant du futur.

Ce soir-là, tandis qu'ils étaient assis près du bassin, Susan se blottit contre lui. Elle déposa un baiser sur ses lèvres et lui mordilla l'oreille.

— Tu sais quoi ? murmura-t-elle. Dès que je t'ai vu, cela a été le coup de foudre.

Il sourit, lui rendit son baiser, et demeura silencieux.

— Tu sais autre chose ? poursuivit-elle. Aujourd'hui, je n'ai pas arrêté d'éternuer. Je crois que je fais une allergie. C'était juste après le déjeuner... nous venions de parler tous les deux. Je me suis mise à éternuer et à éternuer, c'était infernal ! J'avais l'impression d'avoir aspiré du poivre.

Jim continua de lui sourire. *Pas du poivre, mon cœur, mais la poudre-souvenir. Et maintenant tu te souviens que tu es tombée amoureuse de moi, de la même façon que je me rappelle être tombé amoureux de toi !*

Le charbon de bois rougeoya brièvement dans le barbecue, mais le feu commençait à s'éteindre. Jim se dégagea des bras de Susan et dit :

— Je dois faire quelque chose. Je reviens tout de suite.

Il quitta le bord du bassin et se dirigea vers le parking. Il ouvrit le coffre de sa voiture et prit le bâton *loa.*

Myrlin passa à ce moment-là. Il considéra la canne et lança :

— Des problèmes de cheville, Jim ?

Jim lui adressa le plus doux des sourires.

— Des problèmes de poils du nez, Myrlin ?

Myrlin eut l'air stupéfait et s'éloigna en hâte.

Jim revint vers le barbecue avec le bâton *loa.* Il le tint en l'air un moment et examina le crâne en argent sur le pommeau. Il n'avait pas la moindre idée du pouvoir que ce bâton contenait. À vrai dire, il ne tenait pas du tout à le savoir. Il leva son genou et cassa le bâton en deux, avant de jeter les morceaux dans les braises du barbecue.

Ils brûlèrent sans flamme pendant un moment, sous les regards de Jim et de Susan. Puis ils s'enflammèrent brusquement et se mirent à brûler avec ardeur et à crépiter comme des pétards. Une épaisse fumée noire s'éleva des flammes et monta vers le ciel du soir. Durant un moment, Jim aurait juré qu'elle avait pris la forme d'Umber Jones.

Il ne vit pas la silhouette ténue d'une vieille femme qui se tenait dans les ombres. Une silhouette à peine visible, avec le plus léger des sourires. Elle souriait parce que sa prophétie s'était réalisée. Le destin de Jim avait été réglé par le feu.

— Je t'aime, monsieur Rook, dit Susan, et elle l'embrassa à nouveau.

Jim demeura silencieux. Il regardait la fumée dériver parmi les yuccas. Puis une petite brise survint, qui l'emporta rapidement, et elle sortit de la vie de Jim pour toujours.

Achevé d'imprimer en janvier 1999
sur les presses de l'Imprimerie Bussière
à Saint-Amand (Cher)

Achevé d'imprimer en janvier 1999
sur les presses de l'Imprimerie Bussière
à Saint-Amand (Cher)

POCKET - 12, avenue d'Italie - 75627 Paris Cedex 13
Tél. : 01-44-16-05-00

— N° d'imp. 254. —
Dépôt légal : février 1999.

Imprimé en France